만화와 커뮤니케이션

일러두기
- 한글 표기를 원칙으로 하되, 필요에 따라 외국어와 한자를 병기하였다.
- 한글 맞춤법은 '한글 맞춤법' 및 '표준어 규정'(1988), '표준어 모음'(1990)을 적용하였으나 혼란이 있는 경우는 출판사의 원칙을 따랐다.
- 외국어의 우리말 표기는 개정된 '외래어 표기법'(1986)을 원칙으로 하되, 그중 일부는 현지 발음에 따랐다.
- 만화, TV 프로그램, 영화 등의 제목은 한국에 소개된 경우에는 그것에 맞추어 표기하였으며, 그렇지 않은 경우에는 가능한 것에 한해서 우리말로 옮겼다.
- 한국어로 번역 출판된 외국 문헌의 경우, 원전이 출판된 연도와 번역 출판된 연도를 같이 표기하였다. 예를 들면, 매클루드(McCloud, 1993 / 2002)로 표기하였다.
- 사용된 기호는 다음과 같다.

  신문, 잡지, 영화, 텔레비전 프로그램 등: < >

  책 이름: ≪ ≫

만화와 커뮤니케이션
The Cartoon: Communication to the Quick

랜들 P. 해리슨 지음
하종원 옮김

만 화 와 커 뮤 니 케 이 션

지은이__랜들 P. 해리슨
펴낸이__한기철
편집인__이리라 · 편집__이여진, 이지은
마케팅__조광재

2008년 11월 5일 1판 1쇄 박음
2008년 11월 15일 1판 1쇄 펴냄

펴낸 곳__한나래출판사
등록__1991. 2. 25. 제22-80호
주소__서울시 서대문구 냉천동 182 냉천빌딩 4층
전화__02) 738-5637 · 팩스__02) 363-5637 · e-mail__hannarae07@unitel.co.kr
www.hannarae.net

The Cartoon, Communication to the Quick
by Randall P. Harrison

Korean Translation Copyright ⓒ 2008 by Hannarae Publishing Co.
All right reserved.
The Korean language edition published by arrangement with Randall Harrison, San Francisco through Agency-One, Seoul.

국립중앙도서관 출판시도서목록(CIP)

만화와 커뮤니케이션 / 랜들 P. 해리슨 지음; 하종원 옮김 ─ 서울: 한나래출판사, 2008 309p.; 23cm. ─ (한나래 언론 문화 총서; 53) *The cartoon, communication to the quick* Randall P. Harrison 참고문헌과 색인 수록 ISBN 978-89-5566-006-7 94330 ISBN 978-89-85367-77-6 (세트) 만화[漫畵] 커뮤니케이션[communication] 657.1-KDC4 741.5-DDC21   CIP2008003117

＊ 이 책의 출판권은 저자와의 저작권 계약에 의해 한나래출판사가 가지고 있습니다. 저작권법에 의해 보호를 받는 저작물이므로 어떤 형태나 어떤 방법으로도 무단 전재와 무단 복제를 금합니다.

차례

한국의 독자들에게 | 7
감사의 말 | 11
머리말 | 13

1. 만화의 조망 | 17
만화의 논점 | 만화의 연구 | 만화의 분류 | 만화의 부호, 복잡성, 내용 | 만화 그리기 | 만화 감상 | 만화 커뮤니케이션 | 최근의 추세 | 새로운 상황

2. 커뮤니케이션으로서의 만화 | 51
커뮤니케이션 체계 | 후원자 | 만화가 | 스토리 작가 | 편집자 | 만화 | 미디어 | 수용자 | 피드백 | 보다 광범위한 문제들

3. 만화의 부호: 보다 자세한 고찰 | 95
특수 기호 | 지각과 기억 | 기법 | 의사 세계의 창조 | 알리기 위한 변형

4. 만화의 역사와 추세 | 121

동굴에서 컴퓨터까지 | 정치 만화: 저항과 설득 | 유머 만화: 호호에서 아하까지 | 이야기 만화: 연재 만화*Comics*에서 지하 코믹스*Comix*까지 | 현재의 추세 | 애니메이션: 움직임과 의미 | 상업 만화: 인사부터 판매까지 | 만화에 대한 하나의 캐리커처

5. 만화의 관심사 : 미개척 연구 분야 | 199

비난과 관심사 | 만화의 연구 | 연구의 도구 | 연구의 주제 | 만화와 정치 | 만화와 범죄 | 만화와 폭력 | 만화와 광고 | 만화와 인지 | 만화와 교육 | 만화와 성 | 기타 관심사 | 맺으며

[보론] 만화의 현재와 미래 | 243

부록: 그림 분석 개관 | 259
옮긴이 후기 | 263
참고 문헌 | 267
찾아보기 | 295

한국의 독자들에게

　　한때 비천했던 만화가 오늘날에는 세계적인 현상이 되었습니다. 만화는 언어의 장벽을 뛰어넘고 국가의 경계를 넘나듭니다. 만화는 '재미있는 종이'와 신문 시사면에서 벗어나 연극 무대, 영화의 은막, 그리고 다양한 책으로 옮아갑니다. 또 인터넷에서도 중요한 자리를 차지하고 있습니다. 이제 만화는 날마다 전 세계의 수많은 사람들에게 오락, 교육, 정보, 통찰력을 제공합니다.

　　한편에서는 새로운 만화들이 신세대 만화가들의 손에서 끊임없이 흘러나오며, 다른 한편에서는 역사가들이 과거의 만화에 대해 새로운 관심을 표명하고 있습니다. 그들은 상이한 유형의 만화들과 그것을 창작한 이들의 성공과 몰락을 주시합니다.

　　한때 만화가들은 무명씨로 존재해 왔습니다. 자신들의 작품에 서명하는 것이나 자신의 작품을 소유하는 것도 허락되지 않았습니다. 그러나 또 한편 어떤 만화가들은 유명 인사가 되기도 했습니다. 그들은 스스로 자서전을 쓰거나 다른 이들의 전기의 대상이 되었습니다.

오늘날 오래된 인기 만화, 예를 들면 <피너츠> 같은 만화들은 다시 출간되어 새로운 팬들을 사로잡습니다. <블론디> 같은 '고참'은 원작자가 오래전에 사라졌음에도 계속 진화하고 있지요. '블론디'는 처음에 20대 청춘을 즐기는 왈가닥 아가씨로 시작하여 연재 만화가 진행되면서 약간 나이가 들어 주부가 되었습니다만 실제 세계라면 그녀는 곧 80대 할머니가 될 것입니다.

외견상 단순해 보이는 만화는 이제 연구할 만한 가치가 있는, 중요하고 복잡한 커뮤니케이션 양식으로 인식됩니다. 한때 '카툰'은 예술 '작품'을 만들기 위해 예비적으로 시행하는 밑그림에 불과하였습니다. 하지만 오늘날 학자들은 만화를 고유한 특성을 갖고 있으며 진지한 분석을 요하는 미학적 예술 양식으로 간주합니다. 그리고 그들은 만화가 적지 않은 사회적, 심리적, 정치적 및 경제적 영향력을 갖고 있음을 알고 있습니다.

만화에 대한 연구는 이제 예전보다 훨씬 더 심도 있게 이루어지고 있습니다. 2만 5000년 이상을 거슬러 올라가 프랑스와 스페인의 동굴 벽화를 통해 그것의 역사를 고찰하고 있습니다. 우리는 그 원작자가 누구인지, 무엇을 그리려 했는지 정확히 알 수 없지만 그 만화류의 그림이 '의미'하는 바를 두고 격렬한 논쟁이 벌어지기도 합니다.

또한 만화를 처리하고 이해하는 과정에 대해서도 심도 있는 연구가 진행되고 있습니다. 현대 신경 과학은 만화를 보는 동안 인간의 뇌에서 무엇이 일어나고 있는지를 실제로 파악할 수 있게 되었습니다. 상이한 만화들이 어떻게 달리 작동하는지를 알 수 있으며, 상이한 사람들이 — 예컨대, 남자와 여자가 — 똑같은 만화를 어떻게 상이하게 처리하는지도 알 수 있습니다.

　　최근에 우리는 문화에 따라 똑같은 만화에 대해서 다르게 반응한다는 것을 알게 되었습니다. 한 문화에서 '농담'으로 보이는 것이 또 다른 문화에서는 '독설'로 비추어지기도 하는 것입니다. 그리고 불행하게도 그러한 차이는 치명적인 결과로 이어질 수도 있습니다.

　　좀 더 적극적인 견지에서 만화는 우리의 이해력을 증진시키는 데 도움을 줄 수 있습니다. 즉 우리와 다른 성별, 인종, 민족 및 종교를 가진 다른 사람들을 이해하는 데 도움을 줄 수 있는 것입니다.

　　이 책을 옮긴이와 함께 한국의 독자들에게 선보일 수 있게 된 것을 기쁘게 생각합니다. 이 자체가 현대의 지구촌에서 만화가 갖는 힘에 대한 극적인 증거라 할 것입니다. 이 책이 한국의 독자들에게 만화와, 우리가 살고 있는 더 커다란 세계에 관한 새로운 통찰력을 줄 수 있기를 기대합니다. 또한 이 책이 여러분에게 만화에 대한 각자 나름의 이용과 이해에 관한 새로운 통찰력을 제공해 줄 수 있기를 희망합니다. 부디 한국의 독자들이 이 책을 즐기기를 바랍니다.

2008년 10월
샌프란시스코에서
랜들 P. 해리슨

감사의 말

이 책을 쓰면서 나는 여러 방면의 많은 사람들에게 신세를 졌다. 먼저 만화, 비언어적 커뮤니케이션 및 대중 문화를 연구하는 데 선도적인 역할을 해온 학자들에게, 두 번째로 만화가들, 특히 자신들의 작품에서 사려 깊은 통찰력을 발휘해 온 작가들에게, 세 번째로 내 가족, 친구, 독자, 편집자, 출판업자, 타이피스트 그리고 동료들에게 감사드린다. 이들의 격려와 도움이 없었더라면 아마도 나는 전혀 엉뚱한 것을 만들어 냈을 것이다.

이 작업을 수행하는 동안 나는 직간접적으로 많은 학자들의 도움을 받았다. 특히 모리스 혼Maurice Horn, 로이 폴 넬슨Roy Paul Nelson, 존 애킨스 리처드슨John Adkins Richardson, 아서 아사 버거Arthur Asa Berger, 데이비드 매닝 화이트David Manning White, 프랜시스 얼 바커스Francis Earle Barcus, 마이클 릴Michael Real, 빌 블랙비어드Bill Blackbeard 등에게 감사드린다.

마찬가지로 많은 만화가들이 내 생각을 다듬어 주었다. 특히 찰스 슐츠Charles Schulz, 모트 워커Mort Walker, 알 캡Al Capp, 게리 트뤼도 Garry Trudeau, 로널드 설Ronald Searle, 줄스 파이퍼Jules Feiffer, 밀튼 캐니프 Milton Caniff, 월트 켈리Walt Kelly, 데이비드 파스칼David Pascal, R. C. 하비R. C. Harvey, 허블록Herblock 등에게 깊은 감사의 마음을 전한다.

또한 만화 작품의 재인쇄를 허락해 준 분들과 단체들에게도 고마움을 전하고자 한다. <뉴요커The New Yorker>, 셀비 켈리Selby Kelly, 헬렌 터버Helen Thurber, 도로시 로즈Dorothy Rose, <펀치Punch>, 킹피처스 신디케이트, 영국박물관, 뉴욕과학아카데미 등.

마지막으로 F. 제럴드 클라인F. Gerald Kline, 수잔 에반스Susan Evans, E. J. 미첼E. J. Mitchell에게 특별한 감사의 뜻을 전한다.

이 모든 사람들, 학자, 만화가, 동료, 학생들 그리고 이 책을 재미있는 것으로 만들어 준 이들에게 진심으로 감사드린다.

머리말

만화는 우리에게 웃음을 선사하기 때문에 진지하지 않게 보일 수도 있다. 그러나 대부분의 기준 — 사회적, 심리적, 경제적, 정치적 또는 예술적 — 으로 볼 때 만화는 현대 사회에서 독특한 힘을 발휘하고 있다. 그리고 그 중요성은 점점 더 증가하는 것 같다.

유럽의 학자들은 만화를 오랫동안 연구해 왔다. 그들은 만화를 한 사회의 내적 모습에 대한 중요한 반영물로 생각한다. 그들은 만화를 한 사회의 지각知覺을 구성 짓는, 예술과 커뮤니케이션의 중요한 표현 양식으로 간주한다.

그러나 만화의 기법이 세계 어느 곳보다도 발달해 온 미국에서는 최근까지도 만화에 대한 연구가 제대로 이루어지지 않았다. 하지만 이제는 대중 문화 내지 매스 미디어에 관한 강좌나 인문 과학, 예술 및 사회 과학을 포함한 다양한 영역의 수업 시간에서 이러한 커뮤니케이션 양식에 대한 관심이 늘어나고 있다.

이 책은 만화 커뮤니케이션에 흥미를 지닌 독자들을 위해 기획된 것이다. 1장에서는 이제까지 만화에 대해 어떻게 연구해 왔는지 살펴볼 것이다. 우리는 '만화 그리기'에 대한 관심이 점차 커지고 있음을 주목하게 될 것이다. 급속히 늘어나는 만화와 관련된 또 다른 저작물은 '만화 감상'이라고 이름 붙일 수 있다. 이를테면, 작품집, 서적 목록 및 비평문 등이다. 마지막으로 우리는 만화를 커뮤니케이션의 한 양식으로 간주하고 사회에 대한 그것의 영향력을 평가하려는, 아직은 일천하지만 중요한 저작물들을 살펴볼 것이다.

2장에서는 보다 광범위한 사회적 틀 속에서 만화를 조명하기 위해 커뮤니케이션 모델을 설정하고 그 구성 요소를 살펴볼 것이다. 3장에서는 '만화 부호,' 즉 만화가가 소기의 목적을 어떻게 달성할 수 있는가에 대해 좀 더 자세히 고찰할 것이다. 4장에서는 만화의 다양한 분야에 대해, 먼저 과거의 역사적 맥락에서, 그리고 나서 현재적 — 나아가 미래적 — 상황에서 살펴볼 것이다. 마지막으로 5장에서는 과거의 연구를 진작시켰으며 미래의 연구 의제를 제시해 주는 몇몇 관심사에 대해 간략히 살펴볼 것이다.

오늘날 만화는 너무나 중요해서 — 또한 너무나 독특하여 — 고찰하지 않은 채 내버려 둘 수 없다. 우리는 점점 더 상징적인 세계, '의사擬似' 세계, 그러나 매우 실제적인 중요성을 갖는 세계에서 살게 된다.

만화를 통해 우리는 언어적/비언어적 의사 세계가 창조되는 — 또한 소비되는 — 과정을 살펴볼 수 있다. 아마도 그것은 다른 어떤 곳에서보다 만화에서 더욱 쉽게 발견될 것이다.

어떤 의미에서 보면 만화는 현대 매스 커뮤니케이션에 대한 하나의 캐리커처라 할 수 있다. 그것을 연구함으로써, 우리는 커뮤니케이션에 대하여, 예술에 대하여, 매스 미디어에 대하여, 사회에 대하여, 그리고 — 아마도 — 우리 자신들에 대하여 많은 것을 배울 수 있을 것이다.

샌프란시스코에서
랜들 P. 해리슨

1. 만화의 조망

만화는 여러 가지 의미에서 '철두철미한 커뮤니케이션'이다. 그것은 재빠르고 분주히 뛰어 돌아다니며 독자를 사로잡는다. 만화는 죽은 것에서도 생생한 '급소'를 가려낸다. 그리고 그것은 통찰력을 갖고 있어 사람을 재미있게 웃기거나 또는 생살까지 아프게 할 수 있다. 미디어가 점점 더 신속하게 발전하고 시각적으로 되어 가는 이 시대에 만화는 현대 커뮤니케이션의 최상 — 어쩌면 최하 — 을 차지할지도 모른다. 과거에는 그 태생력에도 불구하고 만화는 엄숙한 학자들의 관심을 거의 끌지 못했다. 그러나 오늘날 만화를 묘사하고 그것의 역사적 뿌리와 미학적 모습을 서술하고 있는 연구 집단들이 점차 늘어나고 있다. 하지만 현재의 연구 상황은 아직 피상적인 것에 불과하다. 학자들은 이제 막 만화의 심리적 영향력과 사회적 중요성에 대해 인식하기 시작했다. 그리하여 이제 와서야 비로소 만화는 커뮤니케이션의 맥락에서 초점이 맞추어지고 있는 것이다.

만 화 의 논 점

우리 인간은 단순히 '그것들이 거기에 있기' 때문에 많은 사물들을 연구한다. 우리들은 사물이 어떻게 작동되는가에 대해, 그것이 현재 유지되는 방식에 대해, 또한 미래에 그것에게 발생하리라고 예상되는 것에 대해 알고 싶어 한다.

우리가 만화를 살피기 위해 주위를 둘러보면 그것이 널리 보급되고 때로는 설득력이 있는 현대 커뮤니케이션의 한 양식으로서 '자리 잡고 있음'을 발견하게 된다. 때때로 만화는 교통 경찰처럼 우리의 관심을 이 프로그램이나 저 작품, 이 정기 간행물 또는 저 페이지로 돌리도록 지시한다. 또한 새로운 구매 행위를 할 때 어떻게 계산하는지, 또 비상 사태가 발생했을 때 비행기에서 어떻게 탈출하는지를 가르쳐 준다. 가끔은 공공 장소에 함부로 쓰레기를 버리지 않도록 우리를 타이르거나 캠프파이어 후에는 불을 제대로 끄도록 주의를 주기도 한다. 때때로 그것은 연하장이나 그림 엽서, 편지 등에 갑자기 나타나 인사함으로써 우리를 놀래 주기도 한다. 이따금 그것은 정치나 선전의 도구로 이용되기도 하지만 대체로 연재 만화, 잡지, 서적, 텔레비전 그리고 영화관의 대형 스크린에 등장하여 우리를 즐겁게 해준다.

만화가 이러한 역할들을 어떻게 담당하고 어떠한 방식으로 활용되는지, 장차 만화에 어떠한 변화가 발생할지에 대해 알아보는 것은 흥미로운 일이다. 그러나 우리 인간은 우리에게 해악 또는 이득을 줄 수 있는 것만 연구하는 경향이 있다. 현대 사회의 모든 힘 중에서 만화는 좀 더 온건한 것 중의 하나로 보인다. 그러나 우리는 다음과 같은 의문을 갖게 된다. 만일 만화가 효과적인 커뮤니케이션이라면 그것을 더욱 효과적인 것으로 만들 수는 없을까? 그리고 그것이 효과적이라면 그것은 어쩌면 우리가 전혀 알아차리지도 못하는 영역에서 영향력을 행사하고 있는 것이 아닐까?

커뮤니케이션이라는 목적을 달성하는 데 있어 만화는 어떤 특별한 장점 또는 단점을 갖고 있는가? 그에 대한 전반적인 대답은 '그렇다'이다. 만화는 '철두철미한 커뮤니케이션'이다. 그리고 신속함이라는 장점을 갖는 동시에 성급함이라는 단점도 있다. 만화는 사물을 단순화시키고 과장함으로써 명확성이라는 장점을 갖는 한편 왜곡이라는 단점을 갖는다. 만화는 유머가 있기 때문에 위안이라는 장점을 갖는 한편 현실 도피라는 단점을 갖는다. 그러나 이러한 문제에 대해 더욱 정확히 답하기 위해서는 여러 차원에서 만화를 살펴볼 필요가 있다.

첫 번째는 만화 부호_cartoon code_의 차원이다. 만화는 말_word_과 어떻게 비교되는가? 또는 그와 관련시켜 볼 때 만화는 비언어적인 부호들, 사진 그리고 사실주의적 선화_線畵_와 어떻게 비교되는가? 두 번째 차원에서 다음과 같은 문제를 제기할 수 있다. 만화는 사회에서 특별한 방식으로 사용되는가? 만화는 특별한 이해관계를 위해 이용되는가? 이러한 점에서 만화가 정치적 논평, 이야기 창작, 그리고 최근에는 판매 행위에 이용되고 있음을 살펴볼 수 있다. 그 다음 단계로 우리는 다음과 같은 문제를 제기해 본다.

만화는 정치적 논평자, 연예인 또는 판매원으로서 다른 표현 양식과 비교해 볼 때 더 독특한가? 덜 공정한가? 더 강력한가? 더 설득력 있는가? 마지막으로 우리는 만화의 잠재적 가능성에 대해 살펴보아야 할 것이다. 만화는 그것이 할 수 있을 만한 것을 이미 다해 버렸는가? 아니면 새롭게 응용할 부분이 아직 남아 있는가? 이러한 것들이 연구자들이 과거부터 탐구해 왔고 미래에도 연구 의제로서 남을 논점 몇 가지들이다.

만화의 연구

20세기 초반의 몇십 년 동안 비천한 만화는 학문적인 세계에 감히 들어가지 못했다. 기껏해야 역사 교재에 이따금 초대받아 얌전한 손님처럼 조용히 앉아 있는 정도였다. 예를 들면 최초의 미국 정치 만화라 할 수 있는 벤저민 프랭클린Benjamin Franklin의 만화(그림 4-2 참조)가 그것이다. 우리는 만화를 통해 '게리맨더gerrymander'[1]가 어떻게 이름이 붙여졌는지 알 수 있다. 우리는 노예제 폐지를 주장하는 신문에서 노예 제도에 반대하는 만화를 볼 수 있다. 또는

---

[1]. 자신의 당에 유리하도록 제멋대로 선거구를 뜯어 고치는 것을 의미하는 '게리맨더'는 19세기 초 매사추세츠 주지사인 엘브리지 게리Elbridge Gerry와, 그가 상원의원 선거에서 상대방 후보에게 불리하도록 만든 비틀린 모양의 선거구를 묘사하기 위해 사용된 '불도마뱀salamander'이 합성된 조어이다. 이 용어는 1812년 3월 26일 <보스턴 가제트Boston Gazette> 의 정치 만평에서 기형적인 선거구를 풍자하기 위해 처음 사용되어 그 모습을 선보였다(구체적인 모양은 http://en.wikipedia.org/wiki/Gerrymander 참조).

토머스 내스트Thomas Nast의 신랄한 만화(그림 4-3 참조)를 통해 튀드Tweed[2] 도당에 관해 알 수 있을 것이다. 그러나 대체로 만화는 상류계층의 학자들에게는 그리 환영 받지 못했다.

오늘날 이러한 상황은 바뀌고 있다. 만화는 교실의 빈번한 방문객이 되고 있다. 심지어 아주 심각한 교재도 이 친숙한 작은 만화에 문호가 개방되었다. 아마도 가장 놀라운 사실은 학자들이 만화를 연구할 가치가 있는 하나의 현상으로 파악해 가고 있다는 점이다. 연구자들은 교실에서 나와 본래의 터전에서 만화를 고찰해 보려 한다. 그들은 만화에다 현미경을 들이대고 관찰하면서 이 고지식한 만화의 적절한 — 때로는 부적절한 — 문제점들을 알아보려 한다.

이러한 탐색을 통해 이제 만화는 그것이 처음 등장했을 때처럼 천진난만하지만은 않다는 점이 드러나고 있다. 한 예를 들면 만화는 힘 있고 은밀한 추종자들 — 이를 테면 지식인, 비평가 그리고 정치가들 — 을 갖고 있다. 하지만 그들은 몰아세울 경우에만 만화를 좋아한다는 것을 인정한다. 또 하나의 중요한 사실은 만화가 중요한 재정적 후원자를 갖고 있다는 점이다. 사람들은 상업적 영리 추구를 위해 만화를 활용하길 간절히 원한다.

겉으로 보기에는 단순한 만화가 이렇게 놀라우리만치 복잡

---

[2]. 일명 '보스 튀드Boss Tweed'라고 불리는 윌리엄 M. 튀드William M. Tweed(1823~1878)는 뉴욕시의 100만 달러의 세금을 포탈하는 등 타락 정치인의 대명사로 알려졌다. 내스트를 비롯한 시사 만화가들의 정치 만평이 그에 대한 비판의 선봉장으로 활약하였으며 그는 결국 기소당하여 감옥에서 일생을 마쳤다.

하고 지적인 문제임이 밝혀지고 있다. 아주 기본적인 차원에서 인간 유기체가 어떻게 하나의 캐리커처로 처리될 수 있느냐에 대해 적확한 설명을 하기란 쉬운 일이 아니다. 하버드 대학교의 데이비드 퍼킨스(Perkins, 1976: 1) 교수는 다음과 같이 말했다. "이것은 어떠한 종류의 그림인가? 그것은 계획적으로 부정확하게 그린 그림이다. 그러나 그 주인공은 종종 매우 잘 인지될 수 있으며, 아마도 정세(精細)한 초상화나 사진보다도 더욱 더 그러할 것이다. 그것은 주로 주인공의 모습에서 찾아볼 수 있으나 그러한 과정에서 종종 그 모습에 대해 애교 있는 주석이 붙기도 한다." 그는 "**도대체 무엇이 진행되고 있는 것인가?**"라고 경탄하면서 끝을 맺고 있다.

만화의 지각적 처리 과정이 호기심을 끄는 것이라면 광범위한 심리적 및 사회적 영향력은 훨씬 더 깜짝 놀랄 만한 것이 될 것이다. 정치 만화의 대상이 되어 왔던 위정자들은 그러한 만화의 영향력을 가볍게 여기지 않았다. 프랑스와 스페인의 군주들은 시사 만화가들을 투옥하고 사형시켰으며 유배를 보내기도 했다. 그리고 그러한 관습은 오늘날까지도 계속되고 있다. 1981년 만화가 연맹은 투옥된 우루과이 시사 만화가 프란시스코 로렌소 폰즈 Francisco Laurenzo Pons에 대한 사면을 요구하며 추방령을 협상하기 위해 노력하였다. 보도에 따르면 32세의 이 만화가는 건강이 악화되어 석방되지 않으면 죽을지도 모른다고 알려졌다.

위정자들이 정치 만화에 대해 불안해하는 데에는 다음의 세 가지 요소에 근거를 둔다. 첫째로 정권에 아첨하지 않는 캐리커처를 통해 위정자를 묘사하는 만화의 야성적 능력, 둘째로 복잡한 문제들을 단순한 은유를 통해 표현함으로써 행동을 유발시키는 만화의 동기 부여 능력, 셋째로 특별히 유식하거나 정치적인 지식을 갖고 있지 않은 사람도 이해할 수 있는 만화의 접근 용이성 등이다.

예를 들면 마지막 요소는 만화에 대한 튀드의 반응을 살펴보면 알 수 있다. 그는 실제로 "나는 그들이 나에 대해 뭐라고 써 갈겨 대든 신경 안 써. 하지만 그 망할 놈의 그림들! 사람들이 **그 것**에 대해선 알아차린단 말이야!"라고 분통을 터뜨렸다. 튀드가 살았던 당시의 뉴욕은 이민자들로 들끓었는데, 영문을 읽을 수 있는 사람들이 그리 많지 않았다. 그러나 토머스 내스트의 정치 만화는 사람들에게 읽혀지고 이야기되었던 것이다.

정치 지도자들은 만화가 일반 대중에게 미치는 효과를 신경 써온 반면, 다른 사람들 — 예를 들면 부모, 교육자, 그리고 종교 지도자들 — 은 어린이에게 미치는 만화의 악영향에 관해 걱정했다. 그러한 우려는 만화나 그와 유사한 공상물들이 가치 있는 다른 활동들을 몰아낼지 모른다는 것이었다. 노력을 적게 하고도 쉽게 접촉할 수 있는 만화 때문에 문학이나 예술이 밀려날 수 있다는 점이다. 두 번째 우려되었던 것은 만화를 통해 어린이들이 배울 수 있는 교훈에 관한 것이었다. 만화가 그들을 부추겨서 불법 또는 비도덕적 행동을 저지르게 자극할 수 있다는 점이다.

또한 만화가 사람들의 불안정한 요소들, 즉 잠재적인 범죄성, 정신적 발육 부진, 성적 편향성, 그리고 반사회적이고 자살 충동적인 성향에 미치는 해로운 효과에 대해서도 걱정하였다.

물론 만화를 불안하게 여기는 사람들은 문학과 미술이 표현하는 성, 폭력 및 사악한 행동에 대해서도 마찬가지로 우려를 표명한다. 그러나 만화는 그것들보다도 더욱 특별한 반향을 일으켰다. 만화는 만화책의 형태로 대량 생산되며 값싸고 쉽게 구할 수 있기 때문이다.

만화는 또한 그림을 통해 사건을 묘사하기 때문에 '쉽게 접근할' 수 있는 것이 되었다. 독자가 비록 글을 제대로 읽지 못하고 정신적으로 성숙하지 않더라도 살인과 범죄, 성과 사디즘에 대해 실제로 **알 수** 있다. 독자는 어떻게 범죄 행위가 저질러지는지도 **알 수** 있다. 독자는 범죄 행위가 가져다주는 보상도 알 수 있다.

그러한 점들을 제기하며 만화를 비난한 대표적인 사람은 정신 병리학자인 프레데릭 베르트함Frederic Wertham이었다. 그는 1954년 자신의 저서 ≪순진한 사람들에 대한 유혹Seduction of the Innocent≫에서 만화 산업을 천둥 번개라고 비난하였다. 그러한 비난의 여파로 EC 코믹스는 파산하였다. 그리하여 다른 출판사들은 더 이상의 비난을 모면하기 위해 만화윤리위원회Comics Code Authority를 급조하여 방패막이를 강구하였다.[3]

---

[3]. ≪순진한 사람들에 대한 유혹≫은 만화 산업의 역사에서 중요한 의미가 있다. 베르트함은 이 책을 통해 만화책을 저열한 대중 문학의 형태로 간주하고 청소년 범죄에 심각한 영향을 미치는 한 원인으로 비판하였다. 그는 당시의 대다수 만화책들이 폭력, 성, 마약 및 기타 성인 범죄 등을 직간접적으로 묘사하고 있다고 비판하면서 '범죄 만화crime comics'라는 용어를 사용하였다. 이 책의 출간은 적지 않은 반향을 일으켜 부모들에게 검열을 요구하도록 부추겼으며, 의회에는 만화책 산업에 대한 조사위원회를 출범시키도록 만들었다. 이에 따라 만화 산업계는 자구책을 마련하지 않으면 안 될 정도로 위기에 처했는데, 그 와중에 당시 공포・범죄 만화를

텔레비전의 등장은 화상적畵像的 커뮤니케이션이 언어적 커뮤니케이션보다 더욱 위험하다고 생각했던 사람들의 우려를 배가시켰으며, 따라서 만화의 문제점 역시 더욱 복잡해졌다.

무엇보다도 어린이들이 너무 오래 만화를 시청한다는 점이 제기되었다. 애니메이션은 늘 어린이들이 가장 선호하는 프로그램으로 등장하였다. 둘째로 그러한 애니메이션의 내용이 종종 폭력적이며, 프라임타임대의 어떤 드라마보다도 훨씬 더 격렬하다는 점이 지적되었다. 몇몇 연구자들은 만화의 폭력이 너무도 명백하게 꾸며진 것으로 드러나기 때문에 어린이들의 실제 행동에 미치는 개연적인 효과는 거의 없다고 주장하였다. 그러나 또 다른 연구자들은 어린이들이 실제 인물의 폭력 행위를 보았을 경우 더욱 커다란 불안감을 느끼기 때문에 그러한 불안감이 도리어 어린이들의 모방 욕구를 약화시키는 반면 만화의 폭력을 보았을 경우 어린이들은 그리 불안감을 느끼지 않는다고 주장하였다. 이러한 논의는 사실적인 영화보다도 애니메이션을 본 후 보다 공격적인 행동을 모방할 수 있다고 예측케 하는 것이다.

게다가 텔레비전은 완전히 색다른 관심사를 불러 일으켰다. 즉 '판매원'으로서의 만화이다. 만화 광고는 어린이들을 겨냥한 상품 광고주의 판매 욕구를 달성시키는 주요한 무기로 꽃을 피웠다. 특히 텔레비전 시대 이후 만화는 베르트함의 '유혹자'라

선도적으로 주도했던 EC 코믹스는 결국 파산하고 말았다.

는 비난 외에도 교육자, 모델, 친구, 보모, 판매원, 연예인 그리고 이야기꾼으로 간주되어 왔다.

　　미국에서 만화에 대한 주된 관심사는 어린이들에게 미치는 부정적 영향의 가능성에 관한 것이었다. 그러나 미국 밖의 세계 도처에서는 어린이들과 똑같이 '순진하거나' 또는 단지 '약간만 읽고 쓸 수 있는' 다른 수용자들에게 미치는 악영향에 대해서도 걱정해 왔다. 1971년 아리엘 도르프만Ariel Dorfman과 아르망 마테라르Armand Matterart는 《*Para Leer al Pato Donald?*》라는 스페인어 책을 저술하였다. 이 책은 현재 영어판으로도 구입할 수 있는데, 번역판 제목은 《도널드 덕을 어떻게 읽을 것인가: 디즈니 만화의 제국주의적 이데올로기*How To Read Donald Duck: Imperialist Ideology in the Disney Comic*》이다.4 만화에 대해 또 하나의 별칭을 붙인다면 그것은 바로 '국제적 선전자*International Propagandist*'라는 것이다.

　　심지어 <세서미 스트리트*Sesame Street*>와 같이 만화의 교육적 기능을 높이 평가받는 프로그램조차도 비판의 대상이 된다. 이스라엘의 연구자인 가브리엘 살로몬(Salomon, 1976b)은 알파벳을 가르치는 만화 '광고'들은 숨겨진 메시지를 갖고 있다고 생각한다. "네가 30초 내에 그것을 배울 수 없다면 그것은 배울 가치가

---

4. 아옌데 정권의 혁명이 한창이던 1971년 칠레에서 출간되어 전 세계 20개 언어로 번역, 소개된 디즈니 만화 비평서로서 한국에서도 출간되었다(《도널드 덕 어떻게 읽을 것인가: 디즈니 만화로 가장한 미 제국주의의 아만》, 김성오 옮김, 2003). 순수하고 세련되고 무정치적인 것으로 평가되는 디즈니 만화가 사실은 부르주아적 제도와 권력을 대변하고 제3 세계에 가하는 폭력을 옹호하는 미 제국주의의 산물임을 분석한다. 특히 도널드 덕과 그의 조카들이 벌이는 여러 에피소드를 구체적으로 제시하고 그 숨은 의미를 폭로한다.

없는 것이다"라고. 그것은 엄숙한 학자들이 어린이들에게 가르치고 싶어 하는 것과 거리가 멀다는 것은 말할 필요도 없다.

아서 아사 버거Arthur Asa Berger 교수는 ≪연재 만화화된 미국인The Comic-Stripped American≫이라는 저서에서 "수억의 사람들의 주목을 끊임없이 끌어 온 미디어라면 그것이 무엇이든 진지한 관심과 연구를 기울일 가치가 있다"고 결론 내렸다(Berger, 1973: 15). 특히 그 미디어가 만화처럼 다재다능하고 널리 보급된 경우에는 더욱 그러할 것이다. 만화에 대한 옹호자와 비판자의 인식 차이는 매우 명백하다. 그렇기 때문에 만화는 실제로 풀어 볼 만한 가치가 있는 수수께끼로 등장하는 것이다.

만화의 분류

'카툰cartoon'이라는 단어는 '카드card'와 '페이퍼paper'를 뜻하는 이탈리아와 프랑스 단어에서 유래한 것이다. 원래 '카툰'은 예술 작품을 만들기 위해 실물 크기로 그리는 예비적인 스케치로서, 단 종이 위에서 행해지는 것을 의미하였다. 이러한 스케치는 그후 벽이나 천장, 또는 커다란 캔버스로 옮겨 가서 예술 작품의 마지막 마무리를 하는 데 도움을 주었다. 인쇄물이 도래함에 따라 '카툰'은 또 다른 의미를 띠게 되었다. 즉 대량 생산이 가능한 스케치로서 광범위하게 유포될 수 있다는 이미지를 갖게 되었다.

종종 만화는 유머를 암시한다. '카툰,' '코믹스comics,' '퍼니스*funnies*'가 거의 같은 의미로 사용되고 있는 것에서도 알 수 있다. 그러나 오늘날 '코믹스'조차도 매우 심각해질 수 있다. 그리고 카툰은 '재미있는 종이*funny papers*'로부터 탈피하여 확장된 상품 시장 속으로 질주하고 있다.

≪세계 만화 백과 대사전*The World Encyclopedia of Cartoons*≫(1980)에서 모리스 혼Maurice Horn은 "그 안에 완성된 하나의 생각을 갖고 있는 그림은 어떤 것이라도 '만화'라 불릴 수 있다"고 말한다. 그것은 바로 광범위한 화상적 커뮤니케이션을 포괄하여 지칭하는 것이다.

만화 유형의 기본적인 분류에는 다음과 같은 것이 포함된다. 만화 삽화, 한 칸 만화, 코믹 스트립과 같은 서사형 만화, 애니메이션, 그리고 축하 카드나 티셔츠와 같은 만화 상품 등이다.

만화 삽화에서 그림은 문자로 구성된 본문에 대해 부수적이다. 유머 만화 같은 한 칸 만화에서 말은 종종 인용 부호 안에서 설명문 형식으로 등장한다. 그림과 표제는 결합하여 자체로서 하나의 완벽한 구성을 이룬다. 서사형 만화에서 말은 전형적으로 말풍선 속에 등장하여 연속적인 만화와 함께 하나의 이야기를 보여준다. 그리고 애니메이션에서는 말이 사운드 트랙을 통해 전달되며 만화가 스스로 움직인다(이는 애니메이션의 가장 중요한 특징이다). 마지막으로 만화 상품은 오늘날 개인적인 메시지와 자기 표현을 하기 위해 만화를 사용하는 기타의 모든 방식을 포함한다. 표 1-1은 이러한 만화의 분류를 몇 개의 하부 항목과 실례를 통해 살펴본 것이다.[5]

표 1-1. 만화 유형의 분류

1. 만화 삽화
   1.1. 삽입화 *Spot*: 신문의 칼럼 제목의 장식이나 소규모 그림
   1.2. 교육용 삽화: 신문, 잡지 또는 서적의 길잡이 *how-to* 만화
   1.3. 이야기 삽화: 아동 서적이나 잡지 소설의 만화
   1.4. 광고 삽화: 잡지나 신문의 광고에 등장하는 만화

2. 한 칸 만화
   2.1. 유머 만화: 신문의 피처물의 만화. 예) <개구쟁이 데니스>
   2.2. 시사 만화: 일간 신문의 시사면에 등장하는 만화.
   2.3. 스포츠 만화: 전통적으로 일간 신문의 스포츠면에 등장하는 피처물로서 오늘날에는 덜 보편화되기는 했어도 여전히 역사적인 중요성이 있다.
   2.4. 기타 한 칸 피처물. 예) <헬스 캡슐>

3. 서사형 만화
   3.1. 연재 만화 *Comic Strip*
      3.1.1. 유머 연재 만화. 예) <피너츠>, <블론디>, <둔스베리>
      3.1.2. 모험 연재 만화. 예) <딕 트레이시>, <스티브 캐니언>
      3.1.3. '솝 오페라 *Soap Opera*'6 연재 만화: TV나 라디오의 드라마와 비슷한 성격의 연재 만화. 예) <메리 워드>, <렉스 모간 M. D.>
   3.2. 만화책 *Comic Book*
      3.2.1. 전통적인 만화책: 유머, 모험, SF, 고전 또는 실화 및 순정 만화 등 광범위한 하부 항목을 갖는다.
      3.2.2. 지하 코믹스 *Comix*: 만화윤리위원회의 승인 없이 발간되는 것
   3.3. 만화 단편 이야기 또는 그래픽 소설 *Graphic Novel*. 예) <헤비 메탈> 잡지의 피처물이나 윌 아이스너 Will Eisner의 소설 ≪신과의 계약≫

4. 애니메이션
   4.1. 단편 애니메이션. 예) <톰과 제리>, <벅스 버니>
   4.2. 교육 애니메이션
   4.3. 피처 애니메이션. 예) <백설 공주와 일곱 난쟁이>
   4.4. 광고 애니메이션. 예) TV의 만화 광고

5. 만화 상품
   5.1. 축하 엽서, 학용품 및 포스터 등의 개인적 표현을 위한 만화
   5.2. 의복류. 예) 티셔츠, 스카프, 가방 등의 만화
   5.3. 기타 만화 상품. 예) 비누, 도시락, 종이

이러한 다양성에도 불구하고 만화는 그것이 드러내는 상황이 무엇이든 일정한 기본적 특성을 보여 준다. 본질적으로 만화는 (현상을) ⓐ 단순화하고(하거나) ⓑ 과장하는 그림이다.

대부분의 만화는 3차원의 세계를 2차원으로 재현시킨다는 점에서 현상을 **단순화**한다. 그것은 개요를 강조한다는 점에서 현상을 단순화한다. 그러나 어떤 만화들은 매우 복잡하고 난해하다. 예를 들면 찰스 브래그Charles Bragg, 모리스 센닥Maurice Sendak 또는 로널드 설Ronald Searle의 작품들이 그러하다.7

---

5. 해리슨의 분류는 만화를 포괄적으로 파악함으로써 만화의 다양한 스펙트럼을 이해하는 데 도움을 준다. 하지만 발전 배경과 문화적 상황이 상이한 우리나라에 그대로 적용할 수 없는 점도 있다. 이를테면, 서구에서 서사형 만화를 지칭하는 코믹 스트립에 대해 한국의 경우 일반적으로 '극화'라고 통칭한다. 이는 장편 만화의 서사적 속성을 좀 더 부각시키는 의도이다. 그러나 극적 갈등의 형식적 추구가 아닌 이야기성의 건강한 회복을 통해 진정한 서사성을 획득할 수 있다는 입장에서 '이야기 그림'이라는 용어가 제안된다(최열, 1987). 김창남(1987)도 만화의 종류를 만화 도안, 한 칸 만화(시사 만평, 유머 만평), 이야기 만화(네 칸 만화, 단편 만화, 장편 만화), 동화(애니메이션) 등으로 나누면서 극화를 의미하는 장편 만화를 포괄한, 서사 구조의 만화를 전반적으로 '이야기 만화'로 칭한다. 반면 박인하(1997: 55~65)는 만화를 크게 출판 만화(시사 풍자 만화, 코믹스), 애니메이션(상업용 애니메이션, 부분 애니메이션), 관련 부수 상품(만화 상품, 테마파크, 첨단 뉴 미디어 소프트, 컴퓨터 게임 프로그램, 광고/홍보/CF 산업 등)으로 나누면서 이미 우리나라의 만화 단행본 시리즈의 제목에 코믹스라는 용어가 사용되고 있을 정도로 보편화되어 있다는 점에서 시사 풍자 만화를 제외한 연속적 이야기 출판 만화를 코믹스라는 용어로 지칭하는 것이 합당하다는 견해를 제시한다. 한편 서구나 일본의 시사 만화가 한 칸 만평의 형식으로 표현되는 것과는 달리 한국에서는 네 칸 만화가 신문 시사 만화의 원형을 이루어 왔기 때문에 시사 만화의 범주에 한 칸 및 네 칸 모두를 포함시켜야 할 것이다(하종원, 1987). 또한 솝 오페라 형식은 서구에서 발전된 방송 장르로서 한국에서는 시도되지 않은 양식이기 때문에 멜로성 만화에 대해서는 '순정 만화'(박인하, 2000) 혹은 '여성 만화'(정보영, 2005)라는 용어를 사용하는 것이 적절할 것이다.

6. 솝 오페라는 주부들을 위한 주간 연속 라디오 혹은 TV 드라마로 주로 비누 회사가 광고주를 맡아 운영되었기 때문에 'soap'(비누)이라 명명되었고 대체로 순정・멜로물의 성격을 띠며 수십 년 동안 지속되었다.

7. 이들은 기본적으로 만화가로서보다는 회화적인 기법을 사용하는 삽화가의 성격을 갖는다. 이를테면, 찰스

대부분의 만화는 인간의 얼굴과 모습을 왜곡시킨다는 점에서 과장하고 있다. 그러나 어떤 만화들 — 예를 들면 <스티브 캐니언Steve Canyon>, <용감한 왕자Prince Valiant> 또는 <스파이더맨Spider Man> — 은 아주 실감나는 기법을 사용하고 있다. 하지만 여기에서 '과장'이라는 것은 그림 자체에 있다기보다는 오히려 사건과 행동에 있는 것이라고 할 수 있다. 그러한 종류의 '과장'은 어떤 단편 작가나 소설가들도 쉽게 사용할 수 있는 것이기 때문이다.

만화의 부호, 복잡성, 내용

만화 유형의 기본적인 분류를 살펴보면 하나의 만화를 ⓐ 부호code, 예를 들면 사실적인 선화 대 추상적인 스케치, ⓑ 복잡성complexity, 예를 들면 단순하고 즉각적인 삽화 대 피처물 애니메이션, ⓒ 내용content, 즉 만화가 무엇에 관한 것인가 등에 따라 구분해 볼 수 있음을 알게 된다. 그리고 궁극적으로 만화는 한쪽 편에는 작가를 그 상대편에는 수용자를 내포하고 있는, 보다 광범위한 사회적 상황에서 등장한다. 이러한 상황에서 만화는 사회에 다

브래그(1931~)는 삽화가이자 조각가, 화가로서 만화풍의 유머와 풍자적인 작품을 창작하였으며, 동화 작가이며 삽화가인 모리스 센닥(1928~)은 많은 동화책의 삽화를 그렸다. 로널드 설(1920~) 역시 화가이자 만화가로서 독특한 삽화풍 만화 작업을 하였으며, 후에 많은 만화가들에게 커다란 영향을 미쳤다.

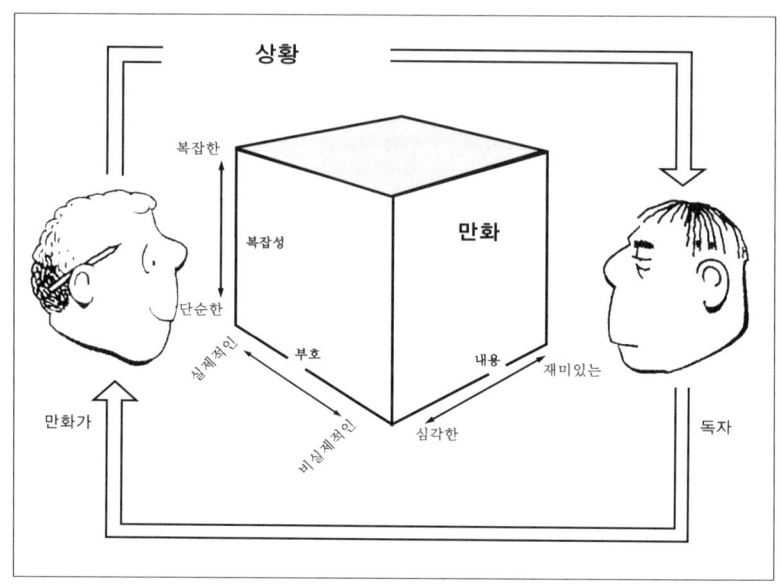

그림 1-1. 만화의 상황, 부호, 복잡성, 내용

양한 용도로 사용된다.

그림 1-1은 이러한 기본적인 차원을 나타낸 것이다. 하나의 만화는 그것의 기본적인 목적, 즉 보다 커다란 커뮤니케이션 상황에서 그것이 수행하는 역할에 따라 복잡성, 부호(매우 실제적인 초상화에서 극히 왜곡된 캐리커처까지), 그리고 다양한 내용에 따라(정치, 스포츠, 교육 또는 사업 등에 걸쳐 재미있는 것부터 진지한 것까지) 광범위하게 나타난다.

오늘날 학생들은 여러 가지 수준에서 만화를 연구할 수 있다. 그 한 가지 기본적인 접근 방법은 '어떻게 그것을 그릴 수 있는가'이다. 두 번째 접근 방법은 '만화 감상'이라고 명명될 수 있을 것이며, 세 번째 접근 방법은 '만화 커뮤니케이션'이라고 부를 수 있다. '만화 그리기' 접근 방법은 만화를 기호 생산자*encoder*의 관점에서 살펴보는 것이다. '만화 감상' 접근 방법은 기호 해독자*decoder*의 입장을 취하는 것이다. '만화 커뮤니케이션' 접근 방법은 기호 생산자, 기호 해독자 및 광범위한 사회적 상황과 같은 전반적인 과정을 고찰하는 것이다. 어떻게 그리는가를 아는 것은 커뮤니케이션으로서의 만화를 이해하는 데 도움을 줄 것이다. 마찬가지로 만화 감상에 대한 논의를 알게 되면 만화가 작동하는 방식을 좀 더 깊이 이해할 수 있을 것이다.

만 화 그 리 기

어린이들은 세상의 여러 모습을 그린다. 그것은 말하고 노래하거나 또는 춤추는 것처럼 보편적인 표현 양식으로 여겨진다. 고도의 언어적 사회에서 많은 사람들은 나이가 들면서 그리는 것을 중단한다. 그러나 전문가이든 비전문가이든 어떤 사람들은 '어떻게 그리는가'를 끊임없이 배우고, 또한 그리는 행위가 만족을 주며 널리 확대되는 자기 표현 양식임을 발견한다. 이러한 활동은 최근에 '우측 뇌'의 과정(Blakeslee, 1980; Edwards, 1979)과 '지도적 심상心象'(Samuels & Samuels, 1975)에 대한 관심을 통해 호응을 받고 있다.

만화를 그리는 것은 특별한 종류의 그림 그리기이다. 그것은 사실주의적 미술보다도 더 단순하면서도 한편 더 복잡하다. '직선을 그을 수' 없는 사람도 만화는 그릴 수 있다. 한편 만화 그리는 법을 전혀 습득하지 못한 순수 미술가들도 있다. 만화 그리기는 광범위하게 퍼져 있다. 그것은 비예술가들에게 손쉽게 들어갈 수 있는 문이 되는 한편 경험이 풍부한 예술가들에게는 점차 늘어 가는 도전이 되기도 한다.

최근 몇 년 동안 만화 그리는 법에 관한 책이 많이 출간되었다. 예를 들면 오리건 대학의 강의를 토대로 저술한 로이 폴 넬슨Roy Paul Nelson의 ≪만화 그리기Cartooning≫가 있다. 또 다른 지침서로서 서던 일리노이 대학 교수인 존 애킨스 리처드슨John Adkins Richardson이 지은 ≪만화 그리기의 완성The Complete Book of Cartooning≫을 들 수 있다. 이 두 책은 단순하고 기계적인 입문서의 수준을 넘어선, 만화에 대한 사려 깊은 연구서이다. 심지어 댄 오닐Dan O'Neill의 ≪대형 황색 도화집The Big Yellow Drawing Book≫ 같은 빈약한 지침서마저도 만화에 대한 학습 과정을 상당히 세련되게 반영하고 있다. 만화가인 오닐은 그의 형인 교육학 교수 휴즈와 공동으로 만화 그리는 법을 간략히 소개하는 교재를 실제로 출간하기도 했다.[8]

---

[8]. 한국에서 출간된 만화 관련 서적 중 가장 많은 비중을 차지하는 분야가 만화 그리기에 관한 것이다. 그중 몇 가지를 소개하면, 일반적인 만화 기법(데즈카 오사무, 1977 / 1998; 박무직, 2001), 만화 연출(안수철, 2008), 카툰(조항리, 2001; 장승태, 2003), 극화(Lee & Buscema, 1984 / 1998), 순정 만화(만화벗 그림터, 1999), 애니메이션(Hart, 1997 / 1999) 등을 들 수 있다.

미래에는 만화 부호에 대한 학습이 언어의 연구 방식과 관련된 강좌를 포괄할지도 모른다. 문자 및 구두 언어의 경우, '소설 쓰는 법'이나 '연설하는 법'에 관한 서적들이 광범위한 언어학적 연구를 토대로 서술될 수 있다. 전통적으로 언어학자는 언어를 기본적인 차원에서 세 가지 영역, 즉 기술적記述的, 비교적 및 역사적 언어학으로 나누어 연구한다. 최근에 언어학자들은 언어의 심리적 및 사회적 영향에 대한 관심을 증대시키고 있다. 언어 심리학과 사회 언어학으로 알려진 영역의 발달이 바로 그것이다.

지금까지 비언어적 부호들에 대한 연구는 언어에 대한 연구만큼 그리 신경 쓰지 않았다. 그러나 이제 그에 대한 새로운 연구 영역이 많이 등장하고 있다. 가시적인 신체 동작에 대한 커뮤니케이션 연구인 동작론 *kinesics*(Birdwhistell, 1970), 공간에 대한 연구인 영역론 *proxemics*(Hall, 1959), 시간에 대한 연구인 시간론 *chronemics*(Bruneau, 1980, 1977), 접촉에 관한 연구인 촉감론 *haptics*(Burgoon & Saine, 1978) 등.

비언어적인 화상 부호 중 텔레비전이나 영화와 같은 동화動畵에 대한 연구(Worth & Adair, 1972: 28)를 영상론 *vidistics*이라 하고, 만화같이 그린 그림에 대한 연구(Harrison, 1974: 72, 1964)를 그림론 *pictics*이라 명명하고 있다. 그러나 언어학이나 심지어 동작론과 비교해 볼 때 마지막 두 연구 영역은 아직 미숙한 단계로 이제 막 태동하기 시작한 것들이다. 아직까지는 그 가치를 입증해야 하겠지만 그것들은 장차 유용한 통찰력을 제공할 것으로 기대된다(부록을 참조하라).

만 화 감 상

1960년대와 1970년대에 걸쳐 주요 만화 예술가들의 선집, 작품집, 회고록, 그리고 전기 및 역사에 대한 백과 사전 등이 다수 등장하였다. 이러한 것들은 '음악 감상'이나 '미술 감상'처럼 '만화 감상'이라고 명명될 수 있다. 하지만 사실 만화에 대한 감상은 그보다 오래전에 시작되었다.

2차 세계 대전이 일어나기 전 만화와 캐리커처 그리고 초기의 그래픽 예술가들과 그들의 논쟁에 관한 서적들이 놀랄 만큼 많이 나타났다('참고 문헌'에 이러한 초기의 저작물 중 대표적인 것을 소개하고 있다). 20세기 초반의 몇십 년은 여러 가지 측면에서 만화의 전성기라 할 수 있다. 그 당시의 주요한 매스 미디어는 **인쇄** 미디어였다. 그리고 인쇄 미디어 시대에 만화는 중요한 시각적 요소로서 등장하였다. 또한 그 시대는 만화 형식에 있어서 커다란 실험과 발전이 이루어졌다. 그 시기에 나온 서적들을 보면 급속한 변혁기를 체험한 만화에 대해 훑어볼 수 있다.

그러나 2차 세계 대전과 그 이후에는 미국의 학자들이 커뮤니케이션으로서의 만화에 대해 진지하게 고찰하기 시작했다. 예를 들면 1943년 토머스 크레이븐Thomas Craven은 ≪만화 행진 Cartoon Cavalcade≫이라는 저서를 통해 수십 년간에 걸친 미국의 모든 만화 예술 형식에 대해 고찰하였다. 이 책은 <뉴요커>지의 작품들을 중점적으로 다루었다. 대체로 시각적으로 구성되어 있기는 하나 장마다 만화를 그 시대의 역사 및 사회와 관련시켜 살펴보는 논문도 함께 게재하였다.

　　많은 연구자들이 시사 만화에 초점을 맞추었다. 예를 들면 1944년 앨런 네빈스Allan Nevins와 프랑크 바이텐캄프Frank Weitenkampf는 ≪정치 만화의 100년A Century of Political Cartoons≫이라는 책을 저술하여 그 개관을 살펴보았다. 미국 밖에서는 영국의 데이비드 로David Low가 2차 세계 대전에 대한 강력한 연대기인 ≪분노의 시기: 만화의 역사, 1931~45Years of Wrath: A Cartoon History, 1931~45≫를 발간하였다. 3년 후 윌리엄 넬슨William Nelson은 국제적인 시각을 도입, 러시아의 잡지 <크로커딜Krokodil>에 게재된 만화들 중 미국에 관한 것들을 모아 ≪악어의 입으로부터Out of the Crocodile's Mouth≫라는 책을 편찬하였다.

　　그 자신이 혁신적인 연재 만화가이기도 한 쿨튼 워Coulton Waugh는 초창기의 진지한 고찰서의 하나인 ≪연재 만화The Comics≫를 저술하였다. 그에 따르면 연재 만화는 세 가지의 기본적인 요소들로 구성된다. ⓐ 일련의 그림들을 통해 서술되는 이야기, ⓑ 인물의 지속적인 등장, ⓒ 만화 속에 삽입되는 대화나 지문 등. 몇몇 성공적인 연재 만화들의 경우에는 지문이 없기도 하지만 연재 만화에 대한 위의 정의는 오늘날 많은 사람들이 만화를 '새로운 예술 양식,' 즉 말과 그림을 묶어 독특한 목적을 수행하는 커뮤니케이션 유형으로 간주하는 것에 대한 최초의 체계적인 분석이라 할 수 있다.

　　워가 연재 만화에 초점을 둔 반면 어떤 사람들은 한 칸 만화의 유머에 대해 살펴보기 시작했다. <뉴요커>지는 25주년을 기념하여 1925~1950년의 만화집을 발간하였고 그후 1955~1965년의 회고집을 냈다. 1925~1950년 서첩은 한 칸이나 두 칸 만화부터 우리가 오늘날 알고 있는 언어적 및 비언어적 유머가 결합된 복잡한 만화에 이르기까지 잡지 만화의 성장을 보여 준다.

만화에 대한 좀 더 거시적이고 국제적인 관점은 R. E. 윌리엄스R. E. Williams의 ≪펀치 만화의 100년A Century of Punch Cartoons≫를 통해 소개되었다. 반면 <뉴요커>지의 ≪1955~1965년 서첩≫은 만개 중인 잡지 만화의 상황을 보여 준다. 같은 기간 동안 그 당시 인기 있던 대중 잡지들, 예를 들면 <새터데이 이브닝 포스트The Saturday Evening Post>, <콜리어스Collier's>, <룩Look>과 같은 잡지들에서 선정한 주요 만화의 선집들이 발간되었다.

1959년 스티븐 베커Stephen Becker는 ≪미국의 만화 예술Comic Art in America≫을 발간하였다. 그는 이 책에 "만화, 정치 만화, 잡지 만화, 스포츠 만화 및 애니메이션의 사회사"라는 부제를 붙였다. 이 책은 20세기 중반의 만화가 갖는 주요한 기능을 보여 준다. 하지만 베커는 맺음말을 통해 "그래픽 예술의 전반적인 영역에 대한 논의가 무시되었다. 책 속의 사례들은 그 나름의 가치를 갖지만 광고와 교육에 대해서는 아주 미약하게만 다루어졌다. 그리고 현재 1년에 수백만 달러를 취급하고 늘 유머에 보다 많은 비중을 두고 있는 축하 엽서 회사에 대해서는 거의 언급을 하지 않았다"라며 그 한계를 인정하였다(Becker, 1959: 377).

베커의 연구는 1960년까지 만화가 매스 미디어 기업의 중요한 구성원이며 오늘날 만화가 수행하는 대부분의 중요한 기능을 이미 담당하였음을 시사한다. 컴퓨터 그래픽의 성장에 대해서 베커는 예상하지 못했으며 당시는 영화관으로부터 텔레비전으로의 애니메이션 이전도 아직 발생하지 않았던 시기였다. 그러나 베커는 "위트, 세련과 과학으로 특징되는" 새로운 시대로 우리가 돌입할 것이라는 점을 예견하였다(Becker, 1959: 378). 그는 "앞으로 20년 내에 역사에 의해 새로운 판단을 받을 것이며 많은 열성가들이 그것들을 기록하게 될 것이다"라고 결론 내렸다.

실제로 많은 열성가들이 그후 20년 동안 이 분야로 뛰어들었다. 이미 언급한 대로 1960년 이후 만화 감상으로 분류될 수 있는 서적, 논문 및 잡지 등이 급속히 발전하는 조류를 맞게 된다. 그러나 또 한편 비평, 비판, 그리고 연구라는 새로운 흐름도 등장하고 있다.[9]

---

[9]. 이른바 '만화 감상'이라 명명된 분야에 관한 저작물은 한국에서도 적지 않게 출간되었다. 특히 1990년대 중반 이후 저술 혹은 번역된 문헌들이 다수 쏟아져 나왔다. 이러한 저작물들은 몇 가지 유형으로 나누어 볼 수 있다. 첫째, 전반적인 만화 세계와 만화 환경의 여러 논제들을 다룬 만화 평론가들의 비평집이다(이재현, 1991; 손상익, 1996; 박석환, 1999; 이명석, 2002; 두고보자, 2004; 조정래 외, 2007). 둘째, 보다 구체적으로 한국의 만화가 개개인에 대한 평전 내지 작가론(정준영, 1994; 박재동 외 1995; 곽대원 외, 1996; 한영주, 2001; 황의웅, 2001; 박인하, 2002; 한국만화문화연구원, 2004; 부천만화정보센터, 2005b), 혹은 작품론(만화평론가협회, 1998; 함성호, 2002; 손상익, 2005a) 등이다. 셋째, 공식적으로 개방이 이루어진 1998년 이전부터 이미 우리의 문화 체험의 중요한 장이었던 일본의 출판 만화(이명석, 1999; 오은하, 1999; 손상익, 2000; 정하미, 2005; 요모타 이누히코, 1994 / 2000; 이시카와 준, 1995 / 1997; 오오츠카 에이지 · 사사키바라 고, 2001 / 2004; Schodt, 1996 / 1999)와 애니메이션(박인하 외, 1991; 박태건, 1997; 황의웅, 1997, 1998; 박정배, 1999; 최석진, 2002; 키리도시 리시쿠, 2001 / 2002)에 대한 소개 및 분석서들이다. 넷째, 서구 만화 및 애니메이션 작가와 작품들을 소개하고 분석한 문헌들이다(이원복, 1991; 이동훈, 1999; 김용석, 2000; 성완경, 2003; 김기홍, 2005; Knigge, 2004 / 2005). 이런 저작물들의 등장은 한국의 만화 담론의 폭과 깊이를 더해 줄 뿐만 아니라 만화에 대한 사회적 인식의 제고에 큰 힘이 될 수 있었다.

만화 커뮤니케이션

만화 커뮤니케이션을 연구하는 연구자들은 만화와 그것이 만들어지는 방식뿐만 아니라 만화가 수용자들에게 미치는 영향도 고찰해 왔다. 1930년으로 거슬러 올라가면 로런스 셰퍼Laurence Shaffer 같은 교육학자들은 어린이들이 만화를 어떻게 해석하느냐에 대해 관심을 가졌다. 그보다 오래전인 1905년과 1906년에는 몇몇 신문들이 만화의 '저질스럽고 폭력적인' 내용과 그것이 어린 독자들에게 미칠 수 있는 나쁜 영향을 이유로 만화에 대해 비판을 가했다. 그리고 1950년대에는 공포와 폭력적인 내용 때문에 만화책 회사들은 '범죄 학교school for crime'라는 명칭으로 일반 대중의 공격을 받았다.

B. 로젠버그B. Rosenberg와 D. M. 화이트D. M. White가 함께 엮은 ≪대중 문화Mass Culture≫라는 책에는 "릴 애브너를 지혜롭게 읽는 법How to Read Li'l Abner Intelligently"이라는 조언이 삽입되어 있다. 또한 "꼬마 고아 애니와 그 친구들의 의견The Opinions of Little Orphan Annie and Her Friends"도 첨부하였다. 이러한 두 연재 만화의 사회적, 정치적 메시지는 호기심 강한 커뮤니케이션 학자들의 주의를 끌었다. 알 캡Al Capp[10]은 의식적으로 자신의 연재 만화에 대해 두 가지 수준에서 논의하였으며, 해롤드 그레이Harold Gray[11]는 자신의

---

[10]. <릴 애브너>의 작가.

강한 보수적 견해에 대해 가차 없이 표현하였다.

1960년대는 만화가 진지한 연구의 주제로서, 커뮤니케이션과 관련된 논제로서 인식되기 시작한 중요한 전환기로 볼 수 있다. 1963년 화이트와 R. H. 아벨R. H. Abel은 ≪만화: 미국의 언어The Funnies: An American Idiom≫를 편찬하였다. 그 책에 소개된 연재만화들은 알 캡(<릴 애브너>), 월트 켈리Walt Kelly(<포고Pogo>), 앨런 손더스Allen Saunders(<메리 워드>, <스티브 로퍼>) 등의 작품이었으며 그것들은 길버트 셀더스Gillbert Selders와 헤이우드 브라운Heywood Broun 같은 비평가들이 검토하였다. 그리고 마지막으로 그러한 연재 만화들은 심리학자, 사회학자 및 커뮤니케이션 연구자들이 분석하였다.

비천한 만화에 대한 이러한 관심을 정당화하면서 화이트와 아벨은 "이제 약 60여 개국의 20억이 넘는 사람들이 미국 연재 만화 몇 작품에 열광하고 있다"라고 지적하였다(White & Abel, 1963: vii). 또한 덧붙이기를 "예를 들면 5000만 명의 독자 개개인이 매주 5~6개의 이야기를 읽는다고 가정한다면 전 세계에 걸쳐 약 1200여 개의 신문에 게재되는 <블론디>와 같은 연재 만화 단 한 편이 한 해 동안 170억 번 읽힐 수 있다"라고 하였다(<블론디>가 탄생된 지 50년이 되었던 1980년에는 전 세계의 약 1900여 개 신문에 연재되었다).

---

11. <꼬마 고아 애니>의 작가.

또한 1960년대에는 만화책에 대한 재검토도 이루어졌다. 줄스 파이퍼Jules Feiffer는 ≪만화책의 위대한 영웅들The Great Comic Book Heroes≫을 출간하였다. 거기에는 <슈퍼맨Superman>, <캡틴 마블Captain Marvel>, <배트맨Batman>, <원더 우먼Wonder Woman>, <캡틴 아메리카Captain America>, <스피릿The Spirit> 등을 포함한 1930년대와 1940년대의 주인공의 모습이 총천연색으로 실려 있다.

파이퍼는 두 개의 인용 문구로 그 책을 시작하였다.

"어린 시절에 읽었던 책 중 몇몇을 일생 동안 소중하게 간직해 온 많은 어른들을 나는 알고 있다. 또한 나는 만화책 읽는 취미에서 완전히 벗어난 어른이나 청소년들을 결코 찾아낼 수 없었다. 그럼에도 불구하고 감상感傷이나 그 밖의 다른 이유로 그러한 '책들' 중 몇몇을 계속 간직하겠다는 꿈을 일찍이 가져본 사람도 발견할 수 없었다."

_ 프레데릭 베르트함, ≪순진한 사람들에 대한 유혹≫에서

"뭣이라고?"

_ 슈퍼맨, ≪활극 만화≫에서

베르트함은 적어도 한 가지 점에서는 오류를 범한 것이 확실하다. 오래된 만화책들이 지금은 수집가들의 중요 수집 품목이 되었으며 물건이 드물어 높은 가격에 팔리고 있기 때문이다. 수집가들은 편람과 '팬진Fanzine'12을 발간하고 있다. 예를 들면 ≪만화

---

12. fantasy + magazine 혹은 fan + magazine의 합성어. 어떤 특정한 문화 현상 — 예컨대, 문학이나 음악

독자The Comic Reader≫, ≪만화 팬들의 세계를 위한 구매 안내서The Buyer's Guide for Comic Fandom≫, ≪만화책 가격 안내서The Comic Book Price Guide≫, ≪선풍적인 만화 수집가The Rocket's Blast Comicollector≫ 같은 것이다. 아이러니컬하게도 프레데릭 베르트함은 ≪팬진의 세계: 특별한 양식의 커뮤니케이션The World of Fanzines: A Special Form of Communication≫에 관해 성실하게 글을 썼던 몇 안 되는 사람 중의 하나였다.

  1960년대 말에 A. 앨드리지A. Aldridge와 G. 페리G. Perry는 ≪연재 만화의 펭귄 문고The Penguin Book of Comics≫를 출간하였고, P. 쿠페리P. Couperie와 M. C. 혼M. C. Horn은 ≪연재 만화의 역사A History of the Comic Strip≫를 저술하였다. 이 두 책은 만화 연구에 대한 국제적인 시각을 제시해 주었다. 같은 기간 동안 만화에 대한 국제적 관심을 점점 더 드러낸, 다른 움직임이 나타났다. 1965년 이탈리아의 보르디게라Bordighera에서 첫 번째 국제 만화 총회가 열렸다. 1966년에는 일본의 오미야大宮에서 시립만화예술박물관이 개장되었고, 1967년에는 파리 루브르박물관에서 만화 예술에 대한 종합적인 전시회인 '연재 만화의 서사적 특징Bande Dessinée et Figuration Narrative'이 열렸다. 1967년에는 또한 빌 블랙비어드Bill Blackbeard에 의해 샌프란시스코에서 만화예술아카데미가 창설되었다.

장르 ― 의 팬들이 비슷한 기호를 갖고 있는 다른 사람들과 즐거움을 공유하고자 펴내는 아마추어적인 비상업 발간물을 이르는 말이다. 초창기에는 주로 SF 팬들에 의해 제작되었다.

최근의 추세

1970년대와 1980년대 초반에 이르자 만화 관련 서적의 자그마한 흐름이 급류로 바뀌었다. 게다가 수년 동안 구입할 수 없었던 초기 작품들의 재판을 포함하여 많은 만화 선집들이 쏟아져 나왔다. 이러한 출판물의 홍수 속에서 적어도 몇몇 권은 특별한 주목을 끌 만큼 중요한 것으로 부상하였다.

1970년대 초반 제임스 스테란코James Steranko는 ≪만화의 역사History of Comics≫라는 전집에 대한 계획을 착수하였다. 1년 후 L. 대니얼스L. Daniels는 ≪코믹스: 미국의 만화책 역사Comix: A History of Comic Books in America≫를 발간하였으며, 1972년에는 월터 헤더그Walter Hederg와 데이비드 파스칼David Pascal이 취리히에서 ≪연재 만화의 예술The Art of the Comic Strip≫을 발간하였다. 같은 해 R. 라이트버거R. Reitberger와 W. 푹스W. Fuchs의 ≪만화: 하나의 대중 매체에 대한 해부Comics: Anatomy of a Mass Medium≫가 영어로 번역되었다. 1973년 데이비드 쿤즈레David Kunzle는 일련의 기획 전집 중 첫 번째 책인 ≪초기의 연재 만화The Early Comic Strip≫를 저술하였다. 이 책은 1450년부터 1825년까지의 그림 이야기들을 다루는 것으로 현대 연재 만화의 놀라우리만치 중요한 뿌리를 보여 준다.

그후 스탠 리Stan Lee는 ≪마블 코믹스의 기원The Origins of Marvel Comics≫을 저술하였다. 이 책은 마블 코믹스에 관한 첫 번째 저작물로서 그것의 초영웅적 남녀 주인공들에 대해 다루었다.13 같은 해인 1974년 마크 에스트렌Mark Estren은 ≪지하 연재 만화의 역사*A History of Underground Comics*≫를 저술하였으며, 제리 로빈슨Jerry Robinson은 잡지 <연재 만화*The Comics*>에 중요한 글을 기고하였다.

또한 1970년대 초반에는 예술로서의 만화에 대한 일반인들의 관심이 높아졌다. 1971년 모리스 혼Maurice Horn은 "연재 만화의 75년*75 Years of the Comics*"이라는 중요한 전시회를 뉴욕문화센터에서 개최하였다. 1974년에는 <비틀 베일리*Beetle Bailey*>의 작가인 모트 워커Mort Walker가 주도적으로 추진한 만화예술박물관이 코네티컷 주의 그린위치Greenwich에서 개장되었다.14

같은 시기에 '대중 문화'에 대한 학문적 관심이 증대되었다. 대중 문화에 관심을 갖고 있던 학자들이 지금까지 가장 인기가 있었던 연재 만화의 하나인 <릴 애브너>에 대해 일찍이 초점을 맞춘 것은 그리 놀라운 일이 아닐 것이다. 그 연재 만화는 전성기 시절 900여 개가 넘는 신문에서 하루에 9000만 명의 독자에게 읽혔다. 독자들은 세계 도처에 깔려 있었으며 52개의 외국어로 번역되었다.15

---

13. 마블 코믹스는 DC 코믹스와 더불어 미국의 양대 만화책 출판사로서 많은 초영웅 만화 주인공들을 선보였다. 대표적인 인물로 초기의 캡틴 아메리카를 비롯하여 스파이더맨, X-맨, 헐크, 데어데블, 고스트라이더, 판타스틱 4, 아이언맨, 블레이드 등이 있다. 한편 DC 코믹스의 대표적인 만화 주인공으로는 슈퍼맨, 배트맨, 원더우먼, 캡틴 마블 등이 있다.

14. 한국의 경우, 부천만화정보센터에서 운영하는 한국만화박물관(www.comicsmuseum.org), 춘천애니메이션박물관(www.animationmuseum.com), 그리고 서울애니메이션센터(ani.seoul.kr)의 전시실 등이 자료와 작품 등의 전시 공간으로 활용되고 있다.

15. 1934년 8월 13일부터 1977년 11월 13일까지 43년 동안 매일 연재된 신문 만화이다. 알 캡이 직접 쓰고 그린 이 만화는 쇠락한 가상의 공간인 도그패치Dogpatch에 사는 궁핍하고 게으르고 변화를 거부하는 한 산골

<릴 애브너>에 대한 초기의 분석은 A. J. 브로드벡A. J. Brodbeck, 데이비드 매닝 화이트, H. 폴리처H. Polizer, R. 데니R. Denny에 의해서 이루어졌다. 그후 화이트가 ≪도그패치부터 슬로보비아까지: 릴 애브너의 세계From Dogpatch to Slobbovia: The World of Li'l Abner≫를 출간하였다. 아서 아사 버거도 ≪릴 애브너: 미국적 풍자에 대한 연구Li'l Abner: A Study in America Satire≫를 저술하였다.

　　그후 버거는 좀 더 시각을 넓혀 "딕 트레이시, 블론디, 대디 와벅스 그리고 찰리 브라운이 우리에 대해 말해 주는 것What Dick Tracy, Blondie, Daddy Warbucks, and Charlie Brown Tell Us About Ourselves"이라는 부제가 붙은 ≪연재 만화화된 미국인≫을 저술하였다. 또한 버거는 이러한 연재 만화의 주인공들 외에도 <노란 꼬마The Yellow Kid>, <카첸얌머 키즈Katzenjamer Kids>, <머트와 제프Mutt & Jeff>, <크레이지 캣Krazy Kat>, <벅 로저스Buck Rogers>, <플래시 고든Flash Gordon>, <슈퍼맨>, <배트맨>, <포고>, 그리고 마블 코믹스의 <바바렐라Barbarella>와 로버트 크럼Robert Crumb의 <미스터 내추럴Mr. Natural> 등을 분석하였다.

　　만화 연구에 관심 있는 학생들은 이젠 중요한 선집들을 쉽게 구입할 수 있게 되었다. 오늘날 인기 있는 연재 만화 선집들,

---

대가족을 중심으로 이야기가 전개되었다. 이 만화는 유머와 풍자와 정치를 결합한 내용으로 강력한 문화적 영향력을 행사한 것으로 평가받는다. 전성기에는 당시 미국 전 인구(1억 8000만 명)의 반수가 읽을 정도로 큰 인기를 얻었으며, 라디오 연속극, 영화, 브로드웨이 뮤지컬 코미디, 테마파크 등 다양한 문화 현상으로 발전하였다. 1947년 루벤상을 수상하였다.

예를 들면 <피너츠>나 <둔스베리> 같은 것들은 정기적으로 문고판 형태로 출간된다. 게다가 도버Dover, 루나Luna, 첼시 하우스 Chelsea House, 하이페리온Hyperion, 노스탤지어 프레스Nostalgia Press 등의 출판사들은 각기 절판되거나 복구하기 힘든 선집들을 재출간하였다. 1977년 빌 블랙비어드와 마틴 윌리엄스Martin Williams는 ≪신문 연재 만화의 스미스소니언 선집The Smithsonian Collection of Newspaper Comics≫이라는 중요한 개론서를 출간하였다.

이러한 재판서들 중 몇몇, 예를 들면 라이오넬 파이닝거 Lyonel Feininger의 ≪킨-더-키즈The Kin-der-Kids≫는 만화 역사상 놀랍고도 잊혔던 국면들을 파헤쳐 보여 준다. 물론 파이닝거는 유명한 화가로 기억되지만, 그가 1906년 만화 예술에 손을 댔던 것은 그 자신뿐만 아니라 만화 분야에서도 깊은 영향을 남겼다.

연재 만화와 한 칸 유머 만화는 종종 선집의 형태로 등장하며 다른 형식의 만화들도 재출간되고 있다. 1972년 이후로 찰스 브룩스Charles Brooks는 '올해의 최우수 신문 만화' 시리즈를 매년 발행하였다. 신문 만화 작가들과의 면담을 곁들인 선집들도 발행되는데, 그 한 예로 A. F. 웨스틴A. F. Westin의 ≪1주일에 여섯 번 화내기: 정치 만화의 명세표Getting Angry Six Times A Week: A Portfolio of Political Cartoons≫를 들 수 있다. 게다가 많은 신문 만화 작가들이 개인 선집을 통해 소개되고 있다.

또 다른 영역인 애니메이션 분야에서도 저작물이 꾸준히 증가하고 있다. 예를 들면 J. 렌버그J. Lenburg의 ≪애니메이션 시리즈 백과 사전: 1909~1979Encyclopedia of Animated Cartoon Series: 1909

~1979≫가 그렇다. 이러한 저작물들은 만화 선집들, 예를 들면 로널드 슈왈츠Ronald Schwarz의 ≪초기의 미국 만화: 1900~1920 Early American Cartoons: 1900~1920≫ 등을 통해 보완되었다.

레너드 말틴Leonard Maltin의 저서인 ≪쥐와 마술에 관해서: 미국 애니메이션의 역사Of Mice and Magic: A History of American Animated Cartoons≫는 애니메이션에 대한 중요한 참고서이다. 말틴은 미국의 유명한 애니메이션 작가들 다수와 인터뷰하였다. 그들 중 많은 사람들이 도전적이고 급속히 변모하는 세대들로서 은막과 관객들의 마음에 잊을 수 없는 이미지를 새겨 놓았다. 말틴은 이에 대해 "그전의 25년간보다 과거 5년 동안 더욱 많은 관심이 만화에 쏟아졌다"라고 지적하고 있다(Maltin, 1980: vii). 그는 주로 애니메이션에 관해 언급을 하고 있지만, 그의 관찰은 만화의 또 다른 모든 역할에 대해서도 적절히 적용되는 것이다.

오늘날 '만화'라는 용어는 대부분의 주요한 백과 사전에 등장한다. 그리고 실제로 그 자체가 하나의 완전한 서적으로 발전하고 있다. 예를 들면 ≪연재 만화 세계 백과 사전The World Encyclopedia of Comics≫, ≪만화 세계 백과 사전The World Encyclopedia of Cartoons≫, ≪만화책 백과 사전The Encyclopedia of Comic Books≫, ≪만화책 주인공 백과 사전The Encyclopedia of Comic Books Heroes≫ 등이 있다.[16]

---

[16]. 아직까지 한국에서 만화에 대한 백과 사전식의 데이터베이스화는 일천한 편이라 할 수 있다. 하지만 그 가운데에서 조금씩 자료 구축을 위한 시도가 이루어지는 모습이 보인다. 예를 들면, 20세기 초 이후 현재까지의 한국 만화인 970여 명에 대한 자료를 수록한 사전(손상익·한국만화문화연구원, 2002), 1990년부터 2001년

비천했던 만화는 이제 그야말로 커다란 성장일로를 걷고 있는 것이다.

새 로 운 상 황

최근의 저작물을 살펴보면 몇 가지 중요한 점을 발견할 수 있다. 첫째, 오늘날의 만화는 실로 매스 커뮤니케이션이라 할 수 있다. 그것은 확실히 '매스*mass*'이다. 날마다 전 세계 수백만의 사람들이 만화를 보고 있다. 그리고 그것은 확실한 '커뮤니케이션 *communication*'이다. 그것은 다른 것 — 예를 들면, 예술 — 이 될 수도 있지만,17 정보를 전달함으로써 그 본연의 길을 찾는 경향이 더 크다.

까지 한국어로 출간된 만화 약 1만여 종을 장르별, 테마별로 분류하고 정리한 만화 가이드북(코믹플러스 · 한국만화문화연구원, 2002), 그리고 1950~1960년대 한국 만화계의 선구적인 만화가들의 특성, 프로필, 대표작 줄거리를 설명하고 구체적인 작품 사례를 도판화한 백과 사전식의 자료집(한영주, 2001), 그리고 부천만화정보센터가 지속적인 작업으로 추진하는 서구 만화(2001) 및 일본 만화(2002) 자료집, 한국 만화 자료 시리즈 (2003, 2004, 2005a) 등은 후속 연구를 위한 유용한 자료집으로서의 가치를 갖는다. 한편 부천만화정보센터의 만화도서관(www.kclib.org) 및 만화규장각(www.kcomics.net)이나 서울애니메이션센터(ani.seoul.kr)의 도서 및 영상 정보실은 애니메이션 자료의 데이터베이스 구축에 일익을 담당하고 있다.

17. 초기의 만화는 말보다도 그림이 주된 요소이었기 때문에 그것의 회화적 요소에 대해 관심이 많았다. 따라서 표현 기법의 측면에서 미술과의 관계를 통해 예술적 가치를 찾고자 하였다. 이에 대한 구체적인 사례는 회화적 요소를 활용하거나 차용한 만화 작업(박창석, 2008; 양기옥, 2005; 조문선, 2005), 미술 작품에 나타난 만화적 표현(박진희, 2006; 김다혜, 2005; 김동진, 2005), 만화 속에 나타난 미술적 요소와 미술 속에 나타난 만화적 요소(박창석, 2007) 등을 참조하라.

둘째, 세밀히 살펴보면 만화란 놀라우리만큼 복잡한 국면을 갖고 있다. 실제로 하나의 만화는 복잡성, 부호, 내용 및 그것이 사용되는 상황에 따라 다양하게 변화한다.

셋째, 만화는 비평가들이 일반적인 매스 미디어에 대해 오랫동안 연구해 왔던 많은 문제점들을 개략적으로 그러나 예리하게 보여 준다. 예를 들면 연구자들은 만화의 성과 폭력, 만화와 교육, 만화의 정치적 논평 등의 효과를 측정하려 노력해 왔다.

넷째, 만화는 커뮤니케이션의 여러 경향들을 반영하고 또 참여하는 듯하다. 매스 미디어는 일반적으로 더욱 시각적이고 더욱 비언어적으로 되어 간다. 만화도 이러한 경향에 일익을 담당하며 또한 영향을 받고 있다. 또한 매스 미디어는 급속히 변화하며 경쟁적으로 되어 간다. 그에 따라 그만큼 더 신속하고 주목을 끄는 만화가 그러한 경쟁 무대에서 우위를 차지한다. 또한 극도의 긴장이 요구되는 시대에 유머는 매스 미디어에 있어서 전보다 더 중요한 요소로 등장하며 따라서 만화가 더욱 커다란 기여를 한다.

결론적으로 만화는 그것이 수행하는 역할과, 그것이 학자와 학생들로부터 끌어내는 관심이라는 두 가지 측면 모두에서 핵심적인 위치를 점점 더 획득해 나가고 있다. 오늘날 만화는 여러 관점에서 연구될 수 있는데, 그것은 바로 '만화 그리기'의 접근 방법, '만화 감상'의 접근 방법, 그리고 — 점차 늘어 가는 — '만화 커뮤니케이션'의 접근 방법이다.

2. 커뮤니케이션으로서의 만화

커뮤니케이션으로서의 만화를 고찰하기 위해서는 간단한 커뮤니케이션 모델을 사용하는 것이 효과적이다. 만화는 기호, 내용, 복잡성에 의하여 묘사될 수 있는 하나의 메시지일 뿐만 아니라 보다 광범위한 커뮤니케이션 상황에서 작용하는 것이기도 하다. 이러한 광범위한 체계에서 우리는 만화가와, 만화 창작에 영향을 미치는 사회적 힘에 대해 살펴볼 수 있다. 우리는 만화가 유포되는 경로 *channel*를 살펴볼 수 있다. 우리는 독자들과 차후의 만화 제작에 영향을 미치는 그들의 피드백 *feedback*에 대해 조사할 수 있다. 마지막으로, 우리는 사회 속에서의 만화의 영향과 기능에 관한 보다 광범위한 질문들을 제기할 수 있을 것이다.

커뮤니케이션 체계

급격히 늘어가는 새로운 저작물 속에서 만화는 교육자와 비평가로서, 판매자와 설득자로서 그 모습을 드러내고 있다. 그것은 문화의 전달자로서 혹은 문화의 변질자로서 보이기도 하며, 미술 또는 문학, 아니면 그 양자 모두이거나 그 양자 모두 아닌 것처럼 보이기도 한다. 만화는 우리를 교육시키거나 짜증나게 할 수도 있으며, 즐겁게 해주거나 아니면 괴롭히기도 하며, 무엇을 알려주거나 정정해 주기도 한다.

그러나 만화에 대한 이러한 많은 관점들의 기저에는 하나의 명제가 있다. 만화는 커뮤니케이션이란 점이다. 만화가들은 백지 한 장으로부터 시작하여 전에 결코 존재하지 않았던 무엇인가를 창조하고 다른 사람들에게 어떤 독특한 메시지를 전달한다.

만화 커뮤니케이션 체계에서 기본적인 요소들은 다음과 같다. ⓐ 만화, ⓑ 스토리 작가: 만화가 자신이 될 수도 있고 그렇지 않을 수도 있다, ⓒ 편집자: 내용을 선정하고 길을 안내하는 게이트키퍼gatekeeper,[1] ⓓ 후원자: 만화를 인수하고 인쇄하여 배포하는 사람, ⓔ 만화 자체, ⓕ 미디어: 예를 들면 영화, 신문 잡지 또는 서적, ⓖ 수용자(독자), 그리고 마지막으로 ⓗ 만화 창작자들에게 그 성공 여부에 관해 알려 주는, 또 그렇게 함으로써 차후

---

[1]. 정보의 모집, 편집 과정에서 결정권을 가지고 수용자에게 전달되는 메시지의 유통에 관계된 판단을 내리는 사람을 가리킨다.

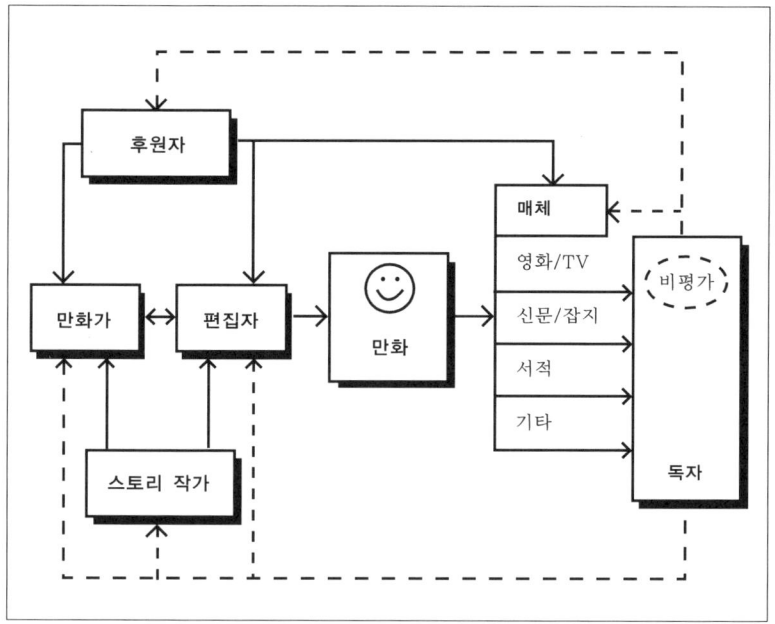

그림 2-1. 만화 커뮤니케이션 모델

의 만화 제작에 대해 영향을 미치는 피드백2 채널 등이다.

그림 2-1은 이러한 커뮤니케이션 상황을 나타낸 것이다.

---

2. 커뮤니케이터들이 보내는 메시지에 대한 수용자의 답신적 반응으로서 이를 통해 커뮤니케이션 행위가 연속적인 과정을 겪게 된다.

후 원 자

이러한 모델을 좀 더 자세히 고찰하려면 먼저 후원자부터 살펴보는 것이 좋을 듯하다. 오늘날의 만화는 매스 커뮤니케이션이며 — 적어도 미국에서 — 그것이 의미하는 바는 만화가 하나의 경제적 사업이라는 점이다. 어떤 사람은 만화가에게 돈을 지불하여 작업을 하도록 시켜야 하며 또 어떤 사람은 돈을 지불하여 만화를 대량 생산하고 널리 배포해야만 한다. 바로 이것이 후원자의 역할이다.

이와 관련하여 우리는 세 가지 기본적인 경제 모델을 생각해 볼 수 있다. 첫째, 독자들이 만화를 보고 즐기기 위해 특권에 대한 대가를 지불할 수 있다. 둘째, 후원자가 지불할 수 있다. 셋째, 독자와 후원자가 그 비용을 나누어 지불할 수 있다. 또한 네 번째 — 비경제적인 — 모델도 가능하다. 즉 만화가 자신이 지불할 수 있다.

독자가 지불하는 첫 번째 모델은 어떤 사람이 만화를 직접 만화가에게 살 경우, 예를 들면 어떤 여행자가 길거리 화가에게 자신의 캐리커처를 살 경우에 일어난다. 또한 대량 배포되기 이전의 만화 원본을 사려는 수집가의 경우에도 그러하다.

최근까지도 만화가들은 자신들의 원본에 대해 그리 큰 가치를 부여하지 않았다. 한 열성팬이 어떤 특정 만화를 달라고 요청을 하거나 편지를 보내면, 만화가들은 종종 우쭐해져서 많은 경우 그들의 작품을 쉽게 공짜로 내주곤 하였다. 예를 들면, 핼 포스터Hal Foster는 그의 <용감한 왕자> 원본 중 많은 부분을 공짜로 내주었고, 딱 한 번 자선 기금을 마련하기 위하여 몇 작품을 한 개당 35달러에 판 적이 있었다. 오늘날 포스터의 원본 중 몇몇은 수천 달러의 가치를 갖고 있다(<둔스베리>의 작가인 게리 트뤼도는 예일 대학교에서 미술학 석사 학위를 취득하며 만화를 진지한 예술로서 인식한 사람 중 한 명인데, 스스로가 열렬한 수집가인 그는 1970년 이전의 <포고> 원본이나 1930년 일간지, 일요 신문에 실렸던 <블론디> 연재 만화 일부를 자신의 <둔스베리>의 원본과 적절한 분량으로 바꾸자는 제안을 지속적으로 해오고 있다).

만화예술박물관The Museum of Cartoon Art(Comly Avenue, Town of Rye, Port Chester, New York 10573 소재)은 자체의 활동비를 보조하기 위해 만화 원본을 판매하고 있다. 마찬가지로 많은 화랑과 상인들도 이제 만화 예술 원본을 전문적으로 취급하고 있다. 그러나 전체적인 미술품 거래에서 이 분야의 비중은 아직 미약하다.3

또한 첫 번째 모델은 독자가 서적 형태로 된 만화 선집을 사거나 영화 관객이 피처 애니메이션을 보기 위해 돈을 지불하는 경우에도 발생한다. 그러나 이 경우 수용자들이 만화를 접촉하려면 먼저 몇몇 후원자가 자본을 투자해야만 한다. 후원자는 결국 투자에 대한 이익을 확보하기 위해 돈을 내는 것이다. 만일 후원자가 생각하기에 웬만큼 독자가 없거나 독자들이 쉽게 접촉할 수

---

3. 예를 들면, 1980년 모트 워커는 <비틀 베일리>의 연필 전작前作 스케치를 한 장당 10달러를 받고 팔았다. 일간지에 실린 <비틀 베일리>의 원본은 75달러에 판매되었고, 일요 신문의 원본은 125달러에 판매되었다. 마찬가지로 딕 브라운의 <공포의 하가Hagar The Horrible> 원본은 일간 신문의 경우 75달러, 일요 신문의 경우 150달러에 판매되었다.

없을 것이라고 느낄 경우에는 투자를 꺼리게 된다.

후원자가 지불하는 두 번째 모델은 광고와 텔레비전용 애니메이션에서 발생한다. 물론 후원자가 돈을 지불할 경우에는 일반적으로 그 나름의 이유가 있다. 후원자들은 상품을 팔거나, 독자층이나 시청자층을 구축하거나, 설득하거나, 교육시키려 하거나 선전하기를 원한다. 그 전체 거래량을 살펴보면 상품의 판매에 관한 것이 주를 이룬다. 그러나 매우 다양한 사례들이 이 범주 속에 속한다. 예를 들면 어떤 기업이 발전소 내의 안전 사고 방지 포스터에 만화를 이용할 수도 있고, 혹은 정부 기관이 알코올 중독이나 자동차의 안전 운행과 관련하여 만화를 이용한 삽입 광고를 사용하기도 한다. 한편 다른 공익 단체들도 심장 마비, 암, 또는 건강과 관련된 공공 서비스 만화 삽입 광고를 마련, 이용하기도 한다.

후원자와 독자가 비용을 동시에 부담하는 세 번째 모델은 대부분의 정기 간행물의 경우에 발생한다. 즉 신문, 잡지, 그리고 어느 정도는 만화책의 경우도 그러하다. 이 모델은 정기 간행물에 광고를 게재하거나, 정기 구독 또는 신문 판매대에서 만화를 구입하는 경우에도 발생한다. 독자는 이러한 비용의 일부를 부담하게 되지만 한편 많은 부분은 이러한 정기 간행물을 광고 미디어로 이용하고자 하는 광고주들이 부담하게 된다.

네 번째, 이른바 비경제적 모델로 만화가가 부담하는 경우이다. 전체적인 경제 상황에서 볼 때 이것은 극히 미약한 요소로서 개별적으로 보아도 대체로 단기적이다. 만화가는 자본과

정력을 한번에 다 써버리는 경향이 있기 때문이다. 그러나 이것은 전체적인 만화 사업에서 창의성과 혁신의 원천으로서 주목할 만하다.

예를 들면, 줄스 파이퍼는 자신의 추종자를 확보하기 위하여 그의 초기 만화들을 무료로 나누어 주었던 것을 상기하고 "그러한 방식으로 나는 출판업자들에게 만화가 무엇보다도 상품적 가치가 있다는 것을 확신시켜 주었다"고 말한다(Herman, 1979: 13).

대부분의 젊은 작가들처럼, 대부분의 젊은 만화가들은 자신들의 작품을 투고하기 위해 상당한 양의 종이와 봉투, 우표를 써버리며 끊임없이 퇴짜를 맞기도 하지만 그것이 결국 성공으로 가는 길이 될 수 있다. <좋은 소식 / 나쁜 소식 Good News/Bad News >의 작가인 헨리 마틴Henry Martin은 1960년 <뉴요커>지를 두드리기로 마음을 먹고 그 잡지에 매주 20편의 만화를 보내기 시작했다. 4년이 지난 1964년에 와서야 그는 처음으로 자신의 작품에 대한 대가를 받게 되었다. 마틴은 결국 그것을 해내고 말았지만 많은 만화가들이 재능이 부족하여 — 혹은 인내력이 부족하여 — 중도하차하고 만다.

만화의 다른 영역에서는 그러한 투자 — 그리고 투자하는 돈 — 가 더욱 커질 수 있다. 로버트 크럼을 포함한 많은 사람들이 지하 만화책을 자체적으로 출판하다가 파산하였다. 마찬가지로 애니메이션에서도 많은 젊은 영화 제작자들이 밤낮으로 열심히 일하고 개인적으로 저축한 돈을 투자하면서 상을 받거나 널리 배포할 수 있는 작품을 만들려는 꿈을 갖고 있다. 몇몇은 멋

있게 성공한다. 몇몇은 적어도 전문적인 애니메이션 제작자 중 손꼽힐 정도로 신임을 얻기도 한다. 그러나 많은 사람들에게 그것은 애정을 쏟았던 작품으로 또는 대체로 돈이 많이 들었던 취미로 남게 된다.

모든 것이 실패로 돌아가면 만화가는 후원자의 역할로 변모할 수 있다. 축하 엽서 사업을 하고 있는 비비안 그린과 같은 몇몇 다른 투자가들이 꺼리며 미처 생각하지 못했던 잠재적인 시장에 모험을 함으로써 젊은 나이에 백만장자가 될 수 있었다. 어떤 만화가들은 월트 디즈니처럼 경력이 쌓여 갈수록 만화가로서보다는 후원자로서의 역할을 맡는다. 하지만 전반적인 경제적 틀에서 보면 후원자로서의 만화가의 역할은 그리 크지 않다. 대부분의 만화가들은 창작과 만화 상품의 배포에 필요한 자금을 대는 다른 후원자들을 위해, 또 그들을 통해 작업을 하는 것이다.

후원자가 최종적인 만화 창작에 대해 행사하는 통제의 정도는 매우 다양하다. 몇몇 후원자들은 수익성이 있는 시장이 존재하는 한 만화가가 무엇을 창작하든 관심이 없다. 본질적으로 그것은 후원자들이 제한된 흥밋거리나 대중들의 마음을 거슬리게 하는 것에 대해서는 투자를 꺼린다는 것을 시사한다. 하지만 그런 현상이 요즘에 와서는 조금씩 무너지고 있다. 오늘날의 만화 시장에서는 한때 금기시되었던 유머 주제들, 예를 들면 성, 마약, 동성애 그리고 사디즘이나 마조히즘 등도 다루는 모습을 보인다.

어떤 후원자들은 그들이 손을 뻗으려는 시장에 대해, 또는 그들이 달성하려는 효과에 대해 나름대로 명확한 견해를 갖고 있다. 그러한 경우, 그들은 전형적으로 편집자의 역할로 간주되는 영역까지 강하게 침범하려 든다. 예를 들면, 신문의 연재 만화는 조셉 퓰리처Joseph Pulitzer, 윌리엄 랜돌프 허스트William Randolph Hearst, 캡틴 조셉 패터슨Captain Joseph Patterson 같은 신문계의 거물들이 조장한 초창기의 독자 확보 전쟁 속에서 탄생하였다. 그들은 이러한 전쟁 속에서 만화를 이용하는 — 또한 전개하는 — 방식에 대해 각기 다른 분명한 견해를 갖고 있었다.

해롤드 그레이가 앤디라는 이름의 고아 소년에 관한 연재 만화를 갖고 패터슨을 찾아 갔을 때, 패터슨은 "그 아이에게 스커트를 입히고 꼬마 고아 '애니'라고 부르도록 하지"라고 말했다(Horn, 1977: 49). 가장 오랫동안 연재된 미국 만화의 여주인공 하나는 바로 이렇게 탄생되었다. 왜 성별이 바뀌었는가? 패터슨은 여성들로부터 더욱 광범위한 독자층을 찾으려 했다. 따라서 그것을 달성하기 위해서는 자신이 발행하는 신문의 연재 만화에 여자 주인공의 수를 늘려야만 했던 것이다.

만 화 가

한 시대를 풍미하는 만화 이미지는 비교적 소수의 집단에 의해서 만들어진다(비록 최근 수년 동안 유명 만화가 대열에 끼는 여성과 소수 민족의 사람들이 숫자가 점차 늘기는 했지만 미국의 만화가들은 전형적으로 백인 남성이다).

만화가들이 사회에서 자신의 역할을 어떻게 발견하는지, 그들이 자신들의 직업으로 어떻게 사회화되는지, 또는 그들이 자신들의 생산성과 창의성을 어떻게 유지하는지에 대해서는 그리 잘 알려져 있지 않다. 최근 바바라 로젠블럼Babara Rosenblum은 ≪작업 중인 사진 작가Photographers At Work≫라는 사회학적 연구서를 출간했다. 그녀는 예술 사진 작가, 보도 사진 작가, 그리고 광고 사진 작가에 대해 연구하였는데, 각각의 직업은 상이한 사회화 유형을 보여 주었다. 이와 비슷하게 신문 시사 만화가, 연재 만화가, 애니메이터 및 광고 만화가 등을 대상으로 연구를 해보면 재미있는 결과가 나타날 것이다.

만화가에 대한 이러한 체계적인 연구는 거의 찾아볼 수 없지만 만화가들 스스로가 자신들의 자서전에서, 작품 선집의 서문에서, 또 인터뷰 등에서 풍부한 원原자료를 제공해 오고 있다. 예를 들면, 주드 허드Jud Hurd가 운영하는 잡지인 <만화가 인물 소개Cartoonist Profiles>에서 이러한 것들을 발견할 수 있다.[4]

기본적으로 만화가에게는 아이디어와 데생력이 요구된다. 많은 유명 만화가들의 초기 작품들을 살펴보면 그 두 가지 요소 중 아이디어가 보다 중요한 비중을 차지하였음을 알 수 있다. 이

---

[4]. 한국 만화가들의 경우에도 개인적인 자서전이나 에세이집(김성환, 1978; 박재동, 1994; 박무직, 2003; 이두호, 2006; 나예리 외, 2006), 혹은 인터뷰 자료(만화평론가협회, 1995; 장상용, 2004; 김성묘, 2006; 김종옥, 2007; 백정숙, 2007; 최석태, 2007; 한영주, 2007) 등을 통해 만화가로서의 삶과 만화계 현장의 생생한 목소리를 담아내고 있다.

것은 특히 초창기 세대에 더욱 그러하다. 예를 들면, 헤롤드 그레이의 작품(<꼬마 고아 애니>) 또는 체스터 굴드Chest Gould의 작품(<딕 트레이시>) 같은 것을 보면 쉽게 알 수 있다. 그러나 그런 점은 심지어 오늘날에도 적용되어, 찰스 슐츠(<피너츠>)나 게리 트뤼도(<둔스베리>), 또는 캐시 가이즈와이트Cathy Guisewite(<캐시Cathy>)의 작품들을 보면 알 수 있다.

　예를 들면, 가이즈와이트는 평범하고 숙맥 같은 모습의 '캐시'를 통해 자신의 아이디어를 표현하였다. 현재 그녀의 연재 만화를 배포하고 있는 신디케이트는 그러한 아이디어에 만족하고 있지만 처음에는 좀 더 세련된 그림을 원했다. 가이즈와이트는 약 7개월 동안 독학하여 현재의 표현체를 개발하였다. 그러나 그 인물들의 모습은 여전히 매우 단순하다. 사실상 '캐시'라는 인물은 코가 없으며 결코 옆모습을 보여 주지 않는데, 가이즈와이트는 원근화법이나 기타 복잡한 그림 기법을 피하고 있다. 하지만 그의 연재 만화는 지금까지 커다란 성공을 거두고 있다.

　전통적으로 많은 만화가들은 도제徒弟 수련을 겪으면서 자신의 솜씨를 닦았다. 예를 들면, 일간지에 연재 만화를 게재하는 만화가들은 배경을 그리거나 글자를 넣거나 또는 최종 만화에 잉크를 먹이는 조수들을 거느릴 수 있다. 이러한 조수들은 독립하여 나가거나 원작자가 은퇴하면 그 뒤를 잇기도 한다. 예를 들면, 알 캡은 <릴 애브너>를 시작하기 전에 햄 피셔Ham Fisher의 조수로 지내면서 <조 팔루카Joe Palooka>를 보조하였다. 레슬리 터너Leslie Turner는 로이 크레인Roy Crane의 <빨래 대야Wash Tubbs>의 도왔는

데, 크레인이 새롭게 <둥근 톱Buz Sawyer>을 창작했을 때 그 연재만화를 계승하였다.

아마도 오늘날의 만화가들은 1세대 이전에 비해 미술학교를 통해 수련 받는 경향이 많은 것 같다. 그러나 오늘날까지도 많은 만화가들은 거의 정규적인 미술 수업을 받지 않은 채로 직업 전선에 뛰어 든다. 마찬가지로 일류 만화가들 중 대학을 나온 사람도 많지만 한편 대학을 졸업하지 못한 사람들도 적지 않다. 예를 들면, 신문 시사 만화가이며 <슈Shoe>라는 연재 만화의 원작자인 제프 맥넬리Jeff MacNelly는 스튜디오 아트에 실패한 후 대학을 중퇴하였다.

만화라는 직업의 범위와 다양성은 만화가 관련 여러 협회들을 보면 알 수 있다. 가장 뛰어난 전문가 조직인 전국만화가협회(NCS: National Cartoonist Society)는 1946년 창립되었는데, 500여 명의 회원이 있다. 이중 여성은 겨우 12명 남짓이며 흑인은 그보다 더욱 적다.

이 협회는 매년 11개 부문에 걸쳐 상을 수여하고 있다. 광고, 애니메이션, 만화책, 신문 시사 만화, 유머 연재 만화, 삽화(일러스트레이션), 잡지 개그 만화, 특별 피처물, 스포츠 만화, 소설 연재 만화, 신디케이트 한 칸 만화 등이다. 비록 많은 만화가들이 한 분야에서 다른 분야로 옮겨 가면서 작품 활동을 하기는 하지만 이러한 부문들이 오늘날 만화 작업의 주요 분야들이다. 전국만화가협회는 스스로 이러한 모든 분야의 회원을 모집한다고는 하지만, 전체적으로는 애니메이션 부문이 그 수가 가장 적다.[5]

신문 시사 만화가들도 자체적으로 '미국시사만화가협회(The Association of American Editorial Cartoonists)'라는 단체를 결성하였다.6 1980년에는 약 170명의 만화가들이 신문의 사설면에 만화를 게재하였는데, 이는 1950년에 비하면 거의 두 배에 달하는 숫자였다. 한때 군건한 남성의 요새였던 이 사설면에 이제는 그래도 몇몇 여성 만화가가 활약하고 있다. 예를 들면 <스타 텔리그램 Star-Telegram>지의 에타 헐므 Etta Hulme, <뉴스데이 Newsday>지의 M. G. 로드 M. G. Lord, <그린빌 뉴스 Greenville News>지의 케이트 샐리 파머 Kate Salley Palmer 등을 꼽을 수 있다.

자유 기고 잡지 만화가들도 독립적인 단체인 '만화가조합 the

---

5. 한국 만화가들의 공식적인 모임 중 가장 오래되고 커다란 조직은 1968년 10월 출범한 한국아동만화가협회가 1975년 확대 발전한 한국만화가협회(www.cartoon.or.kr)이다. 원로 만화가부터 신진 만화가까지 주로 출판 만화를 중심으로 약 6800명의 회원으로 구성되어 있다. 한국만화가협회와 더불어 정부 지원을 받는 또 다른 만화 관련 단체로 우리만화연대(www.urimana.com)가 있다. 1992년 12월에 우리만화협의회로 출범하여 2001년 2월 현재의 명칭으로 바꾸었다. 이 단체는 만화가에 국한되지 않고 만화에 관련된 모든 분야의 전문인들을 대상으로 하여 현재 약 220명이 회원으로 가입해 있다. 여성 만화가들은 이와는 별도로 1998년 한국여성만화가협회(www.kwca.or.kr)를 설립하였으며 현재 44명의 회원을 갖고 있다. 또한 한 칸 카툰 작가들은 2005년 12월 한국카툰협회(coreacartoon.com)를 설립하여 현재 26의 회원이 있다. 한편 출판 만화가들과 별도로 애니메이션 관련 협회가 구성되어 있다. 애니메이션 제작자들은 1994년 12월 한국애니메이션제작자협회(www.koreaanimation.or.kr)를 결성하였으며, 애니메이터들은 1991년 1월 한국애니메이션예술인협회(www.kaaa.org)를 창설, 운영하고 있다. 또한 상업적인 제작 시스템과는 다른 창작 방식을 지향하는 한국독립애니메이션협회(www.kiafa.org)가 2004년 12월 조직되어 운영된다.

6. 한국의 시사 만화계는 1990년대 초 YS 정권을 거치고 DJ 정권이 들어서면서 내부적으로 진보-보수 갈등의 진통을 겪게 되었고 결국 둘로 분열되는 상황을 맞았다. 1995년 창립된 '한국시사만화가회'가 최초의 시사만화가 단체로서 보수적인 미디어에서 활동하는 기성 세대 작가들로 구성되며, 이에 불만을 가진 진보적인 소장파 시사 만화가들이 2000년 '전국시사만화작가회의'를 창설하여 2006년 '전국시사만화협회'(home.freechal.com/sisa)로 명칭을 바꾸었다.

Cartoonist Guild'을 갖고 있다. 1967년 결성된 이 단체는 현재 250명의 회원이 있다. 요즈음 가입한 회원들의 남성 대 여성의 비율은 약 7 : 1에 달한다. 이 조합은 만화가 개인의 권리를 보호하기 위해 투쟁해 왔다. 기타 활동 중에는 '직업 실천 및 윤리에 관한 만화가·미디어 공동 규정Cartoonists and Media Joint Code of Professional Practises and Ethics'을 제정하였는데, 오늘날 이것은 만화를 취급하는 대부분의 미국 내 출판물에서 채택되고 있다.

주로 삽화가로서 일하는 만화가들은 전국만화가협회나 만화가조합 중 한 곳에 가입하게 된다. 그러나 뉴욕에서는 '삽화가협회the Society of Illustrators'에 소속되기도 한다. 1901년 창설된 이 단체는 지금은 약 600여 명의 회원이 소속된 것으로 알려져 있다.[7]

만화가라는 직업은 그 경제 상태가 불안하거나 두려운 감이 있다. 명예와 부에서의 잠재적인 보상은 매우 크다. 그러나 연극의 연기나 소설의 창작, 그 밖의 예술 창작 분야에서와 마찬가지로 경사가 급한 성공의 피라미드가 존재한다. 맨 꼭대기에 소수의 '슈퍼 스타'가 있고, 맨 밑에는 성공하려 애쓰는 '배고픈 예술가들'의 두터운 층이 있는 것이다.

---

7. 한국의 삽화가들은 1983년 3월 '서울일러스트레이터'를 창립하고 이를 확대 발전시켜 '한국일러스트레이터협회'와 '한국일러스트레이터학회'(ksir.cafe24.com)를 운영하고 있다. 한편 캐릭터 부문에서는 2000년 8월 '한국캐릭터협회'(www.character.or.kr)가 창설되었으며, 2001년 4월 '한국캐릭터디자이너협회'(www.kocda.org)가 설립되어 운영되고 있다.

정상에 오른 사람들조차도 끊임없이 창조적이어야 한다는 압박감이 항상 뒤따른다. 버거는 ≪연재 만화화된 미국인≫ 서문에서, <피너츠>의 명성을 얻은 찰스 슐츠는 성공적인 연재 만화를 유지하기 위해 필요한 '독특한 성질'에 대해 논한다(Berger, 1973: xii). 그에 따르면, "신문은 날마다 발행해야 하기 때문에 이러한 발행 주기는 만화가들로 하여금 극히 강압적인 계획을 지키도록 요구한다"는 것이다. 만화가들은 1주일 내내, 또 매주 새로운 아이디어를 짜내야 한다. 슐츠가 단호하게 결론을 맺듯이, "만화가의 개인적인 삶에 무엇이 발생하든 연재 만화는 뽑아져 나와야 한다"는 것이다.

<테리와 해적들Terry and The Pirates>로 처음 명성을 얻고 그후 <스티브 캐니언>으로 인기를 얻은 밀튼 캐니프Milton Caniff는 '1980년 전국만화가협회앨범'의 머리말을 쓰다가 중단하면서 다음과 같이 토로했다. "방금 신디케이트에서 제가 신문에 연재하고 있는 만화를 독촉하는 전화가 다음과 같이 왔습니다……. '당신 지금 **월간** 신문에서 일하는 줄 아슈?'라고 말입니다."

또한 1916년 이래 성공을 거두고 있는 에드위너 프랜시스 덤Edwina Frances Dumm은 자신의 커다란 꿈이 "1주일이나 2주일 앞서 작품을 끝내 놓는 것"이라고 말했다. <비틀 베일리>와 기타 많은 성공적인 연재 만화의 작가인 모트 워커는 만화가라는 존재에 대해 "그들은 원고 마감 시간의 그림자 속에서 전생을 살아가는 자들이다"라고 말한다(Walker, 1975: 1).

만화가가 개인적으로 어떠한 상태이건 간에 ─ 기쁘거나

슬프거나, 또는 아프거나 건강하든 — 만화는 계속되어야 하는 것이다.

스 토 리   작 가

신선한 아이디어에 대한 혹독한 요구 때문에 스토리 작가는 종종 만화계에 뛰어든다. 만화가들은 처음에는 직접 이야기를 구상하지만, 성공을 하거나 아이디어가 고갈되면 스토리 작가를 고용한다.

어떤 경우에는 처음부터 스토리 작가가 아이디어를 만들어 내기도 한다. 그 경우에는 스토리 작가의 생각을 그려 내기 위하여 만화가가 고용되는 것이다. 또는 세 번째 경우로, 스토리 작가와 만화가가 한 팀을 이루어 공저자가 되기도 한다.[8]

---

[8]. 한국의 경우 초창기 만화 작가들의 대부분은 글과 그림 모두를 담당하는 1인 체제를 통해 작업해 왔다. 특히 유머 만화의 경우에는 더욱 그러했다. 스토리 작가의 역할이 요구되었던 것은 극적 갈등과 긴장 구조에 기초를 두는 이야기를 펼치는 극화에서 나타났다. 특히 아동 독자의 틀을 넘어 성인 독자를 대상으로 한, 대중 만화의 본격적인 모습을 갖추기 시작한 1970년대에 들어와서 스토리 작가의 역할은 중요한 의미를 띠기 시작한다(위기철, 1987). 하지만 대체로 그 역할에 비해 만화가의 보조적 기능으로 인식되고 전면에 드러나지 못했다. 스토리 작가라는 존재가 세인들에게 인식되기 시작한 것은 극화 형식의 대중 만화로 커다란 상업적 성공을 거둔 이현세의 <공포의 외인구단>(1983)이 김민기라는 스토리 작가와의 공동 작품이라는 것이 알려지면서부터이다. 이러한 스토리 작가의 존재는 1980년대 후반 대학생과 젊은 세대에게 커다란 반향을 불러 일으켰던 허영만의 <오! 한강>(1988)이 김세영이라는 스토리 작가의 실명을 달고 공동 작품으로 출간되면서 더욱 부각되었다. 오늘날에는 만화가와 스토리 작가의 공동 제작 체제는 보편적인 현상으로 정착되었다고 할 수 있다(스토리 작가의 직업적 세계에 대한 소회에 대해서는 나예리 외, 2006을 참조하라).

잡지의 유머 만화나 신디케이트의 연재 만화들의 경우에는 만화가들이 종종 스토리 작가를 겸한다. 애니메이션, 광고 그리고 서적의 삽화 등에서는 만화가와 스토리 작가의 역할이 대체로 분리되어 있다.

　　찰스 슐츠는 스스로 이야기를 구상하는 대표적인 만화가이다. 그의 초기 작품은 주로 자신의 어린 시절과 다섯 아이를 둔 아버지로서의 경험을 토대로 이루어진 것이다. 그후 자신의 아이들이 다 자라서 분가를 하게 되자 그는 스누피의 모험담에 더 초점을 맞추었다. 스누피가 "어떤 생각을 한참 동안 한 후 큰소리로 떠들기" 시작했을 때, 그것은 슐츠 자신도 인정하듯이 그의 만화에서 획기적인 변화였던 것이다.9

　　<개구쟁이 데니스 *Dennis The Menace*>의 작가인 행크 케첨 Hank Ketcham은 또 다른 방식으로 장기 흥행 연재 만화가 갖는 문제점을 해결하였다. 그는 많은 스토리 작가들을 고용하였다. 케첨은 그 스스로가 풍부한 아이디어를 가진 사람으로서 딕 호긴스 Dick

---

9. 20세기 가장 대표적인 만화가로 간주되는 찰스 M. 슐츠는 전적으로 개인 작업을 통해 작품을 구상하고 창작한 드문 작가이다. 그의 대표작 <피너츠>는 1950년 10월 2일 탄생하여 슐츠가 사망한 다음 날인 2000년 2월 13일까지 근 50년간 장기 연재되었으며 그후에는 재연재를 통해 지금까지도 지속되고 있다. 그의 만화는 미국에서 네 칸 유머 만화가 신문에서 보편화되는 데 중요한 계기를 마련하였으며 연재 만화 역사상 가장 인기를 얻고 커다란 영향력을 가진 만화로 손꼽힌다. 전성기에는 전 세계 75개 국가, 2600개 남짓의 신문에 21개 언어로 번역되어 읽혔으며, TV 시리즈로도 제작되어 에미상을 수상하거나 후보작에 오르기도 하였다. 특히 크리스마스 등과 같은 휴일 특집물은 대단한 인기를 얻고 정기적으로 방영되고 있다. 만화 자체와 관련 상품들의 판매를 통해 벌어들인 수입이 약 10억 달러에 달하는 것으로 추산된다. 1955년과 1964년 루벤상을 수상하였다.

Hodgins의 연재 만화인 <하프 히치*Harf Hich*>의 스토리 작가로 5년 간 지내기도 했다.

그럼에도 불구하고 <개구쟁이 데니스> 역시 <피너츠>처럼 30년 이상 밤낮으로 장기 연재되고 있다. 당시 네 살이던 케첨의 아들 데니스가 그 주인공의 모델이었는데, 실제 데니스는 지금 중년으로 오하이호 주의 교도관으로 일하고 있다. 최근에 케첨은 재혼을 하였으며 새롭게 아이를 가졌는데, 그 아이가 새로운 세대의 데니스 이야기를 고취시킬지도 모른다. 그러나 지난 30년에 걸쳐 케첨은 신선하면서도 변하지 않는 '데니스'를 유지하기 위해 다른 스토리 작가들의 작품을 통해 자신의 상상력을 확장시켜 왔다.[10] 어떤 장기 흥행 피처물들은 처음에는 한 만화가에 의해 쓰여지고 그려졌다. 그러나 그후 원작자가 죽거나 은퇴했을 경우에는 작가-화가 팀에 이전되기도 한다. 그러한 한 예로 <블론디>를 들 수 있다. 그 만화는 원래 칙 영Chic Young이 쓰고 손수 그렸던 것이었으나 지금은 칙의 아들, 딘 영Dean Young이 쓰고 짐 레이먼드Jim Raymond가 그림을 그리고 있다.[11]

---

[10]. 1951년 3월 12일 탄생한 미국의 연재 만화인 <개구쟁이 데니스>의 저자인 행크 케첨은 여러 스토리 작가들뿐만 아니라 화가들도 고용하여 작품을 진행시키는 집단 제작 방식을 보여 주었다. 1994년 현역에서 은퇴(2001년 사망)한 후에는 그의 조수였던 마커스 해밀턴Marcus Hamilton과 론 페르디난드Ron Ferdinand 가 계승하였다. 현재 킹피처스 신디케이트의 배급 아래 48개 국가의 1000개 이상의 신문에 19개 언어로 번역되어 읽혀지고 있다. 1952년 루벤상을 수상하였다.

[11]. 1930년 9월 8일 칙 영에 의해 탄생한 미국의 연재 만화인 <블론디>는 1973년 원저자가 사망한 후, 아들인 딘 영이 계승하여 여러 화가들과 공동 작업을 하며 지속해 나감으로써 스토리 작가가 중심이 되고 화가가 보조적인 역할을 맡아 한팀을 이루는 전형적인 모델을 보여 주었다. 딘 영과 처음 작업을 한 짐 레이먼드 이후

가장 유명한 연재 만화 스토리 작가 중 두 사람을 들자면 리 포크Lee Falk와 앨런 손더스를 꼽을 수 있다. 포크는 <마술사 맨드레이크Mandrake the Magician>와 <유령The Phantom>을 창작하였다. <맨드레이크>는 원래 필 데이비스Phil Davis가 그림을 그렸고, 그후 프레드 프레드릭스Fred Fredericks가 계승하였다. <유령>은 레이 무어Ray Moore, 윌슨 매코이Wilson McCoy, 빌 리그넌트Bill Lignante, 사이 배리Sy Barry 등의 화가들이 계승하여 그림을 그렸다.

앨런 손더스는 처음에는 만화가로 출발하였으나 후에 <메리 워드>와 <스티브 로퍼Steve Roper>의 스토리 작가로서 변신하여 수년 동안 엘머 보건Elmer Woggon, 데일 코너Dale Connor, 알 맥윌리엄스Al McWilliams, 켄 에른스트Ken Ernst, 빌 오버가드Bill Overgard 등을 포함한 많은 화가들과 계속적으로 공동 작업을 했다. 이러한 손더스 왕국은 이제 다음 세대에 계승되어 앨런의 아들인 존 손더스John Saunders가 주도하면서 공동 작업을 통해 <메리 워드>와 <스티브 로퍼>를 연재하고 있다.

만화책은 스토리 작가와 화가가 분리되는 것이 일반적이다. 예를 들면, 스탠 리는 다양한 괴기 만화의 남녀 주인공들을 탄생시켰으며 풍부한 이야기를 써서 잭 커비Jack Kirby 등 일련의 화가들과 함께 작품을 완성시켰다.

여러 화가들을 거쳐 최근에는 존 마셜John Marshall이 함께 작업을 하고 있다. 2005년에 75주년을 맞은 이 연재 만화는 55개 국가의 2300개 신문사에 연재되어 35개의 언어로 번역되어 읽혀지고 있다. 1948년 루벤상을 수상하였다.

애니메이션의 경우도 마찬가지로, 월트 디즈니의 이름이 최종 작품에 등장하기는 하나 수많은 애니메이터와 스토리 작가들의 땀과 재능이 그 뒤에 숨겨져 있다.

만화의 다양한 분야를 살펴보면, 화가와 스토리 작가의 역할이라는 것은 전형적으로 노동의 경제적 분배에 의해 구성되는 것으로 자금을 대는 후원자의 중요한 관심사가 되고 있다.[12] 이러한 노동의 분배를 조정하는 것이 바로 종종 편집자의 임무가 된다.

편집자

편집자는 만화가와 수용자 사이에 자리 잡고 있는 게이트키퍼를 말한다. 편집자는 스토리 작가와 만화가의 역할이 분리되어 있을 경우, 그 양자의 작업을 조정해 준다. 편집자는 후원자의 관심사를 파악하고 그것을 주장하기도 한다. 또한 편집자는 대중

---

12. 만화가와 스토리 작가 간의 분업 체제는 미디어 환경의 변화에 따라 새로운 갈등과 과제를 던진다. 한국에서도 이른바 '원 소스 멀티유스'(one source, multi-use: OSMU)의 시대가 도래하여 과거와 달리 만화 콘텐츠가 인터넷, 영화 등으로 재판매되는 경우가 많기 때문이다. 이에 따라 한국만화가협회와 한국만화스토리 작가협회(1995년 창설되었으나 유명무실하다가 2006년 1월 재창설)는 그동안 인쇄 만화의 인터넷 게재와 재출간 저작권료 분배 방식을 놓고 협상을 벌여 왔으나 합의점을 도출하지 못하였다. 결국 2007년 6월 한국만화스토리작가협회는 유명 만화가 3~4명을 협회 차원에서 단체 고소하는 민사 소송을 제기하는 사태까지 벌어졌다 (<한겨레>, 2007. 6. 25). 이렇듯 만화가와 스토리 작가 사이의 저작권 분배 방식에 대한 명확한 협약 내지 제도화가 만화계의 주요 현안으로 등장하고 있다(만화가의 저작권에 대해서는 이재철, 2004를 참조하라).

에게 도움을 줄 수 있는 — 또는 피해가 되는 — 것이 무엇인지를 파악하기도 한다.

편집자의 역할과 힘은 만화의 상이한 세부 분야에 따라 매우 다양하게 변한다. 예를 들면, 신문 시사 만화가들은 보통 사설면 담당 편집자나 편집위원회와 직접 관계를 맺고 작업을 한다. 어떤 신문 시사 만화가들은 비교적 자유롭게 그들이 원하는 것을 표현하기도 하지만 어떤 신문 시사 만화가들은 날마다 여러 아이디어를 편집자에게 제출하여 그중의 하나를 선택받도록 되어 있는 경우도 있다.

광고, 애니메이션 및 축하 엽서 사업과 같은 기타 상업 분야에서는 전통적으로 편집자의 역할이 강력하고 후원자와 시장에 의해 많은 영향을 받게 된다.

자유 기고 잡지 만화가들은 어떤 한 사람의 편집자와 일하기보다는 각기 편집자를 두는 많은 정기 간행물에 자신의 아이디어들을 제출하는 편이다. 편집자들은 제출된 수많은 아이디어들을 면밀히 검토하여 그 출판물과 독자들에게 가장 알맞으리라 생각되는 만화들을 선정한다.

심지어 그리 잘 알려져 있지 않은 정기 간행물에서도, 예를 들면 <의학 경제학*Medical Economics*>의 경우 1년에 약 1만 2000여 개의 만화가 제출되며 그중 단지 1~2%만이 채택된다. 비교적 알려진 잡지인 경우에는, 예를 들면, <로터리언*Rotarian*>에는 1년에 10만여 개의 만화에 대한 아이디어가 접수되고 그중 "아마도 50여 개 정도"가 채택되는 실정이다. 매우 높은 매상을 자랑하는 잡지의 경우, 예를 들면 <플레이보이Playboy>지의 만화 편집자인 미셸 어리Michelle Urry는 1년에 약 20만여 개 이상의 아이디어를 살펴보고 400개 정도를 구입한다.

일간 신문에 게재되는 연재 만화들의 경우에는 이중=重 편집을 당하게 된다. <개구쟁이 데니스>와 같은 대부분의 연재 만화의 한 칸 피처물은 킹피처스, 필드, 또는 유니버설 프레스와 같은 신디케이트에 의해 각 신문에 배급된다. 신디케이트는 만화가들에게 기본 급료를 지불하는 등 후원자 역할을 한다. 그후 신디케이트는 그 피처물을 가능한 많은 신문사들에 판매하고 그 이익을 만화가들과 나누어 갖는다. 신디케이트는 그 피처물을 심사하는 편집자를 두고 있다. 물론 각 신문사에도 그 만화를 결정하는 편집자가 있게 마련이다.

≪연재 만화의 뒷무대Backstage At The Strips≫라는 책에서 모트 워커(Walker, 1975)는 신디케이트나 신문사들이 퇴짜 놓은 만화 주제와 장면에 대한 많은 예를 제시하고 있다. 워커 자신도 신디케이트와 오랫동안 투쟁을 하였다. 그는 계속해서 작품을 그려 들이밀었고, 신디케이트 또한 계속해서 그것을 퇴짜 놓았다. 그러나 결국에 가서는 워커가 승리하였다.

워커가 <비틀 베일리> 연재 만화에 흑인 장교 플랩 대위를 등장시켰을 때, <스타스 앤드 스트라이프스Stars & Stripes>지는 그것이 인종 문제를 야기할지도 모른다며 그 이야기들을 거부하였다. 그 만화에서 '플랩'은 미국 국방성에 들어가서 일하였으며 후에 상원의원이 되는 식으로 이야기가 진행되었는데, 결국에 가서는 그 연재 만화가 원상태로 복구되었다.

그러나 워커 — 그리고 다른 많은 만화가들 — 도 다른 많은 주제의 경우에는 편집자들에게 퇴짜를 맞았다. 워커가 지적하는 것처럼 신디케이트는 스스로 직접 삭제하는 것은 꺼리고 있어 연재 만화를 삭제시키는 가장 확실한 방법으로 독자들의 빗발 같은 항의 편지를 조장·이용하기도 한다.

많은 만화가들이 그 때문에 고생을 겪지만 한편 편집자들은 만화가들이 그들의 생각을 정리하는데 종종 중요한 역할을 하기도 한다. 예를 들면, 모트 워커(Walker, 1975: 14)는 "내가 처음 이 얼빠진 사업을 시작했을 때, 킹피처스의 만화 편집자인 실비아 맥이 나에게 '1주일에 적어도 한 번은 등장 인물의 머리에 혹을 만들어 보면 어때'라고 조언을 했는데, 나는 그렇게 현명한 충고를 결코 잊을 수가 (혹은 항변할 수가) 없었다"고 회상한다.

편집자들 중에는 유명 만화가 출신도 있지만 대부분은 그렇지 않다. 전성기 시절, 정력적인 만화가였던 빌 예이츠Bill Yates는 현재 킹피처스 신디케이트의 만화 예술 담당 편집자로 일한다. 앨런 손더스도 <메리 워드>와 <스티브 로퍼>의 스토리 작가로 활약하면서 퍼블리셔스-홀 신디케이트의 편집자로 일하였다. 그러나 대부분의 신문 및 잡지의 편집자들은 만화와 관련된 경력을 갖고 있지 않다.[13]

---

[13] 잡지사의 편집자나 만화 기자들의 세계에 대한 소회는 나예리 외(2006)를 참조하라.

광고와 출판계는 미술 책임자가 일반적으로 만화가에 대한 편집자 역할을 맡고 있다. 일반적으로 미술 책임자는 형태와 그림, 만화와 기타 시각적인 삽화를 적절히 융화시킴으로써 기본 개념을 가장 잘 나타낼 수 있을 것이라고 생각한다. 따라서 미술 책임자는 만화의 크기와 비율, 색을 사용할 것인지의 여부, 그리고 어떤 만화 형식이 보다 적절한 것인지 등을 결정한다.

한편 미술 책임자 자신도 회계 이사나 편집진의 다른 사람에게 책임을 지운다. 뉴욕시의 미술책임자클럽은 약 600여 명의 회원을 갖고 있는데, 그들 중 적어도 몇몇은 전직 만화가 출신으로서 이제는 상업 예술의 편집진의 일원으로 변신한 사람들이다.

만 화

영국의 유명한 만화가인 데이비드 로는 ≪미국 백과 사전 Encyclopedia Americana≫에서 만화를 다음과 같이 정의하였다. "만화란 풍자적이거나 재치 있거나 또는 유머러스한 점을 만들어 내는, 묘사적 또는 상징적 그림이다. 그것은 표제가 있을 수도 있고 없을 수도 있으며, 한 칸 이상일 수도 있다."

전형적으로 사용되는 것처럼 '만화'란 용어는 확실히 재미나 여흥을 함축하고 있다. 그러나 어떤 이들은 만화가 꼭 유머러스해야만 하는지에 대해 의문을 제기해 왔다. 아마도 그러한 의미의 만화는 단순히 ⓐ 정수精髓만을 뽑아내어, ⓑ 왜곡해 버린 그림을 의미할 것이다. 그러한 만화의 효과는 유머러스하기보다는 엄격한 것으로 독자에게 미소와 웃음보다는 눈물과 충격을 던져 줄지 모른다.

오늘날의 만화는 매우 다양한 모습으로 등장하고 있다. 그러나 전형적으로 그것은 처음에는 어떤 화가의 화판 위에 그려지는 단순한 연필 스케치로 시작된다. 그것은 모양과 형식, 인물과 행동에 대한 약도略圖이다. 그것은 단순하고 묘사적이다. 그리고 바로 그 속에 매력과 힘이 존재하는 것이다.

만화가들 사이에 전해지는 유명한 일화가 있다. 어느 날 한 만화가가 복도에서 출판업자를 만났는데, 그가 걸음을 멈추면서 만화가에게 다음과 같이 말했다. "당신의 지난 번 만화는 아주 좋았어요. 그런데 전체가 단 네 칸으로 구성되어 있더군요. 내가 알기론 그 만화에 대해 우리가 당신에게 100달러를 지불한 것 같은데, 네 칸 이상의 만화도 100달러로 가능할까요?"

그 만화가는 대답했다. "아! 당신은 내 예술을 전혀 이해를 못하는군요. 만일 내가 그 만화를 **세** 칸으로 끝낼 수 있었더라면, 가격이 **1000**달러는 되었을 것이오."

만화의 표현 방식은 시대에 따라 변화하여 화려하고 복잡한 작품에서 깨끗하고 단순한 구상으로 바뀌다가 다시 또 전으로 되돌아 가곤 한다. 그러나 현재의 표현 방식이 어떻든 간에 만화는 근본적으로 단순화하고 종합화하는 것이다. 만화는 일상적인 경험이라는 과일을 따서 싱싱하고 맛있는 주스를 짜내는 것이다. 그것은 현실적인 소재를 택하여 가장 멀리 상상의 나래를 펼쳐

보이는 것이다. 그러나 결국에 가서 그것은 누구나 쉽게 섭취할 수 있으며 또한 강력한 타격을 가할 수 있는 효능 있는 약물을 뽑아내는 것이다.

유형 및 경향

버거(Berger, 1976: 13)는 "유머와 다른 종류의 정보와의 차이점은 유머가 부조화된 관계들(의미)을 설정하고 그것들을 갑작스럽게(시간 조절) 우리에게 제시함으로써 우리를 웃게 한다는 점에 있다"고 지적한다. 만화는 그러한 일을 할 수 있는 독특한 능력을 갖고 있다. 만화는 부조화된 시각적 요소들과 예기치 않은 언어적 및 비언어적 조합의 쌍을 나란히 배열하여 갑자기 그것들을 함께 해석하도록 만드는 능력을 갖고 있다.

만화의 특정한 내용은 그 날의 주제에 따라 변한다. 그러나 어떤 특정한 내용이 변화해 온 반면, 여러 광범위한 만화 유형은 여전히 유지되어 오고 있다. ≪카툰 커넥션 The Cartoon Connection≫에서 <펀치>지의 편집자인 윌리엄 휴이슨(Hewison, 1977)은 만화를 "진짜!" 또는 "아하!"라는 반응이 나오는 인식 유머recognition humor, ― 휴이슨은 이 항목이 가장 커다란 부분을 차지한다고 말한다 ― 사회 논평social comment, 시각적 말장난visual puns, 블랙 유머black humor, 시사 유머topical humor, 풍자satire로 나눈다.

≪만화가와 개그 작가 편람Cartoonist's and Gag Writer's Handbook≫에서 잭 마코프(Markow, 1967)는 만화 유머의 역학 관계에 대해 좀 더 자세히 고찰한다. 그는 만화가들이 개그를 구성하는 다양한 방식

에 대해 살피고 있다. 어떤 기법은 '숨겨진 요소'를 소개하는 것으로서, 이것에 대해 독자는 알지만 만화의 등장 인물들은 그렇지 못하는 것이다. 또 다른 기법으로 마코프가 '기습 종결surprise ending'이라 명명한 것이 있다. 그는 레오 가렐Leo Garel의 한 만화를 예로 들었다. 거기에서 한 젊은 여인이 어떤 사나이를 또 다른 사나이에게 소개하면서 다음과 같이 말한다. "앨버트, 이 사람이 에드워드야. 에드워드, 그럼 안녕!"

마코프가 제시한 기타 기법들의 대부분은 상이한 종류의 부조화들의 병치를 포함한다. 예를 들면 고대와 현대, 또는 거대함과 왜소함 등을 나란히 배열하는 것이다. 그는 터버Thurber의 '쓱싹!*Touché*' 만화(그림 4-6 참조)를 불일치한 말과 행동을 짝 지은 '은근한 표현understatement'의 한 예로 분류한다. 그리고 그는 '역전환*reverse switch*'의 한 예로서, 오스카 와일드Oscar Wilde의 인용문 "자신의 적을 선택할 때는 아무리 조심해도 지나치지 않다"를 든다. 만화와 일상 생활의 경험 간의 관계는 코냑과 포도 주스 간의 관계와 같다. 그것들은 똑같은 소구訴求를 하며, 그리고 아마도 똑같은 위험성을 갖고 있을 것이다.

미 디 어

급변하고 정보 지향적으로 흐르는 사회에서 신속하고 호소력이 있는 커뮤니케이션 양식이 많은 곳에 이용된다는 것은 그리 놀랄 만한 일이 아니다. 오늘날 만화는 초기와 마찬가지로 정치적 및 사회적 논평을 위해 정기 간행물에서 이용되고 있다. 그러나 이제 만화는 그 밖의 많은 부수적인 기능도 담당하고 있다. 연재 만화는 미국의 여러 신문사들이 "안식일the Sabbath을 깨뜨리고" 일요일에도 신문을 발행하기로 결정했던 1890년대에 등장하였다. 첫 번째로 성공을 거둔 신문 연재 만화인 버드 피셔Bud Fisher의 <머트와 제프>가 1907년 샌프란시스코 <크로니클Chronicle>지에 나타났다. 수년에 걸쳐 만화는 형태와 체재에 있어 많은 발전을 겪어 왔다. 그러나 그것의 기본적인 경제적 기능은 여전히 똑같다. 만화는 독자층을 끌어들이기 위해 만들어진다는 점이다.

잡지에서도 그와 비슷하다. 또한 만화는 정기 간행물의 어떤 특정한 부분에 대한 독자의 관심을 불러일으킨다. 최근까지 대부분의 잡지에는 매 호의 첫 부분에 일련의 '기사 안내란spreads'을 두고 있어 후미의 '연결 기사jump stories'로 이어지게 한다. 이러한 점은 광고에서도 많이 나타났다. 잡지 후미의 만화는 한 기사의 끝부분에 남은 여백을 메우는 데 도움이 되기도 하지만 그보다 더 중요한 것은 그것이 독자로 하여금 적어도 광고가 게재된 면까지 훑어보게 유도한다는 점이다.

영화의 도래와 함께 만화는 새로운 보금자리, 즉 전국에 걸쳐 깔려 있는, 그리고 결국 전 세계에 퍼져 있는 어두운 영화관을 갖게 되었다. 애니메이션은 처음에 단편 만화로 시작했으나 그 후 장편 피처물로 번창하였다.

1949년의 대법원 판결에 따라 지역 영화관에 대한 영화 제작사의 통제가 줄어들게 되었다. 그것은 영화 산업으로 경제적 지원을 위협하게 되었으며, 단편 만화의 경우에는 이미 게임이 끝나 버렸다. 동시에 비용 증가는 장편 애니메이션을 점점 더 위험에 몰아넣었다. 하지만 영화 산업이 애니메이션에 대해 등을 돌리게 되자 텔레비전이 흥행업자로서, 또한 광고 만화를 통한 매우 능력 있는 판매 중계인으로서 새롭게 등장하였다.

한편 만화는 다른 분야, 즉 학교, 관청 및 우체통 등으로까지 확대, 발전해 나갔다. 그것은 슈퍼마켓, 식당, 장난감 상점 그리고 액세서리 가게 등에 나타났다. 특히 오프셋 인쇄가 만화의 복제를 용이하게 만들자 만화는 전 출판업계를 들쑤시며 돌아 다녔다. 최근에는 만화가 컴퓨터와 관계를 맺기 시작했다. 이제 애니메이션과 특수 효과는 컴퓨터에 의해 제작될 수 있으며 반대로 컴퓨터는 만화가 지망생을 교육하고 만화 작업을 돋보이게 할 수 있게 되었다.

각각의 만화들은 개별적이고 다양한 분야로 돌진하고 있다. 그러나 가장 성공적인 것은 복합 미디어 산업의 형태이다. 예를 들면, <피너츠>의 등장 인물들은 일간 신문 및 일요 신문의 연재 만화에서, 텔레비전 특선에서, 장편 애니메이션에서, 브로드웨이 연극에서, 광고에서, 축하 엽서에서, 그리고 장난감부터 옷에 이르고, 비누에서 종이, 스케이트장에 이르기까지 매우 다양한 상품에 등장한다. 1969년까지 <피너츠>의 연재 만화와 약 21개의 부속물을 통한 수입은 매년 약 5000만 달러에 달했으며

(Horn, 1976: 543), 그 이후로 지금까지 더욱 증가하고 있다. 오늘날 만화는 사업을 의미하며, 이미 거대한 사업이 되어 버렸다.14

수 용 자

초창기의 만화 수용자들은 개인적인 예술 작업, 예를 들면 장식 글씨, 태피스트리*tapestry*,15 회화 등을 취미로 할 수 있는 여건이 되는 사람들이었다. 대중 독자들은 인쇄 출판이 도입돼

---

14. 한국에서 만화가 복합 산업의 가능성을 보여 준 첫 번째 사례는 1983년 선보인 이현세의 <공포의 외인구단>에서 찾을 수 있다. 작품이 선풍적인 인기를 얻게 되면서 후속으로 영화, 소설, 가요 등과 같은 다른 문화 상품으로 이전하여 재제작되어 커다란 상업적 성공을 거두었으며, 이어서 만화의 제목이나 등장 인물의 이름이나 별명(예컨대, '까치' 등)이 신발, 과자, 아이스크림류의 상품과 술집, 다방, 음식점의 상호까지 사용되는 등 외인구단 신드롬을 불러 일으켰다. 하지만 보다 체계적인 관리와 다각적인 변화를 모색한 것은 김수정의 <아기 공룡 둘리>이다. <아기 공룡 둘리>는 1983년부터 10년간 아동 잡지에 연재된 출판 만화로서 1987년 KBS를 통해 최초로 장편 애니메이션화되었으며 그 이후에 투니버스에서 영어 교육용 비디오를 출시하고, 1996년 7월 극장판 <아기 공룡 둘리 얼음별 대모험>이 개봉되었다. 원작 연재와 애니메이션 방영이 끝난 후에도 산업 캐릭터로서 장난감, 게임, 학습 만화, 옷이나 학용품, 식품, 자동차 광고 등에 지속적으로 등장하였으며 1995년 2월에는 국내 최초의 만화 우표로도 발행되었다. 이러한 둘리 캐릭터를 관리하고 지속적으로 발전시키기 위해 1995년 2월에 (주)둘리나라(www.doolynara.co.kr)가 설립되어 애니메이션 제작과 캐릭터 라이센싱을 전담하고 있는데, 2006년 현재 70여 개 업체 1500여 품목의 둘리 캐릭터 상품이 생산되고 있다. 1997년부터 2년 연속 유엔아동기금(UNICEF) 카드 후견인으로 임명되었으며, 독일에 극장용 애니메이션, 인도네시아와 중국에 만화책이 발간·수출되는 등 국제적인 캐릭터로서의 발전도 도모하고 있다. 탄생 20주년이 되던 2003년 부천시 명예 시민 주민등록증이 발급될 정도로 실제 인물로서의 생명력을 갖고 있는 둘리는 만화의 복합 미디어 산업화의 한국적 모델이 되고 있다(만화의 복합 미디어 산업에 대한 논의는 한창완, 1998; 박성식, 2006; 배정아, 2006; 한아린, 2006 등을 참조하라).

15. 실내 장식용 직물.

서야 비로소 만화를 접촉할 수 있게 되었다. 영화가 소개되면서 수용자는 더욱 늘어났으며, 텔레비전이 등장함에 따라 만화 수용자들은 다시 폭발적으로 늘어났다. 오늘날의 만화 수용자들은 전 세계에 걸쳐 퍼져 있다. 예를 들면, 킹피처스가 배포하는 만화는 현재 77개국에서 33개의 언어로 번역되어 약 1억 3000만 명이 읽는다. 수십 년 동안 디즈니의 애니메이션들은 전 세계 시장에 널리 퍼졌다.

한편 몇몇 해외 — 캐나다, 영국, 프랑스, 이탈리아, 체코슬로바키아, 일본 등 — 의 훌륭한 애니메이션이 수입되어 미국의 수용자들에게 소개되었다. <앤디 캡*Andy Capp*>과 <프레드 바세트*Fred Bassett*> 같은 영국의 연재 만화들은 미국에서도 인기가 높다. 프랑스는 '성인용 삽화 팬진'인 <메탈 헐랑*Metal Hurlant*>을 미국에 수출하고 있다(미국에서는 <내셔널 램푼*National Lampoon*>지를 통해 <헤비 메탈*Heavy Metal*>이라는 이름으로 보급되고 있다).

많은 나라는 그들 나름의 만화가, 연재 만화, 만화책과 잡지, TV 및 애니메이션 제작사를 갖고 있다. 예를 들면, 일본인들은 열렬한 만화광들이며 대형 만화 산업을 구축하고 있다. 그들은 자신들의 만화 전통을 12세기까지 거슬러 올라가 추적한다.

구소련도 예외적으로 애니메이션을 제작해 왔다. 구소련은 1922년 이래 관영 유머 잡지인 <크로커딜>의 발행을 운영해 오고 있는데, 이 잡지의 가장 큰 특징은 바로 만화이다. 또한 소련 당국이 좋아하든 좋아하지 않든 '옥토브리아나*Octobriana*'라는 섹시한 여주인공이 주로 등장하는 지하 코믹스가 성행하였다(Sadecky,

1971). 중국도 역시 만화를 활용하고 있는데, 가장 널리 보급되어 알려진 만화책은 ≪여성의 공산화*The Red Detachment of Women*≫이다(Wilkinson, 1973).

미국에서는 시장을 분할하는 데 만화가 이용되며, 독자나 시청자가 어떤 만화를 원하는지 조사 연구도 이루어지고 있다.16 미국 일간 신문의 만화면은 신문에서 가장 인기 있는 지면이다.

필라델피아 <인콰이어러*Inquirer*>지의 톰 워크Tom Walk는 "결국에 가서는 우리 자신이나 우리 신문의 성실성을 더럽히지 않고, 독자들에게 그들이 원하는 것을 정확하게 제공해 줄 수 있는 단 하나의 신문 지면은 바로 만화면이 될 것이다"라고 밝히고 있다(Maeder, 1980: 37).

신문사들은 상이한 '독자층'을 세 가지로 분류하여 연재 만화들을 섞어서 제공해 줌으로써 그들이 원하는 독자들을 끌어들인다. 첫 번째 층은 주로 나이가 든 독자들로서 <브렌다 스타*Brenda Starr*>나 <렉스 모간 M. D.>와 같은 극적인 요소가 강한 연속물을 선호한다. 두 번째 층은 <둔스베리>나 <기원전*B. C.*>으로 대표되는 '세련된 유머*sophisticated humor*'를 좋아하는 독자

---

16. 한국에서 만화 수용에 대한 소비자 조사는 일부 신문사의 독자 조사의 일환으로 시사 만화에 대한 열독율을 단편적으로 알아보는 수준에 그칠 뿐 그동안 체계적으로 이루어지지 않았다. 하지만 2001년 8월 설립된 한국문화콘텐츠진흥원이 만화, 애니메이션 및 캐릭터 산업에 대해 각기 별도의 백서를 해마다 발간하면서 전반적인 산업 현황뿐만 아니라 수용자의 인식, 경험, 의도 및 실제 소비 행태를 구체적으로 조사함으로써 중요한 데이터베이스로서의 활용도를 갖게 되었다. (www.kocca.kr/with/data/biz_data.jsp#title에서 요약본 검색이 가능하다.)

들이며, 세 번째 층은 <블론디>나 <피너츠>와 같이 일상적인 연재 만화, 즉 '가벼운 유머*light humor*'에 끌리는 독자층이다. 가벼운 유머 연재 만화는 <둔스베리>나 요즘 다시 시작한 <포고> 또는 <릴 애브너>와는 다르게 논쟁의 여지가 있는 것은 될 수 있는 한 피한다.

딘 영이 <블론디> 50주년 기념식에서 언급했듯이, "우리는 어느 한 편을 들어야만 하는 문제에 대해서는 될수록 피하고 있다. 우리는 친구를 만들려는 것이지, 적을 만들려는 것이 아니다. 블론디와 대그우드는 먹고, 자고, 아이들을 키우며 또 돈 버는 일에 관심을 갖고 있다. 우리가 이러한 네 가지 일에 대해서만 충실할 때조차도, 우리는 그 만화와 관련되는 어떤 사람의 마음을 상하게 할 수밖에 없는 경우도 있으리라 생각한다"(Krauss, 1980: 24).

만화 커뮤니케이션 모델(그림 2-1 참조)에서 독자 부분 중 작은 점선으로 된 원은 '비평가'를 가리킨다. 대부분의 만화는 주로 비방자만 마주쳐 왔을 뿐 비평가를 가져 보진 못하였다. 그러나 이제 만화에 대한 신중한 고찰이 이루어짐에 따라, 만화 역시 미술, 문학 또는 연극의 경우처럼 진지한 비평가들을 끌어들이기 시작했다.

모리스 혼은 이러한 비평가의 중요성에 대해 강력하게 주장해 왔다. 그는 "다른 분야에서의 그것처럼, 만화 비평가는 두 가지 중요한 기능을 수행한다. 첫째는 과거의 것에 대한 재발견, 재평가 및 보존이고, 둘째는 ― 아마도 이것이 더욱 더 중요한 것이라고 생각되는데 — 현재의 작품에 대한 전문적인 판단이다"라고 말하고 있다(Horn, 1976: 36).[17]

　　이미 많은 비평가들이 만화와 만화 예술에 대한 인식을 제고하기 위해 힘쓰고 있는 듯하다. 오늘날 많은 영화광들이 있는 것처럼 만화광들도 많다. 또한 희귀한 책과 미술품들에 대한 수집가들이 있는 것처럼 만화 원본을 수집하는 사람들과 만화책 수집가들도 존재한다.

---

[17]. 한국에서 초창기의 만화 평론은 순수 문학인들에 의해 문화 비평의 지형을 확대하는 견지에서 이루어졌다. 시인 오규원(1981)이 대표적인 인물이고 문학 평론가 김현이나 이광훈도 만화에 대한 글을 발표하였다. 그 자신이 만화가이며 산업 미술을 전공한 이원복(1991)도 1세대 만화 평론가로서 일익을 담당하였다. 하지만 이들의 작업은 개인적인 차원에서 이루어진 것으로 좀 더 집단적으로 이루어진 만화 평론은 1995년 창립된 만화평론가협회(1995, 1996, 1998)와, 만화 평론가 손상익이 주도한 한국만화문화연구원(2002, 2004)을 통해 시작되었다. 이는 미술, 문학, 언론학, 사회학 등 다양한 배경의 인물들이 만화에 대한 비평을 공동 작업을 통해 시도하였다는 점에서 의미를 갖는다. 최근에는 여러 문화 영역에 대해 전방위적으로 활동하는 신세대 만화 평론가들이 다수 등장하였다. 이들은 학력과 학벌보다는 어려서부터 마니아적으로 특정 분야에 매달려 온 감수성을 무기로 내세운다. 일반 팬들과 동떨어진 평론가가 아니라 팬들 가운데 '고수급' 같은 위치로 독자들에게 다가가는 것이 특징이다(<한겨레21>, 324호, 2000. 8. 30). 사실상 만화 평론가를 사회적으로 공인해 주는 제도적 장치가 뚜렷하게 있는 것은 아니다. 단지 1991년부터 시행된 <스포츠서울>의 만화 평론 신춘 문예가 만화 평론가를 공식 배출하는 유일한 등용문이었지만(현재는 중단), 이러한 절차를 거치지 않고도 만화에 대한 글을 쓰고 경력을 쌓아 가면서 자연스럽게 만화 평론가라는 직함을 갖게 되는 것이 일반적인 관행이라 할 것이다(대표적인 만화 평론가들의 작업과 자료에 대해서는 김성훈, 2007을 참조하라).

피드백

많은 만화가들은 스스로 즉각적인 피드백을 얻으며 스스로의 생각을 즐긴다. 또한 그들은 가족이나 친구들에게 더 많은 피드백을 얻는다. 모트 워커는 "'좋은 작품'을 하나 끝내고 나서 아내나 친구들에게 갑자기 보여 주고 그들이 그것에 대해서 떠드는 것을 보는 것만큼 좋은 일은 없다"고 말한다(Markow, 1967: 9).

또한 만화가들은 경제적인 피드백도 받는다. 그들은 자신의 작품으로 돈을 벌 수 있는지의 여부에 대해, 올해의 수입이 지난해보다 많을지에 대해 알고 있다. 만일 지금은 하나의 신문에만 실리는 어떤 피처물이 신디케이트를 통해 동시에 여러 곳으로 배포된다면 만화가의 수입은 급증할 것이다. 마찬가지로 한 만화가의 작품이 큰 인기를 얻어 단행본의 형태로 다시 출판될 수 있다면 그 만화가는 부수적인 인세 수입을 얻게 될 것이다.

그러나 더욱 광범위한 커뮤니케이션 체계에서는 만화가, 후원자, 스토리 작가, 편집자 그리고 궁극적으로 독자들에게 그러한 목적들이 많이 부과된다. 일련의 피드백 고리가 더 많은 만화의 제작을 촉진하며 그들의 구상을 다스리고 혹은 이러한 전 과정을 완전히 중단시켜 버리기도 한다.

어떤 매스컴 체계에서도 커뮤니케이터는 전술적이고 전략적인 목표를 가지려 한다. 그리고 가능하면 그들은 그러한 목표들을 달성시킬 수 있는지에 대해 늘 피드백을 얻으려 한다. 커뮤니케이터가 원하는 전략적인 목표 중의 하나는 독자의 관심을 사로

잡는 것이라 할 수 있다. 두 번째는 그들의 메시지에 대한 독자들의 이해이다. 세 번째 목표는 대중들의 이해뿐만 아니라 인정을 받는 것이다. 네 번째로 커뮤니케이터는 어떤 장기적인 효과들, 즉 그것이 주는 정보가 차후에 상기되거나 특정한 상황에서 이용되고 적용되기를 바랄 수도 있다. 예를 들면 "건강 진단을 받아 보시오"나 "A 상표 물건을 사시오" 또는 "B라는 제안에 반대 투표를 하시오"와 같이 커뮤니케이터는 자신들의 메시지를 통해 독자들을 다그칠 수 있다. 그 메시지에 대한 최종적인 평가 기준은 — 커뮤니케이터의 관점에서 보면 — '그 독자가 그것에 따라 행동했는가?'라는 점일 것이다.

다양한 유형의 커뮤니케이터들은 이런 목표들에 대해 각기 상이한 비중을 두려 한다. 오락의 주된 목표는 사람들의 관심을 끄는 것이다. 독자, 매표소 또는 시청자라는 것이 그러한 종류의 시합에 대한 평판의 기준이 된다. 요구하는 많은 사람들이 있는 한, 연예인은 수용자들이 그 메시지를 이해하거나 수용하거나 또는 이용하는지에 대해 그리 신경 쓰지 않으려 한다.

한편 정치가, 교육자 또는 광고주들은 또 다른 점을 중요하게 생각한다. 각각의 커뮤니케이터들은 어떤 주요한 목표들과 그에 관한 피드백을 입수하기 위해 나름대로의 전략을 준비한다.

이러한 목표들 — 주의, 이해, 수용 및 이용 — 중에서 가장 측정하기 쉬운 것은 주의이다. 따라서 이 경우에는 피드백이 신속하고 확실하게 이루어질 수 있다. 독자가 있다 혹은 없다, 텔레비전 시청률이 올라갔다 혹은 떨어졌다, 극장 매표소가 만원이다 혹은 파리가 날린다라고.

　　영화, 연재물 또는 서적 형태의 만화는 일반적으로 시장의 피드백을 신속하게 갖는다. 사전 조사가 이루어지기도 하지만 그렇지 않았을 경우에도 독자의 반응은 신속히 파악되고 종종 그것이 어떤 작품 제작의 실패를 결정하거나 성공을 의미하는 것이 된다.

　　흥미롭게도 어떤 경우에는 그 성공이 뒤늦게 이루어질 때도 있다. <피너츠>는 1950년 단지 7개 신문에 실리면서 시작되었다. 공동 배포된 첫 해 말에 그 연재 만화는 35여 개의 신문에 게재되었다. 이듬해 말에도 단지 10개 신문 정도가 추가될 뿐이었다. 오늘날의 관점으로 보자면 그러한 밋밋한 반응은 풋내기 연재 만화로서의 운명을 예고해 주는 것이라고 해도 무리가 없을 것이다.

　　피드백 조사에서 만화는 일반적으로 주의에 대한 측정치를 기준으로 점수가 매겨진다. 이것은 아마도 ⓐ 만화라는 것이 진기한 것이며, ⓑ 그것은 보답(즉 재미)을 약속하고, ⓒ 그리 노력을 들일 필요가 없다는 점 때문일 것이다.

　　진기함이란 어떤 것이 과거에 얼마나 많이 보였는데, 최근에는 어떻게 되었으며 또 그것이 전에 보이던 것과는 얼마나 상이한가에 달려 있다. 정기 간행물이 전근대적인 형식에 의해 만들어지던 시대에는 만화라는 것은 즐거운 — 또한 진기한 — 심심풀이로 간주되었다. 오늘날 대부분의 미디어들에서 시각적인 부분이 점점 더 강조되고 있지만 상대적으로 볼 때 만화는 여전히 진기한 것으로 남아 있다. 그것은 판화, 사진 또는 심지어 삽화와

도 상이하다. 만화 형식은 너무나 다양해서 같은 만화라도 또 다른 만화와 달리 보이는 것이다.

보상/노력 비율은 슈람의 유명한 미디어 공식, '선택의 분수*fraction of selection*'에 잘 나타나 있다(Schramm, 1955). 생각건대 독자들은 보상이 많고 노력이 적게 드는 메시지에 대해 관심을 가지려 할 것이다. 판화 또는 심지어 사진과 비교해 볼 때, 만화는 일반적으로 유리한 '선택의 분수'를 가질 수 있다. 만화 해독은 사진, 사실화 또는 판화의 해독보다 더 빠르게 이루어진다.

만화가 보다 큰 제작물 속에, 이를테면 광고나 그림책 속에 삽입될 경우에는 피드백을 측정하기가 더욱 어렵다. 따라서 커뮤니케이터는 만화라는 것이 주의를 끌기에는 유용하지만 정보의 전달이나 독자의 설득, 태도 변화 또는 교육을 시키는 데는 그리 신뢰할 만한 것이 못 된다고 생각할지도 모른다. 많은 광고주들은 대중들이 '재미있는' 만화 광고는 잘 기억하는 반면 그 광고 상품의 이름은 제대로 기억하지 못한다는 사실을 못마땅해한다.

만화가들에게 가장 만족스러운 피드백의 형태는 상賞이다. 퓰리처상은 매년 신문 시사 만화에 주어진다(어떤 해에는 연재 만화인 <둔스베리>에 시상된 적도 있다).[18] 애니메이션 부문에는 '오스카'상이,[19]

---

[18]. 미국의 신문 사업가인 조셉 퓰리처(1847~1911)가 설립한 저명한 저널리즘상이다. 퓰리처의 사후에 컬럼비아 대학에 기금을 기증하고 관리하도록 하여 1917년 처음 시상한 후 지금까지 이어지고 있다. 총 21개 분야를 대상으로 시상되는데 14개 분야가 저널리즘과 관련된 것이며(그중의 하나가 '시사 만화*editorial cartooning*'),

만화책에는 '앨리Alley'상이 주어지며20 전국만화가협회는 매년 '올해의 최고 만화가'에게 '루벤상'을 수여하고 있다.21 또한 그 협회는 만화의 여러 세부 분야에 대해 11개의 은액자를 시상하고 있다. 전문적인 저널리즘 단체인 '시그마 델타 카이Sigma Delta Chi'도 매년

6개 분야는 소설, 연극(뮤지컬 포함), 역사, 전기, 시, 논픽션 등이고, 나중에 마지막으로 음악(작곡) 부문이 추가되었다.

19. 오스카로 통칭되는 아카데미 시상식에는 애니메이션에 수여되는 상이 두 부분에 마련되어 있다. 하나는 '단편 애니메이션상(Academy Award for Animated Short Film)'으로 1931년 디즈니사의 <꽃과 나무 Flower and Trees>가 첫 번째 수상작으로 선정되었다. 또 하나는 2001년부터 시행된 '장편 애니메이션상 (Academy Award for Best Animated Feature)으로 상영 시간이 약 70분 이상 되는 애니메이션을 대상으로 시상된다(단, 1년에 8편 이상이 로스앤젤레스의 극장에서 상영된 경우에만 시상된다). 첫 번째 수상작은 드림웍스의 <슈렉Shrek>이었다. 하지만 애니메이션도 다른 부문의 아카데미상 후보작이 될 수 있다. 예를 들면, 디즈니사의 <미녀와 야수Beauty and the Beast>는 1991년 아카데미상에서 주제가상과 음악상을 수상하였으며, 애니메이션으로는 지금까지 유일하게 작품상 후보로도 올랐을 뿐 아니라 음향상 후보로도 지명되었다.

20. 만화책을 대상으로 시상했던 만화상이다. '앨리'라는 이름은 <앨리 옵Alley Oop>(1932년 V. T. 햄린이 창작한 신디케이트 연재 만화이자 주인공 이름이다. 선사 시대를 배경으로 모험과 환상, 유머가 결합되어 있는데, 다분히 미국의 전원 생활을 풍자하고 있다)을 본 딴 것으로 알려져 있다. 1961년부터 1969년까지 시상되었다. 이외에도 미국은 만화책에 대한 여러 상이 마련되어 있다. 예를 들면, 샤잠상(Shazam Award: 1970~1974), 커비상(Kirby Awards: 1985~1987), 커비상을 이어받은 아이스너상(Eisner Awards: 1988~)과 하비상(Harvey Awards: 1988~), 이그나츠상(Ignatz Awards: 1977~), 위저드팬상(Wizard Fan Awards: 1933~), 코믹스팬상(Comics Buyers Guide Fan Awards: 1983~) 등이 있다.

21. 미국 전국만화가협회는 회원들의 비밀 투표를 통해 한 해의 가장 뛰어난 만화가에게 상을 시상한다(대상자가 반드시 협회 회원일 필요는 없다). 1946년 밀튼 캐니프가 첫 번째 수상자로서 선정될 때에는 '빌리 드 벡 기념상Billy De Beck Memorial Award'(<바니 구글Barney Google>의 작가인 빌리 드 벡을 기념)이라 칭했는데, 1954년 초대 회장이자 후에 종신 명예 회장으로 추대된 루브 골드버그Rube Goldberg(1883~1970. 퓰리처상을 받은 미국의 만화가로 온갖 기계 장치에 치이는 현대인의 번잡한 일상을 풍자한 만화 시리즈로 유명하다. 그의 만화에는 이른바 '루브 골드버그 장치Rube Goldberg Machine'라는, 아주 단순한 과제를 해결하기 위해 만들어진 극도로 복잡한 기계들이 등장하여 큰 인기를 얻었는데, 지금은 쉽고 간단하게 할 수 있는 일을 쓸데없이 복잡하게 만드는 비효율적인 제도나 규제를 지칭하는 전문 용어로 자리 잡았다)의 본명인 Reuben Garret Lucius Goldberg의 루벤을 따서 개칭한 후 지금까지 지속되고 있다(역대 수상자에 대해서는 www.reuben.org를 참조하라).

만화에 대해 상을 수여하고 있다. 또한 많은 만화가들에게 그들이 활동하는 지역에 대한 공헌으로 지역 및 지방 나름의 상이 수여되고 있다. 퓰리처상이나 아카데미상은 대부분의 만화가들이 품고 있는 오랜 꿈이다. 이러한 상들은 바로 만화가들로 하여금 매일매일 열심히 일하도록 기운을 돋워 주는 절실한 피드백이다.[22] 그러

---

[22]. 한국에서 만화 관련상은 크게 사전 평가와 사후 평가로 나눌 수 있다. 이는 이미 유통된 작품을 대상으로 하느냐, 아니면 상이라는 이벤트를 위하여 새로운 작품을 창작하는가에 달려 있다. 후자는 보통 공모전이라는 명칭으로 분화되지만, 평가를 하고 순위를 두어 시상을 한다는 의미에서 두 가지를 함께 묶어서 '만화상'이라고 불린다(김낙호, http://capcold.net/blog/?p=631).

전자의 경우, 가장 오래된 만화상은 1988년부터 1996년까지 진행된 'YWCA 우수만화상'이다. 하지만 이 상은 한국 만화의 흐름이나 대중과의 호흡을 반영한 것이 아니라 특정 목적에 의해 주어진 계도성 시상으로서 어린이에게 계몽적인 메시지를 담고 있는 만화들을 주로 선정하였다는 한계가 있었다.

1991년부터 운영되어 온 '한국만화대상'은 2000년대 들어와서 문화관광부와 한국문화콘텐츠진흥원 주관으로 만화(온오프라인을 통해 발표된 모든 만화 작품), 애니메이션(극장용 장편, 독립 단편・상업용 광고・DMB 단편, TV 및 웹의 시리즈 애니메이션), 캐릭터(캐릭터, 라이선시, 캐릭터 디자인, 캐릭터 상품 디자인 등)의 세 분야에 대해 시상하는 대한민국 만화・애니메이션・캐릭터 대상으로 확대 발전하였다. 각 분야별로 대상 1편, 우수상 4편, 특별상 2편 등 총 21편에 대해 시상된다.

'오늘의 우리만화상'은 국내 만화의 활성화와 작가 및 출판사의 창작 고취를 목적으로 출판 만화를 대상으로 작품성과 대중성을 기준으로 선정된다. 2008년도 현재 한국만화가협회와 <일간스포츠>가 공동 주관하고 있다. 1999년부터 시행된 초기에는 한 해에 6~8편 선정하다가, 2002년부터는 상하반기로 나누어 각 분기별로 4~6편, 2003년도부터는 분기별로 세 작품씩 선정하여 시상하고 있다.

2002년부터 추진된 '독자 만화 대상'은 기존 대형 만화상이 독자들의 선호와 취향이 반영되지 않아 대중과 유리되고 선정 기준이 불합리, 불투명하다는 지적에 따라 순수 민간 독자에 의해 조직되어 시행되는 상이다. 모든 후보 추천과 최종 결정은 독자 투표에 의하여 실시되어 장르별 세분화, 온라인 투표 등 혁신적 시도를 하고 있다. 2008년 현재 대상, 단편, 신인, 온라인 만화, 온라인 출판 만화, 심사위원상 부문으로 시상된다.

'고바우만화상'은 시사 만화가 고바우 김성환의 업적과 작가 정신을 계승하기 위해 2001년 제정되었다. 일정한 후보작을 대상으로 심사하는 것이 아니라 수상 작가를 고바우만화상 운영위원회에서 선정하는 방식을 취한다. 대체로 중견 내지 원로 작가들에게 수상되는 편이다.

후자에 해당되는 대표적인 만화상은 부천만화상(구 BICOF만화상)이다. 2004년 출판 만화 장려를 목표로 설립된 이 상은 대상과 어린이만화상, 청소년만화상, 일반만화상, 카툰상을 두고 있어 연령별에 따라 분야를 구분한 것이 특색이다.

나 이외에도 중요한 피드백들이 다양하게 존재한다.

아카데미상을 수상한 애니메이션 <핑크 팬더 Pink Panther>의 제작자인 프리츠 프렐링 Friz Freleng은 오늘날 애니메이션에 있어서의 피드백의 부족, 창의성에 미치는 그 효과의 소멸에 대해 다음과 같이 논한다. "만일 당신이 진짜로 좋은 작품을 하나 만들어 많은 극장에서 선보일 기회를 갖게 되고 관객들의 반응을 살필 수 있으며 그것을 극장에 1~2년 정도 머무르게 할 수 있다면 우리는 그러한 영화들을 골라 극장에서 상영할 것이다. 만일 관객들이 당신이 웃기려고 계획했던 부분에서 실제로 웃었다면 바로 그것이 커다란 성공을 의미하는 것이 될 것이다. (그러나) 오늘날 텔레비전의 경우, 당신은 어떤 결과가 나타났는지 모른다. 당신은 오직 시청률을 통해서만 그것을 알게 될 뿐이며 실제로 사람들이

SICAF 코믹어워드도 후자에 해당된다. 이 상은 SICAF(서울국제만화애니메이션페스티벌) 행사의 일환으로 시행되는 만화상인데, 2004년부터 본격적으로 부문화하였다. 대상, 장편/연재 만화상, 단편 만화상, 만화 시나리오상, 새로운 발견상, 졸업 작품상, 우수 기획상 등으로 나누어 시상한다. 해당 기간에 출판된 우수작에 상을 주는 다른 분야와 달리, 대상은 작품이 아니라 작가를 선정하는 사실상 공로상 개념이라 할 수 있다.

또 다른 공모상으로 <일간스포츠>가 주최하고 문화관광부가 후원하는 'IS 만화대상'이 2008년 창설되었다. 이 상은 장편 극화·일러스트레이션·모바일 만화 등 3개 분야에 걸쳐 공모하는데, 공모상 최고 금액(2억 원)을 걸고 국내 작가에 국한하지 않았다는 점에서 만화계의 새로운 바람을 일으킬 것으로 전망된다.

하지만 퓰리처상의 시사 만화 부문이나 전국만화가협회의 11개 부문상에 신문 시사 만화를 포함시키고 있는 미국의 경우와는 달리, 나름대로 '작품' 대접을 받아 왔던 한국의 신문 시사 만화에 대해서 뚜렷한 만화상이 없다는 것은 다소 의외다(단지 1991년부터 전국언론노동조합이 언론 민주화의 발전에 기여한 개인이나 단체를 대상으로 시상하는 '민주언론상'에 1994년 <한겨레신문>의 <한겨레 그림판>으로 박재동이 본상을, 2003년 <부산일보>의 <그림 만인보>로 손문상이 보도 부문 특별상을 받은 것이 그나마 시사 만화에 시상된 드문 사례이다). 특히 신문의 여러 분야에 상을 마련하고 있는 기자협회의 기자상에 시사 만화 부문이 배제되어 있다는 사실은 만화에 대한 오래된 편견의 일단을 반증하는 것이라고 생각된다.

그것을 즐겼는지는 잘 모르는 것이다. 나는 사람들이 옛날만큼 애니메이션을 많이 좋아하지 않고 좋은 영화들을 만들기 위해 노력하지 않는 까닭은 바로 그들이 애니메이션으로부터 자기 만족을 얻지 못하기 때문이라고 생각한다. 애니메이션뿐만 아니라 만화 사업 전반에 걸쳐 해당되는 어려움일 것이다"(Maltin, 1980: 339).

보다 광범위한 문제들

만화 커뮤니케이션 모델(그림 2-1)은 기본적인 과정을 나타낸 것이다. 커뮤니케이터는 메시지, 즉 만화를 창작한다. 그들은 다양한 독자들에게 그것을 배포하며, 반대로 그 독자들은 피드백을 제공한다. 그러한 것이 계속되면서 그것은 더욱 많은 만화의 제작을 조장하거나 아니면 그 흐름을 단절시켜 버리게 된다. 그것은 새로운 형태의 만화를 자극하거나 같은 종류의 것을 더욱 촉진시킨다.

오늘날까지 만화에 대한 대부분의 실증적 연구는 폴 라자스펠트Paul Lazarsfeld가 처음 명명한 이른바 '행정적 연구administrative research'로 이루어지고 있다. 연구자들은 다음과 같은 질문 하에 연구를 진행해 오고 있다. 누가 만화를 읽는가? 그 만화는 이해되고 있는가? 학습이 이루어지고 있는가? 태도 변화가 발생하는가?

최근에 들어와서는 두 가지 유형의 '비판적 연구critical research'가 나타나고 있다. 하나는 '만화 감상' 분야에 있는 학자들이 제기한 유형이다. 연재 만화가 실제로 '새로운 예술 양식'이 될 수 있는가? 만일 그렇다면 그것을 판단하는 데 사용될 미학적 기준은 무엇인가? 이러한 논점들은 문학이나 미술의 여러 분야의 비평가들이 직면한 문제들이다.

또 다른 유형의 '비판적 연구'는 광범위한 사회적 및 문화적 문제들을 다루는 것으로 미국보다 유럽과 중남미에서 더 많이 논의된다. 왜 미국의 만화들이 전 세계를 풍미하고 있는가? 만화는 사회를 바라보는 어떤 시각(또는 시각들)을 계발하는가? 그리하여 결국 만화가 계몽과 교육의 기능을 담당하게 되는가? 아니면 만화가 문자 해독율을 떨어뜨리고 논리적인 진술을 단절시키는 것인가?

만화의 창작과 인식에 대해 좀 더 명확한 관점을 갖추며 또한 현재의 위치로 만화를 이끌어 온 역사적 상황에 대해 좀 더 예리한 시각을 갖출 수 있다면 미래의 연구는 — 그것이 실증적이든 비판적이든 — 더욱 더 쉽게 진행되고 더욱 더 많은 성과를 거둘 수 있으리라 생각한다.

3. 만화의 부호

보다 자세한 고찰

만화는 '철두철미한 커뮤니케이션'이다. 그것은 현상을 단순화시키고 과장하며, 정수精髓를 뽑아내거나 왜곡하기 때문이다. 만화는 문자나 사진 심지어 사실적인 선화線畵와도 다르다. 사실상 만화는 정보를 제시하는 데 있어서 광범위한 선택의 기회를 제공한다. 만화의 영향에 대한 이해는 어느 정도는 만화의 부호에 대한 인식, 즉 어떻게 그것이 운용되며 왜 그러한 방식으로 운용되는가에 대한 이해에 달려 있다. 잘 살펴보면 만화의 부호가 놀라우리만치 복잡하게 구성되어 있지만 거기에는 항상 논리가 깔려 있다. 만화가는 몇 가지 기본적인 기법을 사용하여 상징적인 의사儗似 세계를 창조하는 것이다.

특 수 기 호

각각의 만화는 내용, 복잡성 또는 부호에 따라 다양하게 변화할 수 있다. 지금까지 우리는 부호를 단순히 '현실적인realistic' 혹은 '비현실적인nonrealistic,' 예를 들면 정밀한 초상화 대 캐리커처 스케치 같은 것으로 논의해 왔다. 이제 우리는 만화가들이 선택할 수 있는 부호에 대해 좀 더 자세하게 살펴볼 필요가 있다.

기본적으로 하나의 '부호'는 한 형태의 정보를 또 다른 형태의 것으로 전환시킨다. 예를 들면, 모르스 부호는 알파벳으로 구성된 문자들을 점dot과 선dash으로 전환시킨다. 만화 부호는 생각과 지각을 화상적 및 언어적 상징들로 바꾸는 방법을 제공한다.

본질적으로 카툰이나 캐리커처는 '기호 체계sign system'의 한 유형에 포함되는 '도상적 기호iconic sign'의 특수한 형태이다. 도상적 기호는 그것이 표현하는 실제 사물과 어느 정도 유사성을 갖는다. 그것은 어느 정도의 '도상성iconicity'을 드러낸다. 이러한 기호의 일반적인 문제들에 대해 철학자, 심리학자 및 기호학자들은 오랫동안 관심을 가져 왔다. 호기심이 있는 독자들은 그러한 주제에 관한 풍부한 — 또 복잡한 — 저작물들을 많이 발견할 수 있을 것이다(Eco, 1976; Gardner, 1973; Gombrich, Hochberg & Black, 1972; Goodman, 1968; Langer, 1942; Morris, 1955; Olson, 1974; Sebeok, 1976, 1979 등).

사진은 높은 도상성을 갖고 있으며 사실적인 선화는 그보다 덜하고, 만화는 훨씬 덜하다. 말은 전혀 도상적이지 않다(단 '붕' 과 같은 의성어의 경우는 예외이다). 그러나 만화는 두 가지 방법을 통해 실제 현실로부터 이탈할 수 있다는 점을 주목할 필요가 있다. 하나는 단순화하는 것으로 그것은 전형적으로 사람이나 사물의 개요를 강조하는 것이다. 또 하나는 과장하는 것으로 만화의 개요는 인물의 실제 모습에 대한 왜곡이 된다.

많은 작가들은 '카툰'과 '캐리커처'라는 용어를 거의 대체 가능한 의미로 사용하고 있다. 그러나 후자는 보통 어떤 특정한 사람, 예를 들면 널리 알려진 정치가나 유명 인사에 대한 묘사를 의미한다. '캐리커처'라는 단어는 '짐 싣기loading' 또는 '부담주기charging'의 뜻을 가진 이탈리아어 '캐리카투라caricatura'에서 유래된 것이다. 캐리커처는 '희극적 효과comic effect'를 낳을 수 있지만, 어떤 캐리커처들은 너무 심술궂어 익살스럽지 않기도 하다.

퍼킨스(Perkins, 1976)는 유머를 하나의 기준으로 잡아 '캐리커처'를 "대상의 개성적인 특성을 과장하는 하나의 상징"이라고 정의하였다. 그러므로 퍼킨스에게 캐리커처의 두 가지 중요한 요소는 과장과 개성화individuation가 된다. 다른 사람들도 '캐리커처'의 개념을 놓고 씨름해 왔으나 어떤 것에 대해 정확히 정의 내린다는 것이 매우 어렵다는 점을 보여 준다(Gibson, 1971; Goldman & Hagen, 1979; Gombrich, 1963; Streicher, 1967 등).[1]

캐리커처 작가들은 자신들의 작품을 논할 때 종종 외적 유

---

[1]. 캐리커처에 관한 좀 더 자세한 논의는 캐리커처의 개념과 의미를 정리하고 구체적인 작품들을 통시적으로 고찰한 박창석(2003)을 참조하라.

사성뿐만 아니라 '그 성격을 파악하는 것'의 중요성을 강조한다. 그림은 그것이 거울이 아닌 한 정제되고 정화되어야 하며, 도리어 그것은 확대경과 현미경이라 할 수 있다는 것이다.

그렇다면 더욱 일반적인 카툰은 어떠한가? 그 묘사가 가공적 인물, 예를 들면 찰리 브라운, 슈퍼맨, 마이클 둔스베리라면 어떠할까?

바로 이러한 점에서 만화가들이 의사 세계를 창조하는 것으로 생각된다. 독자는 잠시, 1시간 혹은 일생 동안 그 세계에 초대된다. 영화에서처럼, 만화는 '불신에 대한 자발적인 정지 상태 *willing suspension of disbelief*'를 요구한다. 일단 이러한 의사 세계로 들어오면 모든 것 — 만화가가 착상할 수 있거나 독자가 상상하는 모든 것 — 이 일어날 수 있다.

이러한 의사 세계의 창조는 인간의 지각, 기억, 상상 및 커뮤니케이션에 깊은 뿌리를 둔다.

지 각 과   기 억

2차 세계 대전 중 고든 알포트Gordon Allport와 레오 포스트먼 Leo Postman은 '소문의 전파*diffusion of rumors*'(1945)에 대한 연구를 하기 위해 만화와 유사한 삽화들을 이용하였다. 그 연구는 소문의 전파에 대해 흥미 있는 통찰력을 제공하는 한편 지각, 회상 및 커뮤니케이션의 기본 과정들에 대해서도 시사점을 던져 주었다.

그림 3-1. 소문 연구에 사용된 삽화의 예

　　알포트와 포스트먼은 한 사람에게 어떤 한 그림을 보여 주었다. 그리고 나서 그들은 그 사람에게 그림에 무엇이 있었는지 다른 사람에게 말해 주라고 요청했다. 그리하여 두 번째 사람은 세 번째 사람에게, 또 네 번째 사람에게, 다섯 번째, 여섯 번째 사람에게 계속 전달되었다. 그 과정을 통해 연구자들은 전달된 정보에서 무엇이 발생하는지를 유심히 살펴보았다.

　　그 삽화들은 상당히 복잡하게 구성되었다. 예를 들면, 어떤 삽화는 8명의 사람과 여러 기호들이 있는 전철 안을 보여 주는 것이었다. 사람들 중 2명은 서 있었는데, 한 사람은 흑인으로 중절모자, 양복, 그리고 넥타이를 매고 있었으며, 다른 한 사람은 백인

3. 만화의 부호 | 99

으로 모자, 셔츠와 소매 없는 스웨터를 입고 있었다. 그 백인은 칼날이 열려 있는 면도기를 쥐고 있었다. 기호들은 여러 상품 광고였는데, 예를 들면 "99.44%의 순도 — 당신을 향기롭게 해줍니다"라고 쓰여 있는 '고슬링 비누' 비누 광고가 있었으며 또 "럭키 레이크스 담배 — 당신은 만족할 것입니다"라는 담배 광고도 있었다(그림 3-1 참조).

정보의 전달을 살펴보면서, 알포트와 포스트먼은 세 가지 과정, 즉 평탄화*leveling*, 첨예화*sharpening*, 동화*assimilation*라고 명명한 과정들에 대해 주목하였다.

평탄화의 과정에서 하나의 이야기는 단순해진다. 연구자들은 그 이야기가 사람들에게 계속 전달됨에 따라 "점점 더 짧아지고, 점점 더 축약되며, 점점 더 쉽게 파악되고 이야기되는 경향"이 있음을 주목하였다. 전철 장면의 경우에는 몇몇 등장 인물과 기호 및 상세한 내용이 삭제되었다. 예를 들면, 8명의 사람들이 '군중' 또는 '무리'로 표현되기도 하였다.

두 번째 과정에 대해 알포트와 포스트먼은 "우리는 보다 광범위한 상황에서 소수의 세부 항목에 대한 선택적 지각, 기억 및 전달을 첨예화라고 정의하려 한다. 첨예화는 평탄화의 필연적인 역작용이다"라고 말하였다. 간단히 말해서, 몇 가지 항목이 탈락됨에 따라 나머지 항목들은 더욱 더 중요하게 인식된다는 것이다. 전철 장면의 경우 그 백인과 흑인이 종종 주요 인물로 등장하였다.

세 번째 과정 — 동화 — 에서 그 이야기는 화자에게 '이해할 수 있는' 형태로 발전하였다. '럭키 레이크스Lucky Rakes'는 '럭키 스트라이크스Lucky Strikes'로 바뀌었으며 '고슬링' 비누는 "당시 99.44%의 순도 — 당신을 향기롭게 해줍니다"라는 표어를 사용하였던 '아이보리' 비누로 바뀌는 경향을 보였다. 그리고 백인과 흑인은 당시 만연했던 인종적 전형의 특성을 띠었다.

　알포트와 포스트먼의 이러한 기초적인 실험은 그후 여러 번 되풀이되면서 상당히 정제되었다. 평탄화, 첨예화 및 동화라는 기본 과정은 매우 설득력이 강하다. 그것들은 하나의 복잡하고 애매한 메시지가 일련의 사람들을 통해 전달되는 거의 모든 경우에 적용된다. 이와 같은 과정이 개인의 기억 행위에서도 발생할 수 있다는 것은 재미있는 사실이다. 복잡하고 애매한 사건을 목격한 사람은 시간이 갈수록 평탄화, 첨예화 그리고 동화 작용을 통해 상기된 내용의 것을 더욱 명확하고 이해되는 형태로 바꾸어 가는 것이다.

　모든 커뮤니케이터들은 어느 정도 그들의 수용자들을 위해 평탄화, 첨예화 그리고 동화 작용을 한다. 그러나 이러한 점을 가장 명확히 볼 수 있는 것은 다른 어떤 경우보다도 만화가의 작품에서이다.

기 법

평탄화, 첨예화, 동화

무엇보다도 먼저 만화가는 현상을 단순화시킨다. 만화가는 우리의 지각장知覺場에서 보통 볼 수 있는 것을 철저하게 '평탄화' 한다. 만화는 3차원적이기보다 2차원적이다. 그것은 총천연색이라기보다는 흑백으로 사물의 개요를 보여 주고 있으며, 그 형태의 구조, 음영 그리고 모양을 단지 제시해 줄 뿐이다. 심지어 개요조차도 일반적으로 단순해지며 불필요한 대상과 세부 사항은 삭제된다. 만화가는 가능하면 1개의 선으로 충분할 곳에 2개의 선을 사용하지 않는다.

이러한 만화가의 과격한 수술을 통해 남겨진 요소들은 '첨예화'된다. 인물들은 배경으로부터 뚜렷하게 드러난다. 만화 캐릭터의 몸체는 줄어들고 머리는 커진다. 불필요한 것과 중요치 않은 인물들이 탈락될수록 표현하고자 하는 인물들의 눈, 입 그리고 눈썹 등은 더욱 뚜렷하게 표현된다.

마지막으로 만화가는 과장과 써넣기 *interpolation*를 통해 대상을 '동화'시킨다. 네모진 턱을 가진 남주인공은 훨씬 더 강건하게 느껴진다. 여주인공의 재능도 마찬가지로 더욱 더 돋보이게 표현된다. 멍청한 사람은 확실하게 바보처럼 묘사되며 비열한 사람은 철저하게 악인으로 그려진다.

이러한 기본적인 만화 전략은 단순한 예를 통해서도 매우 쉽게 알 수 있다. 그림 3-2에서 인간의 얼굴은 둥근 머리 모양,

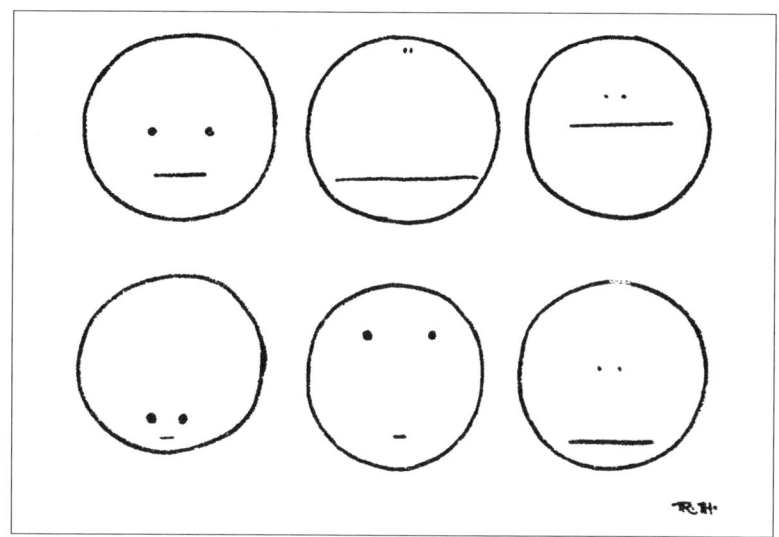

그림 3-2. 얼굴의 요소

점으로 된 두 눈 그리고 입술 선으로 '평탄화'되어 있다. 매우 복잡한 인간의 인상은 몇 가지 기본 요소들, 즉 우리가 인간의 얼굴을 묘사해야만 할 때 우리가 가지고 있는 것으로 줄어든다.

이러한 특별한 형태는 매우 강력하며 인식 가능한 것으로 보인다. 이러한 특징들을 지닌 얼굴은 신생아의 그것과 같은 것이다. 스피츠와 울프(Spitz & Wolf, 1946)는 이러한 얼굴에 대한 인간의 반응을 선천적인 반응일 것이라고 논하였다.

만화가가 공간을 설정, 이를테면 머리 모양을 그려 넣으면 그 형태는 배경으로부터 뚜렷하게 두드러진 '모습figure'이 된다. 지각 심리학자들은 한 그림의 이러한 요소들을 각각 '모습'과 '배경 ground'이라고 이름 붙였다. 모습을 배경과 분리하는 것은 세계에 대한 우리의 지각 능력에 중요한 단계가 된다. 모습/배경의 분리는 우리가 정보를 처리하는 방식에 대해 하나의 흥미 있는 영향을 미친다.

　그림 3-2에서 상단부 맨 왼쪽 얼굴은 매우 '평탄화'되어 있으나 반면 그 특징들의 위치는 그리 심하게 왜곡되어 있는 것은 아니다. 전형적인 성인의 얼굴에서 눈은 머리 위에서 약 1/2 정도 내려온 곳에 위치한다. 그리고 입술 가장자리는 눈동자의 끝과 반듯하게 내려와 자리 잡는다.

　상단부의 맨 왼쪽 얼굴과 그 바로 밑의 얼굴을 비교해 보아라. 어느 얼굴이 더 나이 들어 보이는가? 어린이가 태어났을 때 머리의 위쪽 반구형 부분은 비교적 넓은 편이다. 얼굴의 여러 부분들은 작으며 전체적으로 볼 때 아랫부분에 위치한다. 이러한 '어린이'의 비율은 만화가들이 귀엽고 아이 같은 인물을 창조하고 싶을 때 사용한다.

　상단부의 맨 왼쪽 얼굴이 주로 일반적인 인상을 '평탄화'한 것인 반면, 그 밖의 얼굴들은 얼굴의 여러 부분들의 위치를 변동시킴으로써 '첨예화'되고 '동화'되어 있다. 그것들은 젊은, 슬픈, 점잔빼는 또는 당황한 모습들을 창조하기 위해 과장된 것이다. 만화가들은 더욱 뚜렷한 미소나 찡그림, 귀나 코, 머리치장이나 화장 등을 첨가하지 않은 채로도 이러한 느낌들을 만들어 낼 수 있다. 그리고 이렇게 단순화되고 과장된 얼굴들은 대체로 '재미있게' 보인다. 하지만 이러한 것들은 우리가 알아 볼 수 있는 것이기는 하나 일반적인 것은 못될 것이다.

감정의 표시

만화가가 얼굴 표정을 나타낼 경우에는 눈과 입 그리고 눈썹에 강조를 둔다. 그것들은 움직이는 특징들이며 매우 정보적이기 때문이다. 그리고 재미있는 사실은 그러한 것들이 우리가 하나의 그림을 볼 때 가장 많이 주시하는 곳이라는 점이다. 눈의 움직임에 대한 연구를 통해 우리는 사람들을 볼 때 특히 그들의 얼굴을 보며, 그중에서도 눈 주위와 입을 주로 본다는 것을 알 수 있다.

또한 그러한 연구를 통해 6개의 감정, 즉 기쁨, 슬픔, 분노, 놀라움, 공포, 혐오 등에 대해 일반적으로 인정된 얼굴 표현에 관해 알 수 있다(Ekman & Friesen, 1975). 이러한 표현 중 몇몇은 지각적으로 복잡하게 구성되어 있다. 그러나 만화가는 미술적인 속기법을 사용함으로써 그 어려움의 단서를 평탄화하고 첨예화하며 과장한다.

그림 3-3은 감정에 대한 기본적이고 보편적인 표현 방식을 나타낸 것이다. 행복은 위로 둥그렇게 올라간 입술로 표현된다. 행복에 겨우면 뺨이 둥그렇게 공 모양으로 되면서 초승달 모양으로 눈이 나타난다. 입의 모양이 아래로 내려간 슬픈 표정에서는 입술 가장자리가 축 늘어지고 눈썹 중앙부는 올라간다. 분노했을 경우에는 눈썹이 아래쪽과 위쪽, 서로 상반된 방향으로 움직이며 눈은 빛나고 이를 악물게 된다.

놀랐을 경우에는 눈썹이 올라가고 눈은 크게 떠지며 입이

그림 3-3. 감정의 요소

무심코 열려지게 된다. 많은 만화가들은 이와 같은 표현을 위로 바짝 솟구쳐 있는 머리카락과 함께 공포를 표현할 때 사용하기도 한다. 그러나 좀 더 정확히 표현하자면 공포의 경우 슬픈 얼굴의 경우와 비슷하게, 그러나 찌푸린 상태로 눈썹이 중앙을 향해 올라간다. 놀랐을 때처럼 눈은 떠지는데 아래 눈꺼풀에 긴장이 서려 있게 된다. 그리고 입은 밑으로 처져 위로 움찔한 상태로 벌려져 있게 된다. 마지막으로 혐오의 얼굴은 복잡한 인상이 된다. 그러나 만화가들은 그것을 단순화시켜 눈은 찡그리고 혀는 내민 채로 '어휴'라는 표현으로 나타낸다.

만화의 인물

일반적인 인간은 약 7등신 내지 8등신이다. 어떤 사람의 키가 70인치라면 그 사람의 머리는 약 10인치 내외가 된다는 것이다. 그러나 만화의 인물은 일반적으로 이러한 정상적인 비율에서 벗어난다.

패션 삽화나 스포츠 만화에서는 몸체를 강조한다. 그 인물은 10등신 정도가 된다. 마찬가지로 전통적으로 성적 매력이 강한 '핀업*pin-up*'2은 다리를 신체의 다른 부위보다 비정상적으로 길게

그림 3-4. 만화 캐릭터의 요소

---

2. 벽에 핀으로 꽂아 붙이는 미인 사진을 가리킨다.

표현하는 경향이 있다. '스파이더맨'이나 '배트맨'과 같은 초영웅들은 실제 비율인 7등신에 가깝다. 그러나 유머 만화의 경우에는 머리가 일반적으로 몸체에 비해 매우 크게 나타난다(그림 3-4 참조).

　　전형적인 유머 만화의 경우 머리는 전체 신장의 약 1/4 정도가 된다. 애니메이션에서는 종종 3등신 정도의 비율을 갖기도 한다. 그리고 많은 만화 캐릭터들의 경우 머리가 몸체만큼 크다. 즉 2등신의 신체를 갖는다. 예를 들면 스누피나 톰 윌슨Tom Wilson의 <지지Ziggy> 등이 그러하다.

　　이러한 비정상적인 신체 비율은 최소한 두 가지 효과를 낳는다. 첫째, 그것은 만화 캐릭터를 귀엽고 순진하게 보이도록 해 준다. 예를 들면 신생아들은 약 4등신 정도인데, 만화 캐릭터의 전형적인 비율은 대체로 이러한 어린 아기의 그것과 일치한다. 둘째, 과장된 머리의 크기는 얼굴의 특징과 표현에 도움을 준다. 바로 그러한 것이 성격과 감정을 표현하는 좋은 계기가 되는 것이다.

3차원 세계의 창조

　　3차원 세계, 의사 세계를 창조하기 위해서 만화는 우리가 실제 세계를 항해하면서 날마다 사용하는 많은 지각적 단서들을 우리에게 제공한다.

　　첫째, 만화가는 '크기size'를 사용한다. 멀리 있는 대상은 가까이 있는 것보다 작게 나타낸다. 둘째, 만화가들은 '중복overlap'을 사용한다. 가까이 있는 대상들은 더 멀리 있는 대상들과 겹쳐 표현된다. 세 번째 단서는 '명확성clarity'이다. 일반적으로 가까이 있

그림 3-5. 3차원 세계의 요소

는 것일수록 더욱 뚜렷이 나타난다. 만화가들은 가까이 있는 것에는 더 굵은 선을, 멀리 있는 것에는 더 가는 선을 사용함으로써 그러한 효과를 얻는다.

넷째, 우리는 '상세함detail'을 얻는다. 가까이 있는 인물은 그가 입은 옷의 질감, 얼굴의 주근깨 및 주름살을 볼 수 있다. 멀리 있는 인물은 거의 윤곽밖에 살펴볼 수 없다. 다섯째, '색깔color' 사용이 가능하다면 만화가는 그것을 사용하여 깊은 환상을 줄 수 있다. 밝고 붉은 색조의 대상은 전진적인 반면, 차갑고 푸른 색조의 대상은 후퇴하는 느낌을 줄 수 있다(그림 3-5 참조).

3. 만화의 부호 | 109

행동의 포착

우리의 정상적인 시각 세계로부터 단서들을 모사하는 것 외에 만화가는 만화 독자들이 의미를 부여하게 되는 일련의 상징들을 만들어 낸다. 이러한 단서들 중 몇몇은 우리가 정상적인 세계에서 보는 — 또는 보지 못하는 — 것들에 대한 직접적인 보완이다. 예를 들면, 어떤 것이 신속하게 움직일 때 우리는 그저 희미한 것만을 보게 된다. 만화가는 그러한 것들을 행동하는 인물의 희미한 이미지에다 모사한다.

만화가들은 움직임의 방향 및 속도를 표시하기 위해 '행동선action lines'을 첨가한다(직선은 신속하며 곡선은 그것보다 느리다). 어떤 사물이 신속하게 움직일 때 그것은 '먼지 구름 속에 사라진다'고 말할 수 있다. 만화가는 이러한 은유를 사용하여 신속하게 사라지는 인물 뒤에 먼지 구름을 남겨 놓을 수 있다(심지어 깨끗이 잘 닦아 놓은 곳을 지나가는 경우에도 그렇다).

모트 워커(Waker, 1975: 26; 1978: 74)는 그가 명명한 이른바 '만화 어록the lexicon of comicana' 또는 '그로우릭스grawlixes'에 대해 재미있게 서술하고 있다. 그는 먼지 덩어리를 '브리핏briffit'이라고 명명했으며 신속한 행동을 나타내는 수평선은 '하이츠hites'라고 하였다. 한편 이리저리 움직이는 신체의 모습을 반영하는 작은 행동선은 '아지트론즈agitrons'라고 이름 붙였다(그림 3-6 참조).

워커의 논의가 다소 미흡하고 비학문적인 감이 있기는 하지만 한편 그가 언급한 만화 상징들의 수는 만화가가 사용하는 기호의 어휘들에 대해 분석해 본 적이 없는 사람들에게는 아마도

그림 3-6. 만화의 행동선

놀라운 것이 되리라 생각한다.

사고와 언어

인위적인 상징 중 대표적인 것은 말할 것도 없이 생각 구름과 말풍선이다. 인간처럼 보이는 사물과 동물은 신인동형동성설神人同形同性說[3]에 근거한 것이다. 만일 그들이 인간처럼 '행동한다'면 신인동형동성설의 논리는 점차 강화된다. 또한 그들이 인간

---

3. 추상적이고 형태가 없는 신에게 인간과 같거나 비슷한 형태와 성격을 부여하는 것을 말한다.

그림 3-7. 만화의 사고 및 언어

처럼 '생각하고 말을 한다'면 신인동형동성설은 완전한 것이 된다. 그들은 실제로 살아 있는 것처럼 보이는 것이다. 그러므로 행동선, 생각 구름, 말풍선으로써 만화가는 만화 창조물에 행동, 사고 및 언어를 투입시킨다. 만화가는 '삶'을 창조하는 것이다.

언어와 행동의 결합에 대한 중요성은 만화를 하나의 독특한 예술 양식으로 간주한 사람들이 강조해 왔다. 만화가들 스스로도 그들이 언어와 행동을 결합시킴으로써 획득하는 독특한 창조적 지각에 대해 논평한다.

만화가 R. C. 하비(Harvey, 1979)는 그의 칼럼 "코미코피아

Comicopia"에서 "나는 여러 자세를 취하고 이리저리 날뛰는 수많은 인물들의 그림을 지금껏 그려 왔다. 그러나 그러한 그림들이 아무리 활기 있고 생생할지라도 내가 그 인물들 중 하나에 말풍선을 달아 그에게 말을 하도록 만들고 나면 비로소 그 그림은 생생하게 살아나기 시작한다. 일단 말풍선이 그 화자에게 달리면 그 인물은 더욱 생생해지는 것이다"라고 말하였다(그림 3-7 참조).

　　말은 성격을 드러내며 말과 인물의 근접, 동시적인 말과 행동은 즉시성과 심각성을 부여하기 위해 결합된다. 하비는 연재 만화의 경험이 애니메이션의 경험과는 다르다고 하였다. "연재 만화는 항상 시각적, 즉 이음매 없는 시각적 경험이다. 반면 애니메이션은 혼합 양식, 즉 시청각적으로 만들어진다"고 그는 말한다.

　　그러나 말풍선이나 표제, 또는 사운드 트랙 등 그 어디에서든 상관없이 만화가는 만화 캐릭터를 말하게끔 만들 수 있으며 바로 그것이 이야기가 펼쳐지는 세계를 가능케 해주는 것이다.

　　그리고 그러한 경우 그것들은 기술적인 '무역의 비결*tricks of the trade*,' 즉 부호의 선택을 의미하는 것으로서 이를 통해 만화가는 의사 세계를 창조하고 인물을 창조하며, 그들에게 깊이를 부여하여 행동하고 생각하며 말하도록 만드는 것이다. 이러한 기법 자체는 어려운 것이 아니다. 그보다는 수용자들이 지속적으로 만나고 싶은 마음이 생기도록 해주는 의사 세계를 창조하는 것, 바로 그것이 보다 어려운 문제가 된다.

의사 세계의 창조

<피너츠>의 작가, 찰스 M. 슐츠는 "우리가 성공적인 만화 피처물에 대해 논의할 때 가장 먼저 머리에 떠올리는 것은 으레 그 주요 등장 인물이다. 우리는 어떤 특정한 이야기에 대해서는 거의 상기하지 못하며 대신에 그 인물이 지녀 온 시각적인 특성과 독특한 개성을 기억한다. 이러한 인물을 개발하고 그 주위에 조연적인 인물을 설정하여 그들을 일정 시간 동안 유지시키는 일은 독특한 종류의 정력을 필요로 한다"고 말한다(Berger, 1973: xi).

어떤 이들은 그들이 다른 것을 염두에 두고 슐츠에 대해 반박할지도 모른다. 그들은 수년 전에 보았던 만화의 특정 에피소드를 생생하게 기억할 수도 있기 때문이다. 그러나 슐츠 자신이 강조했던 부분에 대해 주목을 해보는 것도 흥미 있는 일이다. 버거가 "나는 슐츠가 20세기의 가장 위대한 유머 작가 중의 하나라고 믿는다"고 말한 것(Berger, 1973: 182)처럼 슐츠는 아마도 만화 역사상 가장 성공을 거둔 연재 만화를 창작한 사람일 것이다. 슐츠에게 각각의 개별적인 개그는 출발점이 아니다. 도리어 중심 인물과 그 주변의 환경 유지가 그러한 것이 될 것이다.

<둔스베리>의 작가, 게리 트뤼도는 그러한 점을 재강조하고 있다. 그는 ≪둔스베리 연대기 *Doonesbury Chronicles*≫에서 오늘날 현대 사회의 만화가에 대해 언급하기를 "만화가가 타협해야 할 과제는 상당히 어렵다. 사람을 끌어 들이는 환상 ― 그것이 슬럼버랜드Slumberland든 오케페노키Okefenokee든 ― 을 창조하고 독자로

하여금 자기 스스로 만든 은유에 의해 설정된 새로운 현실 세계 속에 빠져들어 가게 하는 것……"이라고 말하고 있다.

슬럼버랜드는 1905년부터 시작한 윈저 매케이Winsor McCay의 <꼬마 네모Little Nemo>의 무대이고, 오케페노키는 월트 켈리Walt Kelly의 <포고>의 고향이다. 매케이와 켈리는 이미 죽었지만 그들이 창조해 놓은 의사 세계는 여전히 만화 팬들의 사랑을 받고 있다.

의사 세계의 창조는 아마도 연재 만화나 애니메이션, 이를테면 <미키 마우스Micky Mouse>나 <도널드 덕Donald Duck>과 같은 경우 더욱 뚜렷이 나타나는 것처럼 보인다. 그러나 그것은 다른 만화가들의 작품에서도 발생한다. 찰스 애덤스Charles Addams의 우울한 세계는 가한 윌슨Gahan Wilson의 기괴한 세계처럼 독특한 것이다. 신문의 시사 만화가들도 자신들의 고유한 세계를 갖는다. 허블록의 만화 세계는 제프 맥넬리의 것과 뚜렷한 대조를 이룬다. 삽화가들 가운데, 에드워드 고리Edward Gory, 모리스 센닥, 또는 찰스 브래그는 각기 상이한 분위기를 지니고 있다.

리처드 칼룬은 ≪세계 만화 백과 사전≫에서 <뉴요커>지의 만화가인 조지 부스George Booth에 대해 다음과 같이 서술하였다. "부스는 가장 흥미 있는 만화가들과 마찬가지로 독특한 분위기가 있을 뿐만 아니라 자신의 유머의 원재료를 위해 지속적으로 추구하는 어떤 특별한 질서를 갖고 있다"고 말하였다. 부스의 순환적인 등장 인물 중에는 일련의 개와 고양이들, 즉 "목욕탕 속에서 가장 잘 사색을 하는 싸구려 철학자"와 "깽깽이를 켜는 그래니

그림 3-8. <포고>의 오케페노키

와 그녀의 동료들" 등이 포함되어 있다. 칼룬의 표현을 빌리자면, 부스의 세계를 방문한다는 것은 '이미 경험한 감정*a sense of déjà vu*'을 창조하는 것이다(Horn, 1980).

요컨대 만화가는 독자와 공모하여 오락, 교제 및 즐거움을 위해 지속적으로 찾을 수 있는 환상의 세계를 창조하는 것이다. 가장 오랫동안 유지되는 작품은 한 걸음 나아가 어느 정도의 통찰력도 제공한다.

트뤼도는 만화가에 대해 언급하기를, "만화가가 자신의 직분을 다할 때, 그는 우리에게 우리 자신들을 돌아볼 수 있는 방법을 제공한다. 그는 우리 자신의 진지한 국면과 그 속에 깊이 파묻혀 있는 취약성이라는 호주머니 사이를 이어 주는 친절한 도관導管이다"라고 말하였다(Trudeau, 1979).

포고의 매우 유명한 대사는 "우리는 적을 만났으며 그것은 바로 우리 자신들이다"라는 경구의 모사이었다. 포고가 이것에 대해 나름의 해석을 내릴 때 바로 오케페노키의 의사 세계는 완전한 실제 세계로 병합되는 것이다(그림 3-8 참조).

알 리 기   위 한   변 형

이번 장은 만화가가 사용할 수 있는 부호의 선택, 만화의 의사 세계를 창조하기 위하여 사용되는 기법들을 살펴보았다. 만일 우리가 만화에 대해 언어적인 캐리커처를 한다면 다음과 같이 말할 수 있을 것이다. 만화는 하나의 '형태*form*'이다. 그러나 그것은 '동화하는*conform*' 것이 아니라 '변형시키는*deform*' 것이다. 그렇게 함으로써 그것은 '전달하는*inform*' 것이 된다.4

만화는 하나의 '형태,' 즉 예술가가 독자를 위해 사용하는 도상적 및 언어적 상징을 통해 창조된 하나의 의사 세계이다. 만화는 3차원의 현실 세계에 동화하는 것이 아니라 그것을 선택하고 추상화한다. 만화는 일단 처음에는 (일반적으로) 2차원이다. 그리고 일련의 예술적 기교를 사용함으로써 3차원적 환상을 획득한다. 물론 사진과 사실화 역시 2차원이다. 그러나 만화는 전형적으로 사진이나 그림보다 훨씬 덜 실제 현실에 동화한다. 만화는 실제 현실을 평탄화하고 단순화시키는 것이다.

게다가 만화는 사물을 변형시킨다. 그것은 사물을 단순화시킬 뿐만 아니라 과장도 한다. 머리는 커지고 몸체가 줄어들며 코가 늘어나고 눈썹은 사라지는 것이다. 얼굴의 표현은 감정을 나타내며 옷차림은 성격을 드러낸다.

그러나 만화가 체계적으로 '변형시키는' 한편, 또한 그것은 '알리기도' 한다. 통계처럼 만화는 간결한 상징으로 막대한 자

---

4. 만화의 부호에 대해서는 만화의 독특한 기호 체계와 표현 방식을 전반적으로 살펴본 요모타 이누히코(四方田犬彦, 1994/2000), 매클루드(McCloud, 1993/1995), 아이스너(Eisner, 1985/2000) 등, 만화의 의미 구조를 기호학적 관점에서 살펴본 권경민(2007), 이수진(2004), 오시로 요시타케(大城冝武, 1987/1996) 등, 출판 만화의 문자가 갖는 의미(정혜윤, 2006), 칸의 의미 생성과 활용(안홍철, 2005; 임경희, 2005), 네 칸 만화의 수사 체계(김을호, 2006) 등에 대한 분석을 참조하라. 또한 만화의 이미지가 종이 칸을 넘어서 다양한 형식을 통해 변형되는 실험적 모색에 대해서는 스퀴텐과 페테르스(Schuiten & Peeters, 1996/2003)를 참조하라.

료를 요약할 수 있다. 그것은 일반 표준, 평범한 사람을 표현할 수 있다. 그것은 한 나라 혹은 그 나라의 국민을 지칭할 수 있다. 예를 들면, 엉클 샘Uncle Sam,5 존 불John Bull,6 또는 러시안 베어Russian Bear7 등이 그것이다. 또한 그것은 드문 사건, 유일한 사람, 예를 들어 미국 대통령을 따로 분리시켜 표현할 수도 있다.

신문 시사 만화는 사건에 대해 감정을 하고 동시에 논평을 할 수 있다. 그것은 알아볼 수 있을 만한 캐리커처로 대통령을 묘사한다. 그러나 동시에 그것은 어떤 속성에 대해 특별한 관심을 표명하기도 한다. 즉 '이 사람은 부랑아, 영웅, 건달, 천재의 특성을 갖고 있다'라고.

신문 시사 만화는 일상적인 정치 세계와 밀접한 관련을 맺으면서 그것을 변형시켜 전달해 준다. 연재 만화나 애니메이션은 기존의 알려진 세계보다 훨씬 더 광범위하게 걸쳐 있다. 그것은 훨씬 더 변형이 된다. 만일 그러한 것이 성공을 거둔다면 그것은 훨씬 더 심오한 차원에서 세계를 전달하는 것이 될 것이다.

현실 세계의 어떤 사람도 슐츠의 '찰리 브라운,' 트뤼도의 '마이클 둔스베리,' 가이즈와이트의 '캐시,' 또는 켈리의 '포고'와

---

5. 미국을 의인화한 상징으로 미국의 약자인 'US'로 만든 희화적 표현으로 1812년 영국과의 전쟁 중 처음 이 용어가 사용되었으며 1852년 성조기를 상징하는 모자와 의상을 입은 백발의 염소 수염을 가진 중년 신사의 모습으로 구체화되었다.

6. 영국인을 지칭하는 상징적 표현이다. 18세기 초에 출판업자들에 의해 대중화되었으며 만화가와 작가에 의해 널리 퍼졌는데, 초기에는 실제로 '황소'의 모습으로 그려졌으나 후에 인간으로 묘사되었다.

7. 러시아의 상징적 표현으로 19세기 이후 특히 만화나 신문 기사에서 사용되었으며 '곰'으로 형상화되었다.

닮지 않았다. 그러나 팬들은 이러한 인물들의 모험을 빈번하게 "진짜!" 혹은 "정말 그렇네!" 하는 심정으로 본다. 심지어 가장 얼토당토않은 모험, 가장 극단적인 환상조차도 가능하고 그럴 듯한 것처럼 느끼기도 한다. 그것은 고귀한 영웅과 사악한 악당이라는 고전적인 원형을 보강하기도 하며, 또는 지금껏 개발되지 않은 새로운 모델을 제시해 주기도 한다.

4. 만화의 역사와 추세

오늘날 만화는 많은 역할을 담당하고 있다. 만화가 그 역할들을 어떻게 수행하고 있는지 살펴본다는 것은 그리 단순하지 않다. 그러한 논의는 만화의 영향력, 또 그것만큼 중요한 만화의 잠재력을 이해할 수 있는 토대가 된다. 그 논의는 선사 시대의 동굴로부터 시작되어 오늘날의 컴퓨터에서 끝을 맺는다. 동굴과 컴퓨터 사이에서 우리는 정치, 유머, 이야기, 영화 그리고 상업 등을 포함한 많은 분야에서 뿌리를 내리고 있는 만화를 발견하게 된다. 또한 만화의 역사를 살펴보면 만화가 앞으로도 여전히 계속될 것이라는 점을 알게 될 것이다. 만화는 밝고 찬란한 미래를 갖고 있는 것으로 등장하기 때문이다.

동굴에서 컴퓨터까지

오늘날 인간 커뮤니케이션에 대한 가장 오래된 증거는 남부 유럽의 고대 동굴 벽화에 남아 있다. 만화 같은 그 기묘한 그림들이 그려진 때는 3만 년 이상으로까지 거슬러 올라간다. 그러나 불행하게도 그것들은 역사가 기록되기 이전에 그려졌기 때문에 옛날 조상들이 그 그림을 통해 무엇을 시도하려고 했는지 알 수 없다. 그에 대해서는 여러 가지 추측들이 제시되어 왔다.

그중의 하나는 초기의 동굴 거주자들이 겨울의 기나 긴 밤 동안 불을 켜놓은 동굴 속에서 단순히 자신들의 여흥을 위해 그 그림을 그렸을 것이라는 것이다. 한편 그 그림들은 오늘날 우리가 집을 치장하기 위해 벽에 그림을 거는 것과 마찬가지로 순수한 장식품일 것이라는 추측도 있다.

그러나 이러한 초기의 동굴 벽화 중 많은 것들은 하나의 일정한 이야기를 묘사하는 것처럼 보인다. 그것들은 커뮤니케이션으로서 등장하는 것이다. 여기에서도 많은 추측들이 가능하다. 그 그림들은 하나의 역사, 이를테면 성공적인 사냥 원정이나 사냥감의 이동 등을 기록한 것일 수 있다. 또한 그것들은 오늘날 축구 코치가 다가오는 경기에 대비하여 선수들의 위치와 동작들을 백묵으로 그리는 것과 같은 전투 계획도일 수도 있다. 또는 그 그림들은 그것을 그린 사람들에게 어떤 신비한 초자연적인 힘을 불어넣는 주술적인 성격을 가질 수도 있다. 성공적인 사냥에 대한 그림은 행운을 불러일으키는 데 사용되기도 했기 때문이다.

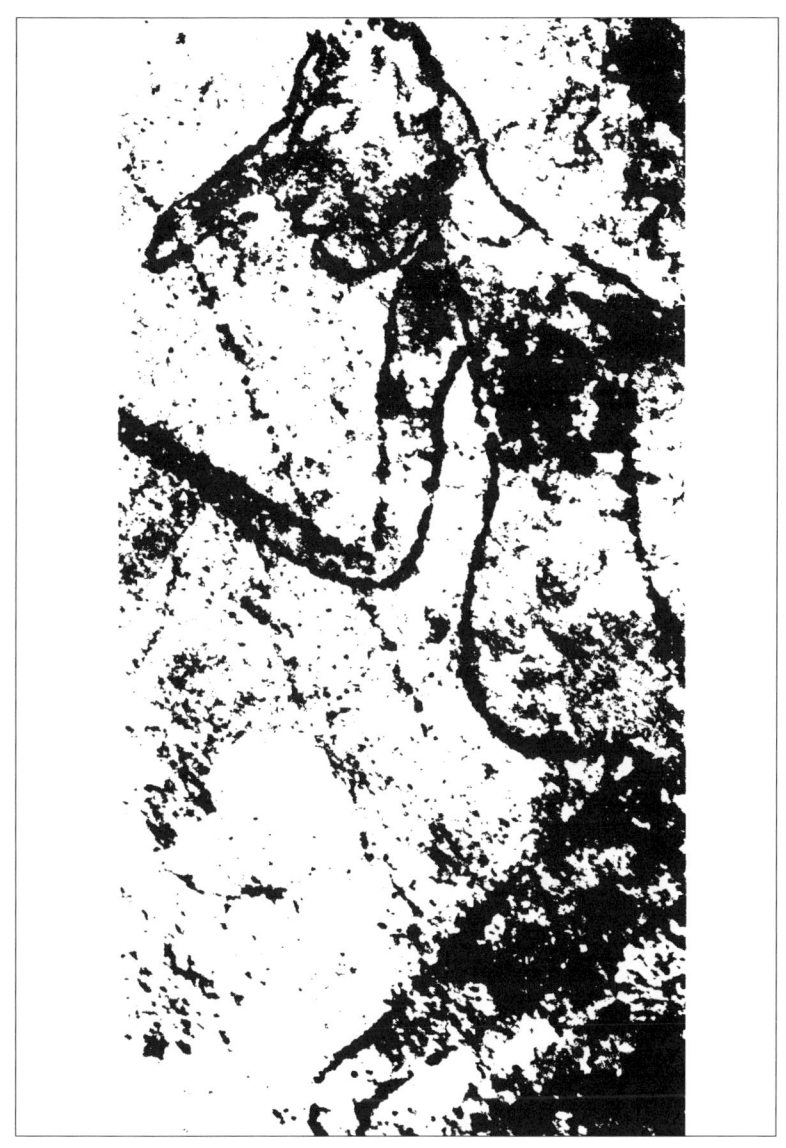

그림 4-1. BC 4000년경의 아프리카 동굴 벽화

페리와 앨드리지(Perry & Aldridge, 1971: 20)는 역사상 예술과 마술 간의 밀접한 관계를 주목하면서, "옛날 사람들은 자신의 신을 불러내는 데 예술을 이용해 왔다. 그 전통은 오늘날에도 지속되고 있는데 그 때문에 많은 문명의 위정자들은 그들의 백성이 예술을 여흥으로 활용하는 것을 두려워했던 것 같다"라고 말한다.

초기의 그림들은 원시적이면서도 이상하게 현대적인 것처럼 보이는 기묘한 만화류의 특성을 갖고 있다. 많은 학자들은 초기의 동굴 미술가들이 그보다 더 잘 그리는 재능이 없었고 또 그러한 기술 부족이 어떤 '만화적 특성'을 낳았을 것이라고 추측하여 왔다. 그러나 그 고대 작품들 중 적어도 몇몇은 20세기의 캐리커처처럼 완벽한 세련미를 자랑할 만한 처리와 재미의 감각을 보여 주고 있다.

예를 들면, 그림 4-1은 아프리카의 타시리 나제르Tassili n'Ajjer에서 발견된 약 BC 4000년의 그림이다. 이 지역의 동굴 벽화들은 사막화로 인해 그들의 옥토가 황폐화되면서 결국 멸종된 사람들의 놀랄 만한 문명과 역사를 보여 준다.

앨런 웨스틴(Westin, 1979)은 가장 오래된 정치 캐리커처를 BC 1360년까지 거슬러 올라가 찾고 있다. 그것은 이집트 투탄가멘왕의 아버지를 비판하는 그림이다. 이를 통해 정치 만화를 3300년의 역사를 가진, 만화 예술 중 가장 오래된 것으로 규정지을 수 있을 것이다.

만화를 그리는 기본적인 기술은 이집트인들이 파피루스를 발명한 이래로 거의 변하지 않았다. 각각의 예술가들은 처음에 여전히 펜이나 붓으로써 종이류의 표면에 선과 얼룩을 그린다(심지어 애니메이션조차도 종이 위에 스케치하는 것으로 시작한다). 펜, 붓, 종이, 잉크, 그리고 페인트 등이 수세기에 걸쳐 개발되어 왔으나 기본적인 기교는 본질적으로 동일한 것으로 남아 있다. 단지 최근 몇십 년 동안 컴퓨터가 매우 상이한 방식의 만화 창작을 제시해 줄 수 있는 도구로 등장하고 있을 정도이다.

그러나 만화를 복제하고 배포하는 방법에서는 기술이 중요한 역할을 담당하여 왔다. 만화와 심지어 연재 만화와 비슷한 이야기들도 로마 조각, 그리스 꽃병, 초기의 일본 장식 무늬, 유명한 바이외 태피스트리(그중에는 헬리혜성의 초기 방문에 대해 묘사한 것도 있다) 등에서 발견할 수 있다.

그러나 근대 만화로 가는 길을 닦는 것은 바로 15세기 인쇄술의 급속한 보급이었다. 인쇄술의 도래와 더불어 만화는 대량으로 제작되고 값싸고 광범위하게 배포되었다. 수세기에 걸쳐 인쇄술은 발달해 왔고 상像을 찍는 기술도 진전되어 왔다. 힘이 드는 목판과 값비싼 금속 판화는 신속하고 효율적인 사진 오프셋으로 대체되고 있다.

20세기 영화의 도래와 함께 만화는 새로운 배포 경로를 통해 전달되었다. 애니메이션은 이웃의 영화관처럼 가까운 것이 되었다. 텔레비전으로 인해 그 배포는 훨씬 더 광범위하게 이루어졌으며 생생한 만화가 거실의 가족들에게 전달되었다.

또한 다음 단계의 기술이 이미 우리에게 다가 오고 있다. 그것은 컴퓨터 그래픽과 각 가정에 보급된 컴퓨터의 형태로 등장하였다. 아마도 오래지 않아 원하는 사람은 누구나 스스로의 만화를 그리고 영화로 만들 수 있으며, 자신들의 작품을 다른 사람들의 의사 세계와 조화시킬 수 있을 것으로 여겨진다.1

정 치 만 화 : 저 항 과 설 득

일반적으로 영국의 화가 윌리엄 호가드William Hogarth(1697~1764)를 서구 역사상 '최초의 만화가'로서 간주하고 있다(일본에서는 12~13세기까지 거슬러 올라가 나름대로 만화가로 볼 수도 있는 사람이 등장한다). 호가드는 이탈리아인들이 소개한 개인적인 차원의 캐리커처를 뛰어넘어 보편적으로 수용될 수 있는 유머를 그렸다. 어떤 의미에서 그는 최초의 정치 만화가라 할 수 있으며 또한 그의 서술적 만화 이야기는 현대 연재 만화의 전조가 되었다.2

토머스 롤런드슨Thomas Rowlandson(1756~1827)과 그의 동료인

---

1. 컴퓨터의 도입은 만화의 제작 방식에 혁신적인 발전을 가져다주었다. 특히 컴퓨터를 통해 제작되는 디지털 애니메이션은 지금까지 할 수 없었던 표현을 가능케 해주었으며, 종래의 셀 애니메이션과 비교했을 때 데이터의 보존이 유리하고 간단하여 데이터의 2차, 3차 이용으로 전환해도 질이 떨어지지 않으며, 그림 물감에 의한 색의 개체차가 없어 분담 작업이 용이하고 실패해도 간단히 수정할 수 있는 장점을 갖고 있다(박문석, 1998). 또한 인터넷의 도입은 '웹툰'이라는 새로운 만화 형식과 유통 구조를 등장시켰다. 아직까지는 이러한 웹툰 양식에 대한 효율적인 수익 모델이 제대로 구축되어 있지 않지만 장차 만화의 새로운 생산−소비 패턴을 만들어낼 것으로 전망된다(이에 대해서는 하종원, 2001; 박석환, 2001; 백정숙, 2005; 이은정, 2005 등을 참조하라).
2. 호가드의 구체적인 작품 세계와 그 당시 시대상 및 생활상에 대해서는 빈드먼(Bindman, 1997 / 1998)을 참조하라.

제임스 질라이James Gillray(1757~1815)가 호가드의 뒤를 이어 만화 독자층을 넓혀 놓았다. 곧 만화는 사회적 저항과 정치적 설득의 한 양식으로서 유럽에 퍼졌고 결국 전 세계에 보급되었다.

스페인에서 고야Goya(1746~1828)는 스스로를 커다란 힘을 가진 화가로서 정립시켰다. 한편 그는 만화도 그렸는데, 그것으로 인해 군주인 페르난도 7세와 불화 관계에 놓이게 되었다. 계속되는 어려움 끝에 고야는 프랑스로 옮겨 망명 중에 죽었다.[3]

프랑스에서는 오노레 도미에Honoré Daumier(1808~1879)가 만화를 미술의 차원으로 끌어 올렸는데, 그 때문에 투옥당하는 수난까지 겪었다. 루이 필립 왕을 거만한 괴물로 묘사한 그의 캐리커처를 그 군주는 이해하려 들지 않았다. 한 번의 투옥 이후 도미에는 프랑스 입법부를 공격하는 또 다른 만화를 그려 다시 고초를 겪게 된다.

1835년 엄격한 새 검열법이 통과되었을 때, 도미에는 사회적 악습에 대한 일반적인 풍자로 방향을 바꾸었다. 그러나 나폴레옹 3세가 통치하면서 다시 정치적 상황에 대한 공격을 전개하였다. 오늘날 도미에는 정치 만화의 '성스러운 변호인'으로 간주되지만 그는 세상에 제대로 알려지지 않은 채 죽었다. 만화에 대한 그의 커다란 공헌은 후세에 와서야 인정되었다.[4]

---

[3]. 고야의 삶과 작품 세계, 그 당시의 스페인 사회와 시대 정신에 대해서는 박홍규(2002)를 참조하라.

[4]. 도미에의 삶과 예술 세계는 그의 풍자 만화와 그림을 고찰한 박홍규(2000)와, 사법부의 부조리에 대한 도미에의 풍자화(Les gens de justice, 1846)를 법학자의 눈으로 해석한 라드브루흐(Radbruch, 1947 / 1994)를 참조하라.

그림 4-2. 벤저민 프랭클린의 정치 만화

넓은 견지에서 보면, 정치 만화의 체제와 힘은 고야와 도미에에 의해 정립되었다. 주제의 측면과 표현 방식에서 그들의 영향은 허블록 같은 현대 거장들에게까지 이어지고 있다.[5]

미국의 정치 만화

식민지 시대의 미국에서는 많은 수의 반영反英 만화를 익명의 — 아마도 그것이 현명한 처사였을 것이다 — 작가들이 그렸

---

[5] 중세, 근세, 현대의 캐리커처 풍자 화가들의 작품들에 대한 통시적 고찰은 박창석(2003)을 참조하라.

다. 그러나 적어도 한 경우는 작가가 알려져 있다. 그는 바로 벤저민 프랭클린Benjamin Franklin이다. 그가 1754년에 그린 <뭉치지 않으면 죽는다Join, or Die>는 종종 미국 최초의 정치 만화로 거론된다(그림 4-2 참조).

미국 저널리즘의 초창기에는 정치 만화가들이 가늘고 긴 칼보다는 오히려 날이 넓은 도끼를 휘두르는 격이었다. 토머스 내스트(1840~1902)는 보스 튀드와 태머니 홀Tammany Hall[6]에 대해 난도질을 하였다(그림 4-3 참조). 마찬가지로 호머 데이븐포트Homer Davenport(1867~1912) 역시 윌리엄 매킨리 주니어William McKinley, Jr. (1843~1901)[7]와 마크 한나 도당[8]에 대해 격렬한 비판을 가하였다.

남북 전쟁 중에 링컨은 내스트를 '우리의 가장 훌륭한 보충병'이라고 불렀다. 내스트는 지금의 산타클로스와 GOP[9]의 로고인 코끼리를 포함한, 오늘날에도 여전히 사용되는 많은 이미지를 선보였다. 내스트는 강력하고 광범위하게 미국 정치 만화가의 힘을 보여 주었고 그 잠재력을 똑똑히 드러냈다. 오늘날까지도 그는 많은 사람들에게 비견할 수 없는 사람으로 남아 있다.

내스트의 유명한 작품들 중 대부분은 <하퍼스 위클리Harper's

---

[6]. 튀드가 이끌었던 민주당의 계파로서 19세기 뉴욕의 정치계에서 커다란 영향력을 행사하였다.

[7]. 미국의 25대 대통령이다.

[8]. 본명이 마커스 알론소 한나Marcus Alonzo Hanna(1837~1904)인 미국의 기업가이며 정치인이 이끈 공화당의 정치계파. 그는 매킨리 대통령 후보의 정치 캠페인 책임자로서 새로운 광고 기법의 정치 캠페인을 고안하여 성공을 거두었다.

[9]. 미국의 양대 정당의 하나인 공화당의 별칭인 Grand Old Party의 약자이다.

뭘 그리 비웃고 있소. 영웅은 다 이런 것을 겪는 법이오.

그림 4-3. 토머스 내스트의 튀드 도당에 대한 시사 풍자 만화[10]

Weekly＞지에 실렸으며 말년에는 자신의 간행물인 ＜내스츠 위클리 Nast's Weekly＞지를 통해 소개되었다. 대도시에 대형 신문들이 등장함에 따라 정치 만화는 두 가지 양식으로 나누어져 발전하게 된다. 하나는 일간 신문을 통한 시사 만화로 그것은 결국 복합 신문 신디케이트로 발전되었다. 또 다른 하나는 소규모의 — 일반적으로 매우 정치적인 — 잡지를 통한 표현이었다.

그 당시 신문 만화가 중 대표적인 사람으로는 존 매커친 John McCutcheon, 롤린 커비Rollin Kirby, 재이 '딩' 달링Jay 'Ding' Darling, 넬슨 하딩Nelson Harding, 대니얼 피츠패트릭Daniel Fitzpatrick, 에드먼드 더피Edmund Duffy 등이 있었다. 이들은 각기 자신들의 시사 만화로 한 개 또는 그 이상의 퓰리처상을 수상한 경력이 있다. 또한 그들의 작품은 각기 선집 형태로 묶여 발간도 되었다.

정치 잡지에서 일하는 시사 만화가들은 신문의 경우보다 상대적으로 독자가 훨씬 적었다. 그러나 그들이 선보인 논점과 표현법은 후세의 만화가들에게 큰 영향을 끼쳤다. 특히 아트 영 Art Young, 보드먼 로빈슨Boardman Robinson, 존 슬론John Sloan, 로버트 마이너Robert Minor 등이 탁월한 실력을 보였다. 그중 마이너와 로빈슨은 크레용과 육중하고 딱딱한 용모를 사용하였으며, 도미에와 고야를 연상시키는 표현법에다 후에 피츠패트릭, 허블록 및

---

10. 이 만화가 나올 무렵에 보스 튀드는 여전히 막강한 세력을 자랑하였으나 토머스 내스트의 가차 없는 공격 아래 그의 정치적 왕국은 무너지기 시작했다.

빌 몰딘Bill Mauldin과 같은 거장들이 추종했던 접근 방법 등을 주창하였다.

2차 대전 이후의 주요 만화가로는 1942년, 1954년 그리고 1979년의 퓰리처 수상자인 <워싱턴 포스트>지의 허블록과, 1954년, 1959년의 퓰리처상 수상자인 세인트루이스 <포스트디스패치>지의 빌 몰딘, 그리고 1964년과 1971년의 퓰리처상 수상자인 로스앤젤레스 <타임스>지의 폴 콘래드Paul Conrad 등이 있다.

1970년대에는 새로운 세대의 정치 만화가들이 등장하였다. 1967년 퓰리처상 수상자이며 현재 약 500여 개의 신문에 작품을 공동 배급하는 워싱턴 <스타Star>지의 팻 올리판트Pat Oliphant가 주도적인 역할을 담당하였다. 또한 1972년과 1978년의 퓰리처상 수상자이며 현재 약 450여 개의 신문에 작품을 공동 배급하는 버지니아 리치먼드의 <뉴스 리더News Leader>지의 제프 맥넬리도 현재 많은 인기를 누리고 있다. 이러한 새 세대의 또 다른 인물로는 마이크 피터스Mike Peters, 토니 어스Tony Auth, 돈 라이트Don Wright, 다우 마레트Doug Marlette, 폴 제프Paul Szep, 딕 로처Dick Locher, 빌 샌더스Bill Sanders, 래넌 루리Ranan Lurie 등을 꼽을 수 있다.[11]

이러한 만화가들 중 많은 사람들은 크레용으로 그린 딱딱

---

11. 루벤상은 주로 연재 만화 부문에 대해 시상되었지만 몇몇 시사 만화가들에게도 주어졌다. 예를 들면, 허블록(1956), 빌 몰딘(1961), 팻 올리판트(1968, 1972), 제프 맥넬리(1978), 짐 보그먼(1993), 마이크 루코비치(2005) 등이다.

한 용모와 음침한 주석을 통한 표현법에서 벗어났다. 그들은 로널드 설과 같은 현대 삽화가의 영향을 받아 소묘적이고 가는 선을 사용한 캐리커처를 지향하는 경향을 보인다. 그들은 날이 넓은 도끼적인 공격보다는 가늘고 긴 쌍칼적인 재치를 통해서 자신들의 대상에 접근하고 있다.

유머에 대한 이러한 경향은 아마도 1975년 연재 만화 <둔스베리>로 시사 만화 부문 퓰리처상을 수상한 게리 트뤼도에 의해 강조되었을 것이다. 마찬가지로 제프 맥넬리도 그의 신디케이트 연재 만화인 <슈>를 통해 시사 만화면에서 쉽게 유머면으로 전환하였다. 한편 짐 베리Jim Berry의 신디케이트 한 칸 만평인 <베리의 세계Berry's World>는 유머 만화를 신문의 사설면에 실릴 수 있도록 만든 계기가 되었다. 그것은 베리의 유머가 가정의 일상사, 아이들 또는 애완 동물 등보다는 정치에 관한 것이기 때문일 것이다.

그 시기에 일어난 베트남 전쟁은 초창기 미국의 급진적인 만화들로부터 강한 반발을 받았다. 이것은 특히 지하 신문과 지하 코믹스comix에서 더욱 드러났다. 아마도 그러한 만화가들 중 가장 강력한 힘을 발휘했던 작가는 로스앤젤레스 <프리 프레스Free Press>지의 기고가인 론 코브Ron Cobb였을 것이다.

1980년 대통령 선거 캠페인 기간 중 <뉴스위크Newsweek> (1980: 87)지는 시사 만화를 표지 기사로 다루면서 "오늘날 이념적인 만화가들은 전보다 훨씬 줄어들었으며 특별히 민주당파니 공화당파니 하는 작가는 거의 없어졌다"고 말하였다. 그러나 그 잡지의 편집자는 "그렇지만 젊은 만화가들은 강력한 힘을 보여 준다. 특히 접촉 범위는 더 크지만 영향력은 약했던 1930년대, 1940년대 및 1950년대의 전문가들과 비교해 볼 때 더욱 더 그러하다"고 결론 맺었다.

이러한 새로운 물결의 도래는 아마도 사회의 여러 가지 경향들, 이를테면 독자의 한층 강화된 시각적인 세련성, 더 많은 오락에 대한 요구, 그리고 정치적 집단에 대한 태도의 변화 등을 반영하는 것이라고 할 수 있다. 그리고 무엇보다 그것은 미국인의 생활 속에서 일간 신문이 차지하는 역할의 변화를 보여 주는 것이라 할 수 있다.

초창기의 신문 발행인들, 예를 들면 윌리엄 랜돌프 허스트, 캡틴 조셉 패터슨, 커널 로버트 매코믹Colonel Robert McCormick 등은 그 나름의 강한 정치적 견해를 가졌다. 그리고 그들은 시사 만화가들이 그러한 자신들의 생각을 전달해 주기를 원했다. 예를 들면 시카고 <트리뷴Tribune> 지는 1930년부터 1면에 시사 만화를 게재하기 시작하였다. 1940년대에 들어오면서 매코믹은 색의 도입이 <트리뷴> 지의 1면 만화에 대한 구독률을 85%까지 증가시켰다는 것을 알고 자신의 견해를 완전 총천연색으로 표현하여 인쇄하기 시작하였다. 그와 비슷하게 <매시즈Masses> 와 <리버레이터Liberator> 같은 정치 잡지들도 나름대로의 정치적 입장을 취하였으며 그 잡지의 만화가들도 그러한 입장을 최대한 지원하였다(Fitzgerald, 1973).

초기 거물들의 몇몇은 이러한 시류에 대해 신경을 덜 썼기 때문에 그들의 신문이나 간행물들은 덜 독선적이었다. 또한 비슷한 시기에 발생한 기업 합병의 추세는 1도시 1신문과 복합 신문 기업이라는 현상을 낳았다. 한 도시에 공화당파 신문과 민주당파 신문이, 또는 자유주의적 신문과 보수주의적 신문이 함께 공존하는 것도 점점 드문 현상이 되어 가고 있다.

이러한 점은 역으로 신문 만화가의 새로운 역할을 의미하는 것이라 할 수 있다. 유머에 대한 요구, 하루의 복잡한 사건들을 명확하게 보여 주는 도화적 삽화에 대한 요구, 시사면에 대한 구독률을 높여 줄 시각적 구성에 대한 요구가 훨씬 더 큰 비중으로 늘어가고 있다. 현대의 신문 시사 만화는 정보를 알려 주고 설득하기도 하지만 무엇보다도 중요한 점은 사람들을 끌어 들여야만 한다는 것이다.[12]

유머 만화 : 호호에서 아하까지

1843년 이전의 '카툰'이란 영어 단어는 '종이'라는 의미의 이탈리아어인 '카르톤Carton'과 같은 의미로 사용되었다. 그것은 대형 미술 작품을 제작하기 위해 행해지는 기초적인 스케치를 뜻

---

[12]. 1909년 6월 2일 <대한민보>의 창간호에 실린, 조선 민족의 단결을 촉구하는 이도영의 만화 이후 한국의 신문 만화는 매우 강력한 시사성을 지닌 신문 만화의 전통을 유지해 왔다. 특히 네 칸 연재 만화 형식의 시사 만화는 다른 나라에서는 사례를 찾기 힘든 고유한 특성으로 발전되어 왔다. 한국의 신문 시사 만화의 역사와 특성, 기능에 대해서는 이해창(1982), 허종원(1987), 윤영옥(1995), 유선영·박용규(2000), 손상익(2005b), 김진수(2006) 등을 참조하라.

하는 것이었다. 1843년에 (옛날 의미로서의) 카툰 전시회가 런던에서 성대하게 열렸으며, 빅토리아 여왕의 남편 앨버트 공은 새로운 의회 건물의 장식을 위한 프레스코 벽화 설계 공모전을 후원하기도 하였다.

데이비드 로 경은 그것에 대해 다음과 같이 말한다. "참가 작품들 중 많은 부분이 고상한 의도에도 불구하고 익살스럽게 표현되었으며, 존 리치 같은 작가는 <펀치>지에 일련의 모방 작품들을 그려 그 시대의 사회적 및 정치적 폐해를 풍자하고 비난하였다"(Low & Williams, 1977: 728). 바로 그것이 <펀치>지에 일련의 (새로운 의미로서의) '카툰'들을 게재하도록 만드는 계기가 되었으며, 결국 다른 많은 간행물로까지 파급되었다.

당시의 만화는 정치적 논평과 유머적 성격 모두를 동시에 가졌다. 유머러스한 만화가 정치적이고 사회적인 논평의 영역으로부터 벗어나 인간 존재에 대한 완전하고 현세적인 세계를 떠맡게 되기에는 약간의 세월이 걸렸다. 그리하여 1860년대에 와서야 비로소 유머 만화는 정치 만화로부터 독립된 하나의 고유한 분야로 자리 잡게 되었다.

영국, 프랑스 및 독일도 유머 잡지들을 개발하였고 그 전통은 오늘날까지도 이어지고 있다. 미국에서는 많은 유머 잡지들이 20세기 초에 번창하였다. 대표적인 것으로 <펵Puck>, <저지Judge>, <라이프Life> 등을 들 수 있다. ≪세계 만화 백과 사전≫ 5판에서 리처드 마셜Richard Marshall은 1925년 <라이프>지 12월호를 포함한 이러한 세 간행물의 역사를 논하였다. 그러나 유머 만화

냉혹한 목소리 : (1층 쪽으로, 밤 12시 10분경) "앨리스!"
앨리스 : (부드럽게) "예, 아버지!"
냉혹한 목소리 : (협박조로) "현관에 있는 그 청년에게
 아침식사로 차나 커피 중 하나를 대접해라!!"
 (문닫는 소리와 함께 사라진다!)

그림 4-4. 1880년대의 유머

4. 만화의 역사와 주세 | 137

의 발전은 무엇보다도 지금도 인기를 누리고 있는 두 잡지인 영국의 <펀치>지와 미국의 <뉴요커>지를 통해서 가장 잘 살펴볼 수 있다.13

　　　초창기의 유머 만화는 삽화적인 표현법을 사용하였다. 그리고 종종 그 '표제'는 짧고 여러 줄로 구성된 연극 대사식으로 이루어졌으며 상황 설명도 곁들여 있었다. 예를 들면 찰스 킨 Charles Keene이 1889년 <펀치>지에 그린 만화와 같은 것이다(그림 4-4 참조).

　　　데이비드 로는 킨을 "영국 만화 작가 중 가장 위대한 사람"으로 꼽았다. 킨의 그림은 사실적이면서도 유머러스한 경향을 띠었다. 일반적으로 킨은 — 동시대의 다른 만화가들과 마찬가지로 — 직접 대사를 쓰지는 않았다. 이야기나 표제는 스토리 작가가 제공하였다.

　　　1920년대에 와서는 만화의 표제가 점점 사라지기 시작했다. 그러나 종종 유머 만화는 여전히 두 줄의 농담 대사로 구성된 삽화 형식을 취했다. 예를 들면 그림 4-5는 1920년대 후반에 널리 보급된 <뉴요커>지의 만화이다.

---

13. 1841년 창간된 영국의 유머 풍자 주간 잡지인 <펀치>지는 코믹적 요소의 그림을 포괄적으로 지칭하는 현대적 의미로 '만화'라는 용어를 정립하는 데 중요한 역할을 하였다. 1940년대 전성기를 누렸으나 점차 쇠퇴하여 1992년 폐간되었다가 1996년 복간되었으나 경영난에 부딪쳐 2002년 다시 종간되었다. 한편 <뉴요커>지는 1925년에 창간된 미국의 잡지로서 르포, 비평, 에세이, 소설, 풍자 그리고 만화 등을 주요 내용으로 하였다. 초기에는 주간이었으나 현재는 연 47회 발간된다. 이 잡지는 특히 한 칸 만평 만화가들의 발표 공간과 등용문으로서 커다란 역할을 하였으며 게재되었던 만화들을 모아 발간된 선집은 중요한 자료집으로서 의미가 있다.

그림 4-5. 1920년대의 유머

    이 만화의 작가는 칼 로즈Carl Rose인데, 이것은 아마도 그가 그린 것 중 가장 유명한 만화일 것이다. 그는 이것을 — 지금은 오래전에 잊혀졌지만 — 여러 가지 다양한 문구들과 함께 제출했는데, 유명한 작가인 E. B. 화이트E. B. White가 '시금치' 표제를 제안하여 결국 그것이 채택, 사용되었다.

    이 그림의 표현법은 여전히 삽화적인 반면, 그 처리는 1800년대의 전형적인 그림보다 더 자유롭고 융통성을 보였다. 만화의 표현법은 점점 더 단순해지고 더 다양하게 변모하였다.

    지금까지 발행한 <뉴요커>지의 만화 중 가장 유명한 유

그림 4-6. 1930년대의 유머

머 만화를 든다면 아마도 하나는 제임스 터버의 작품이고 또 다른 하나는 찰스 애덤스의 작품일 것이다. 그림 4-6은 1930년대 초기에 처음 그려진 터버의 만화이고, 그림 4-7은 애덤스의 만화이다.

　　이러한 만화를 오늘날 처음 접하는 사람들은 1930년대와 1940년대의 사람만큼 재미를 느끼지 못할 수도 있다. 그러나 이들 만화가들은 각기 그들의 기법을 추종하는 많은 모방자를 낳았고 만화 유머의 새로운 길을 전개시켰다. 처음 등장했을 때 그들은 매우 새로웠기 때문이다.

그림 4-7. 1940년대의 유머

　　제임스 터버는 미국의 일류 만화가 중의 하나로 자신의 만화에 대한 저술로도 유명하다. 사실 터버는 숙련된 예술가를 자처하지는 않았다. 그의 만화를 보고 화가 난 어머니들이 편지를 써서 "당신은 우리 애들보다도 그림을 못 그린다"고 비난을 할 때도 그는 조용히 아마 그 말이 맞을 것이라고 답장을 할 뿐이었다. 한번은 어떤 사람이 <뉴요커>지의 편집자인 해롤드 로스에게 터버 같은 '5류' 작가의 작품을 출판한다고 항의를 한 적이 있었다. 로스는 화가 나서 답장하기를 터버는 '5류' 작가가 아니라 '3류' 작가라고 말하였다.

4. 만화의 역사와 추세 | 141

그러나 터버는 단순하게 표현하면서도 생기 있는 작품을 만들어 냈다. 많은 독자들이 그의 작품을 선호했는데, 그의 유머는 한 줄 한 줄 읽혀지는 것이 아니라 상황 설명과 음향 효과로 인해 완성되는 것이었다.

찰스 애덤스의 유명한 스키 만화는 1940년대 초반에 등장하였다. 애덤스의 등장으로 설명을 전혀 붙이지 않은 상태로도 만화를 표현할 수 있다는 것이 비로소 가능해졌다. 애덤스의 표현법은 사실적이었는데 터버의 것과 비교하면 더욱 더 그러한 편이었다. 그러나 그의 유머는 터버의 것과 마찬가지로 공상적이다. 그늘진 그림과 난쟁이 닮은 기묘한 인물들을 통해 그는 강렬한 분위기를 창출하였는데, 그것은 그의 블랙 유머와 잘 어울리는 것이었다.

이러한 몇 가지 예는 만화 유머의 전반적인 경향을 보여 주는 것이기도 하다. 킨이 그린 <펀치>지의 만화는 그림이 삽화적이고 여러 줄의 대사로 구성되었다. 그것은 만화가 자신이 아닌 다른 사람에 의해 쓰인 것이었는데, 이러한 상황 설명과 독백을 포함한 대사들이 유머를 만들어 냈다.

로즈의 만화에서는 대사가 줄어들었고 그림이 전보다 강조되었다. 귀여운 꼬마와 그의 건방진 대답이 갖는 부조화가 유머를 한층 높여 주는 것이었다. 그러나 여기에서도 대사는 여전히 스토리 작가가 제공하였으며 만화가는 삽화가로서의 역할만을 담당할 뿐이었다.

터버의 만화에서 유머는 거친 행동과 '쓱싹'이라는 극히

완곡한 표현 간의 대결에서 직접 유발된다. 터버는 스토리 작가이면서 화가로서의 역할도 담당하였는데, 그의 유머는 그의 독특한 개성으로부터 나오는 것이다.

마지막으로 스키 만화의 경우, 유머는 전적으로 비언어적이며 그것은 명확하게 찰스 애덤스의 것이다. 현대의 유머 만화는 대사 또는 그림 양자 중의 하나에 의존한다. 그러나 가장 훌륭한 예는 융합된 '게슈탈트gestalt'[14]로서 거기에서는 양자의 통일체가 언어적 부분과 비언어적 부분의 합보다 더 뛰어난 것이 된다. 현대의 만화가들은 미술 표현법을 통해 그림으로써 자신들의 유머 감각을 가장 적절한 시각적 표현으로 구성 짓고 있다.

오늘날 유머 만화는 점점 더 다양해지고 있다. 그것은 <매드MAD>지와 <내셔널 램푼>지와 같은 유머 잡지부터 출발하여 광범위한 간행물로 파급되어 다양한 독자들에게 봉사한다.[15] '호호'류의 유머는 여전히 중요하지만 '아하'류 — 우리 사회나 인간 조건에 관한 심리학적 통찰력을 제시하는 만화 — 의 것도 빈번하게 등장하고 있다.[16]

---

[14]. 형태, 경험의 통일적 전체로서 부분의 단순한 총합總合이 아닌 각 부분의 통합統合을 의미한다.

[15]. <매드>지는 1952년 창간된 미국의 유머 월간 잡지이다. 처음에는 만화책으로 시작하였다가 1955년 잡지로 전환하였다. 이 잡지는 특히 미국 문화의 익숙한 전형들 — 예컨대 '슈퍼맨' 등 — 의 이면에 숨겨진 허구를 날카롭게 풍자하는 패러디를 사용함으로써 독특한 '매드식'의 유머를 만들어 냈다. 한편 <내셔널 램푼>지는 1970년에 창간된 미국 유머 잡지이다. 이 잡지에는 콩트, 유머, 실화, 만화 및 연재 만화와 그림 만화도 실렸는데, 패러디를 비롯한 블랙 유머, 초현실주의적 유머, 엽기 유머 등 다양하고 혁신적인 유머를 선보임으로써 미국의 유머계에 깊은 영향을 미쳤다. 1980년대 말부터 어려움을 겪다가 1998년 발행을 중단하였다.

[16]. 다양한 만화 장르 중에서 카툰은 만화의 원형이자 기본으로 간주된다. 정치 시사적인 논평부터 단발적인

이야기 만화 :
연재 만화 Comics에서 지하 코믹스 Comix까지

정치 만화와 유머 만화 이후에 등장한 만화 분야는 연재 만화이다. 그것은 현재 뚜렷한 확장을 보이고 있는 듯하다. 연재 만화가 처음 출연했을 때 그것은 커뮤니케이션상의 중요하고 획기적인 변화를 의미하였다. 사실상 어떤 사람들은 연재 만화를 시각 예술이나 문학, 또는 영화와 같은 언어적/비언어적 양식과는 상이한 미학을 요구하는 완전히 새로운 예술 양식으로 보고 있다.

그러나 연재 만화가 처음 등장했을 때 이것은 미술의 영역으로부터 즉각적인 환영을 받지는 못했다. 연재 만화는 종종 '황색 저널리즘 yellow journalism'이라고도 불리는 '선정적 저널리즘 sensational journalism'과 함께 탄생하였다. 최초의 연재 만화인 <노란 꼬마 The Yellow Kid> 로부터 '황색 저널리즘'이라는 용어가 만들어진 것이다.

1880년대에 들어서 많은 미국 신문들이 '안식일을 깨뜨린다'는 대중들의 비판에도 불구하고 일요판을 발간하기 시작했다. 뉴욕에서는 조셉 퓰리처의 <월드 World>지와 윌리엄 랜돌프 허스트의 <저널 Journal>지 두 신문이 일요판을 발행했으며 곧 이

유머, 그리고 일상과 삶에 대한 풍자에 이르기까지 다양한 유형의 카툰이 존재한다. 카툰의 개념과 특징, 표현 기법에 대해서는 장승태(2003)와 조항리(2001)를, 카툰의 유머와 풍자, 해학성에 대해서는 김훤환(2006), 임재환(2006) 등을 참조하라.

그림 4-8. <노란 꼬마> 첫 회

두 신문 간에 독자 확보 쟁탈전이 전개되었다. 양 신문은 독자를 끌어들이기 위해 만화 피처물을 이용하기 시작하였다.[17]

그리하여 1896년 2월 16일, 리처드 아웃콜트Richard Outcault (1863~1928)가 퓰리처의 <월드>지에 <노란 꼬마>를 선보였다.

[17]. 안식일인 일요일에 신문을 발행한다는 것은 청교도적 전통을 사회적 규범으로 삼는 미국에서 상당히 파격적인 사건이다. 사실상 일요판 신문은 일반적인 저널리즘의 틀 속에서 운용되는 주중의 일간 신문과는 달리 주간 잡지의 성격을 갖는 별도의 오락물로서의 성격이 강하다. 미국에서 일요판 신문은 평일 신문보다도 더 판매 부수가 많을 정도로 미국인의 중요한 생활 양식으로 존재해 왔다. 따라서 주중보다도 고급스러운 편집과 다양한 읽을 거리를 통해 상품적 가치를 높여 독자를 확보하고자 하였으며, 그 전략의 하나가 연재 만화를 도입하는 것이었다.

4. 만화의 역사와 추세 | 145

그 꼬마는 자신의 노란 잠옷 셔츠를 말풍선으로 사용하였다(그림 4-8 참조). 이러한 일요판을 통해 현재의 연재 만화가 탄생되었다. 비로소 만화는 말과 그림, 대사와 행동, 문학과 미술이 결합된 새로운 커뮤니케이션 양식으로서 등장하게 된 것이다.[18]

허스트는 곧 그의 <저널>지 일요판에 8면의 천연색판 부록을 첨부하기 시작했다. 그는 아웃콜트를 비롯한 <월드>지의 중요 인물 중 몇몇을 퓰리처로부터 빼내었다. 아웃콜트는 제임스 스위너튼James Swinnerton(1875~1974), 루돌프 덕스Rudolph Dirks (1877~1968), 그리고 프레데릭 버 오퍼Frederick Burr Opper(1857~1937)와 함께 일하면서 지금은 '코믹스'라는 이름으로 알려져 있는 예술 양식을 개척하는 데 선도적인 역할을 하였다.

<노란 꼬마>의 방자한 행실은 많은 선정주의적 '황색 신문yellow press'의 상징이 되었다. 한편 허스트와 퓰리처는 <노란 꼬마>에 대한 권리를 놓고 법정 투쟁까지 벌였다. 아웃콜트는 자신의 작품으로 재정적인 성공을 거두었지만 한편 자신의 피처물을 둘러 싼 논쟁이 점차 바람직하지 못한 방향으로 흐른다는

---

[18] 만화의 구성이 한 칸에서 다수의 칸으로 확장됨으로써 만화의 표현 방식과 구성 체계상 획기적으로 변화했다. 칸과 칸의 연결이나 칸의 크기, 말풍선이나 생각 구름을 통한 만화의 연출이 가능해지고, 등장 인물의 캐릭터 창조가 가능해졌다. 그중에서도 가장 큰 변화는 단순 유머나 시사 논평을 넘어서 극적 갈등과 사건이 담겨 있는 이야기를 펼칠 수 있게 되었다는 점이다. 이는 독특한 극적 표현 양식으로서의 만화의 존재를 정립하게 해주는 중요한 토대가 되었다. 이러한 만화의 서사성에 대해서는 기호학 이론을 토대로 이른바 '극화'의 서사 만화 이론을 정리한 김용락·김미림(1999), 만화의 구성 체계 요소들을 정리하고 <궁>(박소희)의 서술 방식과 의미 구조를 분석한 이수진(2004), 그리고 <천국의 신화>(이현세)를 중심으로 이야기 만화의 서사 구조와 이데올로기를 분석한 박석환(2006)을 참조하라.

것을 깨달았다.

1901년 그는 뉴욕 <헤럴드Herald>지로 옮겨 <버스터 브라운Buster Brown>을 창조하였으며 그 만화는 상당한 인기를 끌었다. 초창기의 많은 만화가들과는 달리 아웃콜트는 자신의 창작물에 대한 법적 권리를 소유하여 얼마 지나지 않아 자신의 연재 만화에서보다도 버스터 브라운의 의상 및 팬시물을 통해 더 많은 돈을 벌게 되었다. 그는 일찍 은퇴하여 부를 누리면서 나머지 생을 그림을 그리는 데 전념하였다. 이렇듯 아웃콜트는 새로운 커뮤니케이션 양식의 창출과 만화 캐릭터의 상품화 방식을 수립함으로써 만화사에 하나의 전기를 만들었다.

그러나 초창기의 다른 많은 만화가들이 모두 그처럼 운이 좋은 것은 아니었다. 예를 들면 해리 허시필드Harry Hershfield는 만화가들이 자신의 작품에 서명하는 것이 허용되지 않았던 시기에 <월드>지에서 보냈던 자신의 초창기 시절에 대해 회고하였다. 허시필드는 당시 인기 있던 연재 만화인 <데스퍼레이트 데스몬드Desperate Desmond>를 그리고 있었다. <월드>지가 기자들에게 기사 뒤에 필자 명을 쓸 수 있도록 허용하기 시작했을 때 허시필드는 편집자인 아서 브리스베인에게 그도 자신의 연재 만화에 서명할 수 있는지에 대해 물어보았다.

"안 돼!" 브리스베인은 호통 쳤다. "단지 신문 기자만이 필자 명을 쓸 수 있소."

"그렇지만," 허시필드는 반박했다. "내 연재 만화도 신문에 실리지 않습니까. 그것은 나도 신문 기자라는 의미가 아니겠습니까?"

브리스베인이 반문했다. "배에 붙은 조개도 '승무원'이라 할 수 있소?"

루돌프 덕스가 1912년 그림을 그리기 위해 유럽으로 가려 하자, 허스트는 그에게서 <카첸얌머 키즈>에 대한 권리를 박탈 하려 했다. 덕스는 고소를 했고 법적 판례를 내세우며 승소한 이 후 자신의 주인공을 계속 그릴 권리를 되찾았다. 그러나 허스트도 원제목을 사용할 수 있는 권리는 갖게 되어 수년 동안 두 개의 비 슷한 제목의 '키즈(아이들)' 만화가 유머 신문에서 인기를 끌었다. 그 하나는 H. H. 크네르H. H. Knerr(1883~1949)가 그린 <카첸얌머 키 즈>이고, 다른 하나는 덕스가 그린 <캡틴과 키즈The Captain and The Kids>였다.

독특한 양식으로서의 연재 만화

'연재 만화comics'란 용어는 인물의 계속적인 출연, 그리고 그 그림 속의 대화나 본문이 곁들인 연속적인 장면들로 꾸려지는 어떤 하나의 이야기가 있을 경우 그것에 적용된다.

그런 정의에 입각한다면 <노란 꼬마>가 분명히 첫 번째 연재 만화가 된다. 그러나 어떤 사람들은 좀 더 광범위한 정의를 제시하고 있다. ≪초기의 연재 만화≫에서 데이비드 쿤즈레 (Kunzle, 1973)는 다음과 같은 기준을 주장한다. ① 분리된 이미지들 이 연속적으로 연결되어야만 한다. ② 이미지(그림)가 텍스트(글)보 다 우세해야 한다. ③ 연재 만화가 등장하기 위해 이용되고 본래부터 지향하고 있는 미디어는 재생산이 가능한 것이어야 한다. 즉 인쇄 형태와 같은 매스 미디어를 의미한다. ④ 그 연속된 장면들은 도덕적이며 또한 시의적인 이야기를 전달해야만 한다.

이러한 정의에 따르면 그전에도 만화류들에 대한 시도가 많이 이루어졌음을 알 수 있다. 쿤즈레 자신도 서술적 그림 이야기를 1450년까지 거슬러 올라가 추적하고 있다. 이러한 광범위한 정의에 따르면 윌리엄 호가드의 <레이크스 프로그레스The Rake's Progress>나 <현대식 결혼Marrige á la mode> 등도 이 범주에 포함될 것이다. 스위스의 화가인 로돌프 퇴퍼Rodolphe Töpffer(1799~1846)의 작품도 이에 해당될 수 있다. 혹자는 그를 현대 연재 만화의 정통적인 창시자로 간주하고 있다. 또한 독일의 화가 빌헬름 부시 Wilhelm Busch(1832~1908)의 작품도 포함될 수 있을 것이며, 그의 작품 <막스와 모리츠Max und Moritz>는 의심할 필요도 없이 <카첸얌머 키즈>에게 영감을 주었다.

미국의 연재 만화가 진공 상태에서 발생한 것이 아님은 확실하다. 그러나 아웃콜트가 1896년 그림과 대사를 함께 결합시킨 이후에야 그 양식은 창의성과 대중성 양자 모두에 있어서 급격히 발전하였던 것이다.

초창기의 또 다른 선구자들로는 <슬럼버랜드의 꼬마 네모>의 작가인 윈저 매케이(1869~1934), <킨-더-키즈>와 <위윌리 윙키의 세계Wee Willie Winkie's World>의 작가인 라이오넬 파이닝거Lyonel Feininger(1871~1956) 그리고 많은 연재 만화를 창작하였으며 특히 <아버지 양육하기Bringing Up Father>로 유명한 조지 맥마

누스George McManus(1884~1954) 등을 들 수 있다.

폭력에 관한 초기의 관심

초기의 연재 만화들은 이후에 나오는 사실적인 연재 만화나 공포물 연재 만화 — 예를 들면 <딕 트레이시> — 의 표현법과 같은 '폭력 성향'을 띠지는 않았다. 초기의 연재 만화는 주로 유머류였으며 슬랩스틱slapstick과 혼전난투의 부수적인 사건에 크게 의존하였다.

시카고 <트리뷴>지는 1905년과 1906년에 걸쳐 다른 몇몇 신문들과 함께 연재 만화의 저질스럽고 폭력적인 내용을 비판한 기사를 실었다. 그리고 난 후 <트리뷴>지는 자체의 연재 만화에 대한 자구책으로 유럽으로부터 좀 더 나은 연재 만화 작가를 수입하려고 시도했다. 그중의 한 명이 라이오넬 파이닝거로 그는 미국에서 태어났으나 당시 유럽에서 공부하면서 작업하고 있었다.

파이닝거는 <트리뷴>지를 위해 상상력이 풍부하게 가미된 <킨-더-키즈>를 창조하였다.[19] 이 완전 총천연색의 일요판

---

[19]. 1906년 4월 29일부터 같은 해 11월 18일까지 시카고 <트리뷴> 일요판에 실린 연재 만화이다. 허스트와 퓰리처의 신문 만화가 지나치게 유머 중심적이고 다분히 폭력적인 성향을 띠는 것(예를 들면, <해피 홀리건>이나 <카첸얌머 키즈> 등)에 대해 비판하며 좀 더 품격 있는 대안으로 등장하였다. 신문 전면을 할애한 총천연색의 이 만화는 세 명의 소년과 개, 그리고 기계 소년이 배를 타고 모험을 해나가는 내용인데, 한편으로 끝나지 않고 연속적으로 이어지는 서술 방식을 취했다. 그러나 이러한 방식을 두고 편집자와 갈등이 빚어졌으며 결국 조기 중단의 한 원인이 되었다.

피처물은 매주 연재되었다. 이 피처물은 종전에 프레드 오퍼Fred Opper가 뉴욕에서 단지 한 번밖에 시도하지 않았던 혁신적인 서사 구조를 취하였다. 그러나 '다음 호에 계속' 식의 이야기 구성은 시카고 <트리뷴>지의 독자들을 당황하게 만들었고 나아가 <트리뷴>지의 편집자들을 낭패케 했다. 그리하여 <킨-더-키즈>는 도중에 중단되어 한 주제가 한 편에서 끝나는 일화적인 연재 만화인 <위 윌리 윙키의 세계>로 대체되었다.

그러나 파이닝거는 다른 만화가들이 연속적인 이야기를 꾸며 나갈 수 있도록 길을 닦아 놓았다. 그리고 그의 뛰어난 그림은 만화 분야에서 만화 예술이 달성할 수 있는 것에 대한 전망을 제시해 주었다. 파이닝거는 늘 그의 <킨-더-키즈>에 대해 아쉬워했고 만년에는 그 미완성된 이야기를 완결하고 싶다는 희망을 표현하기도 했으나 결국 꿈을 이루지 못하고 죽었다.

일간 신문 연재 만화의 탄생

일요판 신문의 연재 만화가 등장한 후 몇 년이 지나지 않아 일간 신문의 연재 만화가 탄생한 것은 다소 놀랄 만한 일이다. 이러한 혁신이 이루어진 곳은 뉴욕이나 시카고가 아니라 도리어 서부 해안의 샌프란시스코였다. 또한 스포츠면의 만화가 정기적으로 매일 연재되는 만화로 발전한 것도 역시 놀랄 만한 일이다.

버드 피셔Bud Fisher는 1907년 <샌프란시스코 크로니클San Francisco Chronicle>지의 스포츠면에 일간 연재 만화의 주인공인

<A. 머트A. Mutt>를 선보였다. 원래 머트는 시카고의 클레어 브릭스Clare Briggs가 그린 <A. 파이커 클라크A. Piker Clerk>란 인물을 본 뜬 것이었다. 그러나 브릭스의 인물은 결코 시카고의 허스트계 신문들에서 매일 등장하지는 못했다.

반면 '머트'는 샌프란시스코에서 즉각적인 성공을 거두었다. 그 피처물은 많은 신문에 팔렸고 곧 허스트는 피셔를 <크로니클>지로부터 빼내어 그 라이벌 신문인 샌프란시스코 <이그재미너San Francisco Examiner>지에 고용하였다. 그곳에서 이 피처물은 <머트와 제프Mutt & Jeff>라는 이름으로 연재되었다. 피셔가 1909년 허스트의 <뉴욕 아메리칸New York American>지에 소속되었을 당시 그 일간 연재 만화는 전국에 걸쳐 배포되었다.

일간 연재 만화에 대한 계획은 일요판의 발행을 반대해 왔던 신문인 <뉴욕 뉴스New York News>지의 발행인인 캡틴 조셉 패터슨에 의해 추진되었다. 패터슨은 해롤드 그레이의 <꼬마 고아 애니>와 시드니 스미스Sidney Smith의 <얼간이들The Gump>을 개발하는 데 도움을 주었다. <뉴스>지가 결국 일요판을 발행하게 되었을 때, 패터슨은 일간/일요판 연속물의 동시 발간을 도입하였다. 그러한 변화를 겪으면서 연재 만화는 그 기본적인 양식, 오늘날에도 여전히 추구되고 있는 본질적인 형식을 이룩하게 되었다.[20]

---

[20] 일요 신문과 일간 신문의 연재 만화는 그 체제를 달리하여 나타났다. 먼저 시작된 일요 신문의 연재 만화는

저작물의 증가

미국의 연재 만화 작가들이 풍부한 미술품/저작물들을 만들어 냄에 따라 점점 그것의 구입은 손쉬워졌다. 그것은 블랙비어드와 윌리엄스의 ≪신문 연재 만화의 스미스소니언 선집≫과 같은 종류의 책뿐만 아니라 각 작가들의 선집의 형태로 등장하였다.

미국의 연재 만화가 중 대표적인 사람은 다음과 같다. 조지 헤리먼George Herriman(<크레이지 캣>)을 비롯하여 많은 연재 만화의 작가로 특히 그의 풍자적인 '발명품'으로 유명한 루브 골드버그Rube Goldberg, 빌리 드벡Billy DeBeck(<바니 구글Barney Google>), E. C. 세가E. C. Segar(<뽀빠이Popeye>), 해롤드 그레이(<꼬마 고아 애니>), 칙 영(<블론디>), 로이 크레인(<빨래 대야>와 <캡틴 이지>), 알렉스 레이먼드Alex Raymond(<플래시 고든>, <립 커비>), 알 캡(<릴 애브너>), 월트 켈리(<포고>), V. T. 햄린V. T. Hamlin(<앨리 웁Alley Oop>), 체스터 굴드 (<딕 트레이시>), 핼 포스터(<용감한 왕자>), 밀튼 캐니프(<테리와 해적>, <스티브 캐니언>), 번 호가스Burner Hogarth(<타잔Tarzan>) 등을 들 수 있다.[21]

대체로 총천연색으로 전면을 채우는 파격적인 모습으로 등장하였다(시간이 가면서 점차 지면이 작아졌다). 반면 나중에 출범한 일간 신문의 연재 만화는 흑백으로 인쇄되어 작은 지면에 연재되었다. 일간/일요 신문의 연재 만화가 동시에 도입되면서 신문 연재 만화의 게재 방식은 크게 네 가지 유형으로 나타났다. 일간 신문과 일요 신문에 연속적으로 게재되는 것(<꼬마 고아 애니>), 일간 신문과 일요 신문 모두 연재되지만 각기 다른 내용으로 전개되는 것(<유령>), 일간 신문에만 게재되는 것(<립 커비>), 그리고 일요 신문에만 연재되는 것(<용감한 왕자>) 등으로 다양하게 운용되면서 독자 확보 경쟁의 선봉장으로 활약하였다.

[21]. 이러한 초기의 연재 만화들은 그 작가들에게 루벤상의 영광을 안겨 주었다. 예를 들면, 최초의 수상자인 밀튼 캐니프(1946, 1971), 알 캡(1947), 칙 영(1948), 알렉스 레이먼드(1949), 로이 크레인(1950), 월트 켈리

그림 4-9. 1000 클럽[22]

현재 신디케이션 조직의 스타들

1980년 네 개의 연재 만화가 각기 1000개 이상의 신문에 공동 배포되었다. 지금은 딘 영이 계승하여 여러 화가와 공동 창작하고 있는 <블론디>, 찰스 M. 슐츠의 <피너츠>, 모트 워커

(1951), 핼 포스터(1957), 체스터 굴드(1959, 1977), 루브 골드버그(1967) 등이다. 이들의 구체적인 만화 작품에 대해서는 크니게(Knigge, 2004 / 2005)를 참조하라.

22. <공포의 하가>가 1979년에 '1000클럽'에 '난입'했을 때 킹피처스 신디케이트는 이 사건을 기념하기 위해 이 만화를 사용하였다. 뒤로 보이는 의자에는 <피너츠>의 주인공 '스누피'가 앉아 있다.

의 <비틀 베일리>,[23] 그리고 딕 브라운Dick Browne의 <공포의 하가>[24]가 바로 그것들이다(그림 4-9 참조).

  <블론디>는 연재 만화의 원작자가 사망한 이후에도 계속 인기를 유지하고 있는 드문 예이다. 칙 영이 1973년 사망했을 무렵 이 연재 만화는 1600개 신문에 배포되고 있었다. 그의 죽음이 알려지자 즉각적으로 300여 개의 신문들이 이 만화와의 계약을 취소했으며 그후 또 다른 200여 개 신문이 다시 계약을 취소했다. 그러나 칙의 아들인 딘과 그의 전 조수인 짐 레이먼드(알렉스 레이먼드와 형제 관계)가 이러한 상황을 완전히 돌려놓았다. 그리하여 <블론디>가 50주년을 맞게 되었던 1980년에는 이 연재 만화는 전 세계의 거의 1900여 개 신문에 게재되었다.

  물론 <피너츠>도 모든 시대를 통틀어 가장 성공한 연재 만화 중 하나이다. 1950년에 같이 출발한 <비틀 베일리>는 모트 워커의 풍부한 상상력에 의해 창조되었다. 그는 또한 다른 연재 만화도 창작하였다. 예를 들면 자신의 중간 이름인 에디슨을 필명으로 사용한 <보너즈 아크Boner's Ark>와 딕 브라운과 공동

---

[23]. 1950년 9월 4일부터 지금까지도 계속되고 있는 연재 만화이다. 미 육군 부대를 배경으로 주인공인 이등병 비틀 베일리를 비롯하여 다양한 인물들이 등장하여 이야기를 펼쳐 낸다. 원작자가 여전히 작업을 맡고 있는 가장 오래된 연재 만화의 하나로 1963년에는 TV판 애니메이션이 제작되었다. 1953년 루벤상을 수상하였다.

[24]. 원제는 'Hägar The Horrible'로서 1973년 2월부터 시작한 신디케이트 연재 만화이다. 1989년 원작자인 딕 브라운이 사망한 후 그의 조수이자 아들인 크리스 브라운Chris Browne이 이어받아 지속하고 있다. 중세 노르웨이 바이킹들의 삶을 캐리커처화한 것으로 현재 58개국 1900여 개의 신문에 13개국 언어로 번역되어 게재되고 있다. 1973년 루벤상을 수상하였다.

작업으로 내놓은 <하이와 로이*Hi and Lois*> 등이 있다. 1973년 브라운은 단독으로 <하가>를 선보여 지금까지 커다란 성공을 거두고 있다.

문제점과 잠재력

1도시 1개 신문 현상이 늘어남에 따라 연재 만화를 배급받기 위한 경쟁은 퓰리처, 허스트 및 패터슨의 전성기만큼 격렬하지 않게 되었다. 게다가 최근 몇 년 동안 신문 인쇄 비용이 증가됨에 따라 신문 연재 만화는 압박을 받고 있다.

편집자들은 더 적은 칸, 더 작은 크기의 등장 인물(종종 머리만 등장하기도 하는), 더 적은 수의 등장 인물, 그리고 더 적은 대사로 구성된 연재 만화를 요구해 오고 있다. 이러한 것은 연재 만화 작가들에게 실제적인 문제점으로 부담이 되고 있으며 많은 만화 팬들은 신문 연재 만화의 황금기가 이제 사라졌다고 생각하기도 한다.

그러나 연재 만화의 매우 중요한 잠재력은 게리 트뤼도의 <둔스베리>와 같은 피처물에서 볼 수 있다.[25] 1970년에 출발한 유니버설 프레스 신디케이트는 대학생이었던 트뤼도의 연재 만화

---

[25]. 1970년 10월 26일부터 지금까지 계속되는 네 칸 일일 연재 만화이다. 주인공 마이클 둔스베리(Michael Doonesbury)부터 미 대통령까지, 다양한 성격과 직업, 연령대와 출신 배경의 인물들의 삶을 그리고 있다. 정치 사회적인 논평과 심술궂고 풍자적인 유머로 유명하며 현재 전 세계의 약 14000여 개의 신문에 연재되고 있다. 이 만화는 사설면과 오락면 간의 구분을 모호하게 만들었는데, 1975년 한 칸 시사 만평이 아닌 연재 만화로서 최초로 퓰리처상을 받았으며 1995년 루벤상을 수상하였다.

가 젊은 독자층에게 호소력이 있을 것이며 또한 이미 나이 든 독자층을 나름대로 갖고 있던 신문사들은 젊은 층을 확보하고 싶어 할 것이라고 판단하고 그에게 도박을 걸었다. 결국 그 모험은 성공하여 유니버설 프레스는 가장 뛰어난 신문 신디케이션 조직의 하나가 되었다.

트뤼도는 전통적으로 연재 만화면에서는 등장하지 않았던 시의적인 — 또 종종 논란이 되는 — 주제나 문제를 잡고 늘어졌다. 예를 들면, 1980년 대통령 선거 1주일 전에 트뤼도는 그의 독자들에게 <로널드 레이건의 뇌를 통한 환상 여행 *a fantastic voyage through the brain of Ronald Reagan*> 이란 만화를 선보였다. 6개의 신문은 선거 후에 다시 인쇄하기로 약속하고 이 연재 만화를 보류하였다. 인디애나 폴리스 <스타*Star*>지는 1000여 통이 넘은 항의 전화를 받은 후에야 비로소 이 연재 만화를 재삽입시켰지만 독자란에 실었다.

트뤼도는 현재 전례 없는 막강한 지위를 누리고 있다. 그는 자신의 만화가 어떻게 처리될 것인지에 대해 신디케이트와 계약을 맺고 작업을 하고 있다. 그의 만화들은 계약된 크기 이하로 줄일 수 없고, 몇몇 신문들이 그렇게 해온 것처럼 사설면이 아닌 만화면에 반드시 실어야만 한다는 점 등이다. 트뤼도는 자신이 부과하고 있는 제약 때문에 몇몇 신문사 고객을 놓칠 수도 있지만 한편으로 만화가는 자신의 창작품의 순수성을 보호할 수 있는 권리를 가져야 한다고 느낀 것이다.

만화책의 등장

초기의 연재 만화는 유머 만화(사실상 그후 '코믹스comics'라 칭해지는)와 밀접한 관련을 맺었다. 그러나 1929년 로이 크레인이 모험을 즐기는 군인인 '이지 선장'을 연재 만화인 <빨래 대야>에 선보임으로써 이후 <벅 로저스>, <딕 트레이시>, <브릭 브래드포드Brick Bradford>, <타잔> 등과 같은 모험 연재 만화가 시작되었다. 그러나 이러한 모험 이야기는 만화책이 유행하면서 비로소 실질적인 제 길을 찾았다. 미국의 1세대 만화책들은 유머를 중점적으로 다루었다. 예를 들면, 1993년 프록터 앤드 갬블Proctor & Gamble은 선전용 서비스품인 ≪유머 만화 행진Funnies on Parade≫을 개발하였다. 1934년에는 ≪유머 만화 선집Famous Funnies≫이 발간되었는데, 이것은 신문 연재 만화를 엄선하여 재발행한 월간물이었다. 1937년에는 단일 주인공을 대상으로 한 첫 번째 모험 만화책인 ≪형사 연재 만화Detective Comics≫가 출간되었다. 그후 1938년에는 초능력 주인공의 이야기인 <슈퍼맨>이라는 활극 만화가 나왔는데, 이 만화는 곧 전무후무한 성공을 거두었다.[26]

많은 작가들이 <슈퍼맨>의 이러한 괄목할 만한 선례를 뒤쫓았다. 그리하여 2차 세계 대전 종결 무렵의 미국에는 일련의

---

[26]. '슈퍼맨'은 가장 유명한 초영웅 연재 만화의 주인공이자 미국 문화의 아이콘이다. 제리 시겔Jerry Siegel과 조 슈스터Joe Shuster에 의해 창조된 이 만화는 1938년 6월, DC 코믹스의 만화책 ≪액션 코믹스Action Comics≫ 1권에 처음 선보였다. 곧이어 다양한 라디오 연속극, 텔레비전 프로그램, 영화, 신문 연재 만화, 비디오 게임 등으로 확장, 발전하였다. 이 만화의 성공은 초영웅 장르의 탄생을 낳는 계기가 되었으며, 특히 미국의 만화책에 이러한 영웅담을 주류로 만드는 데 결정적인 역할을 하였다.

초능력 주인공들이 나타났다. 예를 들면, <배트맨>, <캡틴 아메리카>, 그리고 매우 주목을 받았던 C. C. 벡C. C. Beck의 <캡틴 마블>[27] 등을 꼽을 수 있다. 한편 이탈리아와 일본도 전쟁에 이기기 위해 활약하는 자신들의 만화 주인공을 만들어 냈다.

전쟁이 끝난 후 만화책 산업은 무너지기 시작했다. 그리하여 독자를 끌어들이려는 시도로 몇몇 발행인들은 공포와 폭력을 삽입하기 시작했다. 예를 들면, EC 코믹스는 <공포의 지하 감옥 The Vault of Horror>, <공포의 지하실The Crypt of Horror>, <공포의 유령The Haunt of Fear> 등의 제목을 도입하였다.

1950년대 동안 이러한 무시무시한 괴기물에 대해 에스테스 케포베르Estes Kefaurver 상원의원의 범죄조사위원회가 관심을 가졌고, 프레데릭 베르트함과 같은 정신 병리학자들은 비난을 가하였다. 따라서 이렇게 급박히 다가오는 검열책을 물리치기 위해 만화윤리위원회가 조직되어 만화책의 내용에 대한 기준을 책정하게 되었다. 이러한 위원회의 조치는 만화책 기업들을 살릴 수는 있었지만 반면 경쟁 시각 미디어인 텔레비전과 영화 등이 그 주제와 처리 면에서 더욱 자유분방해지자 결과적으로는 만화 구독률이 떨어지게 되었다.

---

[27]. 1939년 만화가 C. C. 벡Beck과 스토리 작가 빌 파커Bill Parker에 의해 창조된 '캡틴 마블'은 최초로 영화화된 만화책 초영웅 주인공일 정도로 1940년대 가장 인기가 많은 활극 만화였다. 하지만 DC 코믹스로부터 '슈퍼맨'을 모방했다는 근거로 저작권 침해 소송에 휘말리면서 1953년 중단되었다. 그후 1972년 DC 코믹스가 라이선스를 구매하고 1973년부터 다시 등장시켜 현재에 이른다.

1960년대에는 스탠 리와 마블 코믹스사가 '문제를 갖고 있는 초능력 주인공superhero with a problem'을 선보임으로써 만화책 분야에 새로운 분위기를 일으켰다. 예를 들면, <스파이더맨>, <헐크The Hulk>, <실버 서퍼The Silver Surfer> 등이다. 이러한 인물들은 커뮤니케이션에 기본적인 문제점을 안고 있다. 그들은 선한 일을 하려고 애쓰지만 그들의 선한 의도는 끊임없이 사회에 그릇된 오해를 불러일으킨다.[28] 이러한 주제는 오늘날 복잡하고 관료화된 사회에서 남녀노소 할 것 없이 많은 사람들에게 공감을 주고 있다.

지하 코믹스comix: 속어와 성인용의 그림

1960년대에는 만화윤리위원회에 반발한 아주 색다른 반응이 나타났다. 그것은 바로 '코믹스comix'라고 명명된 지하 만화책의 성장이다. 베트남 전쟁에 대한 반전反戰 감정에 부추겨지고, 늘어나는 마약 문화에 대한 반反권위주의적 분위기에 편승하여 코

---

[28]. 1960년대 마블 코믹스는 새로운 형태의 초영웅을 창조하였다. 종전의 전통적인 만화책의 초영웅들, 즉 완벽한 성격과 잘 생긴 외모, 그리고 강건한 육체의 소유자와는 달리 마블의 초영웅은 종종 결점이 있고 변덕이 심하며 주변에 잘 적응하지 못했다. 예를 들면, <스파이더맨>의 젊은 주인공은 일반적인 10대들과 마찬가지로 자기 회의와 세속적인 문제들로 고민하고 괴로워한다. 심지어 '헐크'와 같은 주인공들은 악당이나 괴물처럼 비추어져 반사회적인 존재로 낙인찍혀 끊임없이 추적을 당한다. <판타스틱 4>에서 처음 등장한 '실버 서퍼' 역시 자신의 행성과 사랑하는 사람들을 지키기 위해 악당의 수하가 되어 우주를 떠돌아다니며 고뇌하는 외로운 방랑자의 모습을 하고 있다. 이러한 '현실 속의 초영웅'적 접근은 독자들에게 과거의 초영웅들보다 더 현실감과 동질감을 불러 일으켰으며, 전통적으로 만화책을 읽었던 어린이들로부터 벗어나 10대 이상의 성인과 같은 새로운 수용자층을 구축하였다.

믹스는 표현의 자유를 뽐내면서 성, 폭력 및 마약에 대해 삽화적 표현을 꾀하였다.

코믹스의 급증은 창조적 힘의 분출을 낳았고 새로운 유명 만화가들을 배출하였다. 로버트 크럼, 길버트 셸튼Gilbert Shelton, 스페인 로드리케즈Spain Rodriquez 등을 꼽을 수 있다(Rip-off Press, 1973; Donahue & Goodrick, 1974). 아서 아사 버거(Berger, 1973: 216)와 같은 비평가들이 코믹스를 "소뇌小腦와 가랑이의 미숙한 무질서"라고 소홀히 처리한 반면 모리스 혼(Horn, 1976: 33)과 같은 비평가들은 "새로운 품종의 전도양양한 미래"를 예측하였다.

그러나 1970년 중반에 이르자 한때 번성했던 지하 코믹스는 급격히 쇠퇴하였다. 혼은 이에 대해 "불행하게도 지하 작가들은 그들의 재능에 부응할 수 있는 힘을 지속시키지 못했다. 그들 중 대부분은 모든 예술가들에게 필수불가결한 자기 수련이 부족하였고, 따라서 정상적인 사회에서 그들이 이탈되었던 것과 똑같은 이유, 즉 청년기의 방종으로 인해 많은 사람들이 곧 코믹스 세계에서 탈락되었던 것이다"라고 결론을 맺었다(Horn, 1976: 33).[29]

---

[29]. 기본적으로 반체제 만화 운동을 의미하는 코믹스comix는 1960년대 말 미국에서 나타난 반체제, 비주류, 대항 문화적 성향의 만화 운동으로 일명 '지하 만화underground comics'라고도 불린다. 모든 형태의 실험, 성적 금기에 대한 거부, 기존 체제에 대한 조소 등을 담고 있으며, 소규모 신문에 게재되거나 자기 비용으로 출간된다. 기존의 주류적 코믹스는 대체로 여러 인물들이 팀을 이루어 제작되지만, 반체제 코믹스는 종종 개인 작업을 통해 나타난다. 지금도 여전히 활동을 하는 작가들이 있기는 하지만, 1980년 이 운동은 사실상 종식된 것으로 간주된다(구체적인 작품에 대해서는 Sabin, 1996 / 2002를 참조하라). 한국에서 이와 비슷한 성격의 만화 운동으로 1980년대 민주화의 기치를 들고 독재 정권에 대한 저항의 한 축을 이루었던 다분히 언더그라운드 성격의 '민중 만화'(이재현, 1987), 상업 만화의 틈바구니 속에서 그와 다른 방식으로 작업하고 그 결과물을

현재의 추세

연재 만화

최근의 연재 만화를 보면 유머적인 성향은 더욱 늘어나고 모험적인 성향은 더욱 줄어드는 추세를 드러낸다. 그 이유는 한편으로 텔레비전이 모험과 '멜로 드라마'와 같은 성찬을 대량으로 제공하고 있기 때문이며, 또 다른 한편으로는 연재 만화에 허용되는 지면이 축소됨에 따라 이야기 연재 만화가 풍부한 상상력과 경쟁력을 지닌 긴 이야기를 개발하는 데 더욱 어려움을 겪고 있기 때문이다.

심지어 유머 연재 만화도 더욱 간결해지고 엉뚱하고 우스꽝스러운 이야기보다는 한 줄 이내의 짧은 대사로 이루어진 재담으로 흐르는 모습을 보인다. 이러한 작금의 경향을 잘 보여 주는 예가 짐 데이비스Jim Davis의 <가필드Garfield>이다.[30] 이 연재 만화는 네 칸이 아니라 세 칸으로 구성되어 있다. 대부분의 칸들

오버그라운드로 표출시키는 '독립 만화'(박인하, 1997), 서민들의 삶을 그려 내는 비상업 사실주의적 만화를 지향하는 '노동 만화'(www.nodongmana.net) 등을 들 수 있을 것이다.

[30]. 1978년 6월 19일부터 시작한 일일 연재 만화로서 2007년 현재 약 2580여 개의 신문과 잡지에 연재됨으로써 세계에서 가장 많은 지면에 연재되는 만화라는 기네스 기록을 갖고 있다. 이 만화는 애완 동물 주인과 애완 동물 간의 관계를 다루는데 때론 애완 동물이 도리어 실질적인 주인으로 묘사되기도 된다. 종종 고양이 가필드는 인간들의 문제 — 다이어트, 월요병, 타인에 대한 동정심, 무력감 등 — 로 고민하기도 한다. 세 칸으로 구성되며 일반적인 무대도 가필드가 앉아 있는 테이블이나 마룻바닥과 같이 평평한 곳으로 단순화되어 있다. TV 애니메이션 특집물과 시리즈, 실사 영화, 비디오 게임, 캐릭터 상품 등으로 확장, 발전되어 있다. 1989년 루벤상을 수상하였다.

은 단지 하나 혹은 두 명의 인물만이 등장할 뿐이다. 고양이인 가필드는 약 2등신으로 그려지고 따라서 얼굴 표현이 중요한 역할을 담당한다. 그의 주인인 존은 보통 허리 위 부분만 보인다. 또한 배경에 대한 상세한 묘사는 거의 없으며 단순히 어스름하고 좁은 띠로써 등장 인물을 땅 위에 서 있는 모습으로 드러나게 할 뿐이다.

한편 유머 자체도 직접적이며 단순해졌다. 그것은 가필드가 자신에 대해 비협조적인 세계와 대결을 벌임으로써 발생한다. 가필드는 음식, 잠 그리고 자기 나름대로의 길을 원한다. 그와 부딪치는 것들은 주인인 존, 멍청한 개 오디 그리고 가끔씩 등장하는 인물들(예를 들면 담당 수의사) 등이다.

애완 동물에 관한 연재 만화가 인기를 얻는 것은 미국의 애완 동물의 수와 그러한 애완 동물이 중요한 친구가 되는 독신 세대의 수가 늘어나는 것을 반영하기도 한다. 최근의 연재 만화에는 또 다른 사회의 동향도 반영되고 있다. 예를 들면 캐시 가이즈와이트의 <캐시>[31]는 늘어나는 직장 여성들에게 자신들에 관한 이야기를 한다. 또한 '캐시'는 남자가 그린 초창기의 직장 여성 만화, 예를 들면 <노동자 틸리 *Tillie The Toiler*>, <살림꾼 위니

---

[31]. 1976년 11월 시작한 연재 만화로서 현재 1400여 개의 신문에 게재되며 20권 이상의 책으로 출간되었다. 독신녀 캐시가 부딪치는 삶의 네 가지 유혹 — 음식, 사랑, 엄마, 일 — 과 싸우며 살아가는 내용으로 은근히 현대 여성들의 취약점을 풍자한다. 원래는 독신녀인 작가 자신의 삶을 토대로 한 자전적 이야기였지만 2005년 2월 캐시는 오랜 남자 친구와 결혼함으로써 기혼 여성으로 전환하였다. 1992년 루벤상을 수상하였다.

윙클Winni Winkle The Bread Winner>, <부츠와 그녀의 동료들Boots and Her Buddies> 등과는 매우 다르다.

현대의 직업 여성을 표현하는 또 다른 시도로 스티브 켈Steve Kell의 <대장과 맨디The Captain and Mandy>를 들 수 있다. 맨디는 여성 비행 조종사이다. 하지만 불행하게도 켈이 남성이기 때문에 가이즈와이트가 캐시를 통해 드러냈던 것만큼 심리적 깊이를 맨디에게 부여할 수 없었다. 마찬가지로 <장차 어떠한 운명이 닥치더라도For Better or For Worse>[32]에서 린 존스톤Lynn Johnston은 남성 작가의 연재 만화 — 예를 들면 <블론디>나 <하이와 로이> — 를 통해 수년 동안 성공적으로 파헤쳐 온 분야인 가정생활을 여성적인 관점에서 살펴보고 있다. 존스톤의 유머는 같은 소재를 다루는 남성 작가들의 것과는 뚜렷하게 차이를 보인다.

한편 사무직 근로자가 점점 늘어남에 따라 사무실을 무대로 한 연재 만화가 많이 등장하였다. 이를 테면, 팻 브래디Pat Brady의 <그레이브 주식회사Graves, Inc.>를 들 수 있는데, 이 만화는 직장 생활의 어두운 모습을 다루는 만화이다. 거스 아리올라Gus Arriola의 <고르도Gordo>는 수년에 걸쳐 연재되고 있는데, 어느 인종을 막론하고 흥미를 끈 가장 성공적인 연재 만화라 할 수 있다. 최근

---

[32] 1979년 9월 시작한 연재 만화로서 캐나다 토론토 부근의 가상 마을을 무대로 부부와 두 자녀들, 그리고 그들의 친구들의 삶을 그려 낸다. 초창기에는 주로 네 가족들의 일상을 그렸지만, 두 자녀가 성장하고 결혼함에 따라 친구들과 이웃, 그리고 2세대의 이야기도 다루어진다. 현재 캐나다, 미국을 비롯한 20여 개의 국가의 약 2000여 개 이상의 신문에 게재되고 있으며 TV 애니메이션 시리즈로도 제작되었다. 1985년 루벤상을 수상하였고 1994년 퓰리처상의 시사 만화 부문에 최종 심사작에 오르기도 하였다.

에는 백인 독자뿐만 아니라 흑인 독자에게도 호소력 있는 연재 만화를 창작하려는 많은 시도가 이루어지고 있다. 특히 이것은 많은 흑인 인구에 대해 봉사해야 하는 대도시의 일간 신문들의 경우 더욱 중요한 과제로 등장하고 있다. 예를 들면 모리 터너Morrie Turner의 <작은 친구들Wee Pals>, 짐 로렌스Jim Lawrence가 이야기를 구성하고 스페인 화가인 호르헤 론가론Jorge Longaron이 그린 <프라이데이 포스터Friday Foster>, 테드 시어러Ted Shearer의 <퀸시Quincy>, 레이 빌링스리Ray Billingsley의 <멋지게 보이기Lookin' Fine> 등이 있다.

요컨대 연재 만화 역시 임무를 가진, 즉 독자를 끌어들여야만 하는 만화이다. 변모하는 일간 신문, 그리고 변모하는 사회 구조는 전통적인 연재 만화에는 어려움이 되고 있다. 한편 오래된 만화 캐릭터는 급변하는 세계에서 향수를 불러일으킨다는 의미에서 항구성을 갖는다. 또한 동시에 변모하는 사회 양식을 반영해 주는 새로운 친구들, 새로운 인물들에 대한 끊임없는 요구 역시 존재하는 것이다.

이야기 삽화

만화책은 1960년대에 개발된 형태를 계속 유지하고 있다. 그러나 이야기 삽화의 양식은 새로운 실험적 과정을 겪고 있다. 프랑스로부터의 수입품인 <헤비 메탈>은 잡지 체제의 이야기 삽화 양식을 선보였다. 1980년 마블그룹은 '삽화로 된 성인용 잡지'인 <그림 서사시Epic Illustrated>를 선 보였다. 이러한 새 출판물은 '뱀피렐라Vampirella'와 같이 좀 더 나이 든 독신 남주인공(또는 여주인공) 시리즈를 선보이고 있다.

한편 '그래픽 소설graphic novel'을 통한 실험도 행해지고 있다. 윌 아이스너Will Eisner는 그러한 호칭을 자신의 작품 <신과의 계약A Contract with God>에 대해 붙였다. 또한 줄스 파이퍼는 자신의 작품 <울화Tantrum>를 '만화로 된 소설novel-in-cartoons'이라고 이름 붙였다. 미국 밖에서도 여러 실험이 이루어지고 있다. 예를 들면, 일본의 나가시마 신지永島慎二는 이야기 삽화로 이루어진 세계 최초의 자전 소설이라 할 수 있는 ≪황색 눈물黃色い淚≫ 3부작을 창작하였다. 미래에는 '자서 문학(自敍文學: autobiographies)'뿐만 아니라 '자서 그림 문학autobiographics'도 나타날 것이다.[33]

종래에는 이야기 삽화가 영화를 모방해 왔으나 이제는 반대로 그것이 영화 예술에 기여하고 있다. 그러나 만화가 그 자신의 가장 복합적인 잠재력을 발휘하는 곳은 바로 애니메이션에서이다.

---

[33]. '그래픽 노블graphic novel' 혹은 '일러스트레이티드 노블illustrated novel'이라 불리는 이 양식은 소설과 같이 좀 더 길고 복잡한 이야기 구조를 갖고 있는 만화책의 한 형태를 말한다. 때론 작가들의 단편 선집이나 이미 출간된 만화책 시리즈들의 합본을 지칭할 경우도 있다. 대체로 성인들을 주 대상으로 좀 더 진지하고 성숙한 주제를 다룸으로써 청소년 대상이나 유머 중심적인 일반 만화책과 다른, 예술적 품격을 지향하는 경향을 가진다(구체적인 작품 사례에 대해서는 Sabin, 1996/2002를 참조하라). 한국의 경우, 1950~1960년대 사실적인 그림체와 연출법으로 역사적인 소재를 즐겨 다룬 '전통 극화'에서 그 모습을 엿볼 수 있다. 형식적인 면에서 이야기를 풀어 주는 글의 비중이 크다는 점에서 '그림 이야기' 혹은 '그림 소설'로 불렸으며, 탄탄한 이야기 구조로 성인들에게도 커다란 소구력을 가졌다. 대표적인 작가로 박광현, 김종래, 박기당 등을 들 수 있다(한영주, 2001: 79~103).

애니메이션 : 움직임과 의미

정치 만화, 유머 만화, 그리고 연재 만화 다음에 발달한 것은 애니메이션이었다. 애니메이션은 '활동 사진'을 움직이는 것처럼 느끼게 해주는 것과 똑같은 지각 현상에 기초를 둔다. 만일 하나의 정지된 사진(그림)이 그것과 단지 약간만 다른 정지된 사진(그림)으로 신속하게 대치되었을 경우, 우리의 눈은 그 변화를 움직임으로 해석한다.

일상적인 영화는 일련의 사진적 이미지들로 구성된다. 전통적인 애니메이션은 손으로 그린 일련의 이미지들로 구성된다. 말할 필요도 없이 유연한 동작의 연결을 창출하기 위해서는 짧은 장면에도 세밀하게 제작된 수천 장의 그림이 필요하다. 최근에는 컴퓨터가 애니메이션 제작자의 일을 도와주게 되었으나 전통적으로 애니메이션은 힘들고 고된 수작업이다.

애니메이션의 제작 과정에 대한 간결한 설명은 널리 보급된 포스터 아트 북Foster Art Book 시리즈인, 프레스턴 블레어Preston Blair의 ≪애니메이션Animation≫에 잘 수록되어 있다. 그 작업에 대한 좀 더 자세한 소개는 봅 히드Bob Heath의 ≪애니메이션의 12요목Animation In Twelve Hard Lessons≫을 보면 알 수 있다.[34]

---

[34]. 애니메이션의 메커니즘과 제작 방식에 관해서는 아니마*anima*의 의미와 실제를 다룬 고전인 핼러스와 맨블(Halas & Manvel, 1959/1996), 전반적인 애니메이션의 제작 과정을 설명한 김태익・장덕성(1998), 애니메이션 시나리오 작법에 관한 토리우미 진조(鳥海尽三, 1987/1999), 다양한 애니메이션의 기법을 설명한 테일

심리학자들은 정사각형이나 삼각형과 같이 추상적인 형태 조차도 움직이게 만들면 인간의 속성을 띠기 시작한다고 인식해 왔다(Heider, 1958). 관찰자들은 그러한 움직임을 사회적 관계로 해석하고 그 추상적 형태에 동기와 성격이 있다고 생각한다. 하나의 정사각형은 다른 것을 '추적하는' 것으로 보이고 따라서 '공격적'이라고 불릴 수 있을 것이다. 서로를 향해 움직이는 두 개의 물체는 '서로 좋아하는' 것으로 보일 수도 있다. 또는 둘이 갑작스럽게 서로 부딪히면 그것들은 '싸우는' 것으로 보일 수 있다. 얼굴과 표정이 첨가되면 그 형태들은 훨씬 더 '인간적'이 된다.

애니메이션에서 등장 인물들은 말하는 것처럼 보인다. 여기에서 바로 신인동형동성론神人同形同性論이 절정에 다다른다. 애니메이션의 인물이 '살아 있는' 것처럼 느껴지는 것이다. 애니메이션에서 애니메이터는 강력한 극적 요소를 사용하여 작업을 한다. 게다가 애니메이터는 움직임, 속도, 음향 및 색깔을 조절함으로써 보는 사람의 주의를 흐트러지지 않게 꽉 붙잡아 둘 수 있다.

애니메이션의 선구자

현대의 애니메이션은 역사적으로 많은 조상을 갖고 있어 중국의 그림자 연극과 17세기의 '환등기*magic lantern*'까지 거슬러 올라간다. 그러나 가장 명백한 '현대 애니메이션의 아버지'는 J.

러(Taylor, 1996 / 1999), 컴퓨터 애니메이션의 기획과 제작을 다룬 유재석(1996) 등을 참조하라.

S. 블랙튼J. S. Blackton으로 그는 시사 만화가이면서 동시에 영화 제작자였다.

1906년 그는 <우스꽝스러운 얼굴의 익살 단계Humorous Phases of Funny Faces>[35]라는 애니메이션을 제작하였다. 그 과정에서 그는 만화 캐릭터를 움직이도록 만드는 기본적인 공식을 발견하였다. 하나의 그림을 한 번 회전하는 것, 영상 카메라를 한 번 전진하는 것이다. 다른 많은 선구자들이 이러한 기법을 미국, 영국, 프랑스 등지에서 탐구하였다. 특히 프랑스인들은 열렬한 실험가들이었다. 가장 대표적인 인물은 상당한 관록의 에밀 콜Emile Cohl로 그는 결국 미국으로 이주했다.

<슬럼버랜드의 꼬마 네모>와 <어떤 레어비트 광狂의 꿈Dreams of a Rarebit Fiend>이라는 인기 있는 연재 만화의 창작자인 윈저 매케이는 그의 아들이 여러 가지 '움직이는 그림책flip-book'을 갖고 노는 것을 본 후 애니메이션에 관심을 갖게 되었다. 그 움직이는 그림책은 각 면의 구석에 작고 단순한 그림이 그려져 있어 만일 그 면을 재빠르게 톡 치면 그 물체들은 움직이게 보이는 것이었다.

매케이도 블랙튼에 대해 알고 있었으며 애니메이션을 만들기 위해 약 4000여 개의 그림을 열정적으로 그렸다. 그는 총천

---

[35] 일반적으로 최초의 애니메이션이라 간주되는 <우스꽝스러운 얼굴의 익살 단계>는 한 만화가가 칠판에 얼굴 모습을 그리고, 그것이 살아 움직이는 내용으로 되어 있다. 초당 20개의 프레임으로 구성되었으며, 전체 상영 시간은 3분 정도였다.

연색 애니메이션을 만들기 위해 35mm 화면을 손수 그림으로써 이 작업을 마무리했다.

매케이의 <공룡 거티Gertie the Dinosaur>가 1914년 처음 나왔을 때 그것은 역작으로서 평가받을 만한 것이었다.36 그 영화는 커다란 성공을 거두었고 애니메이션에 대한 관심을 구체화시켰다. 그것은 애니메이션이 상당히 흥미로운 새로운 예술이자 커뮤니케이션 양식이며, 또한 상업적 잠재성을 지닌 사업이라는 점을 보여 주는 것이었다. 후에 매케이는 그의 동료 만화가들이 예술보다는 상업으로서의 만화에 더욱 관심을 보이는 것에 대해 비판하였다. 그러나 거티의 애니메이션이 일단 은막에 등장하게 된 후 애니메이션은 끊임없이 제작되기 시작하였다.

초기의 스타들

초기의 애니메이션들은 기존의 신문 연재 만화들을 자유롭게 모방하였다. <머트와 제프>, <카첸얌머 키즈>, <크레이지 캣>, <아버지 양육하기>, <해피 훌리건> 등, 이러한 모든 연재 만화들은 영화계로 이미 이전하였으며 지금도 이전하고 있다. <거티>를 비롯한 초기의 애니메이션에서 등장 인물들은 연재 만화로부터 직접 끌어낸 기법인 말풍선을 통해 대화를

---

36. 그전의 블랙튼이나 콜의 애니메이션이 전반적으로 조악하고 부자연스러웠다면 <공룡 거티>는 실질적으로 등장 인물이 살아 있는 존재로 느껴질 만큼 호소력 있는 첫 번째 애니메이션으로서 간주된다. 무성 영화이지만 자막이 있으며 총 상영 시간은 12분 정도이다.

하였다. 그러나 1918년 이후 애니메이션은 그림 장면들 사이에 단어를 삽입시키는 '인터타이틀intertitle'이라는 무성 영화 기법을 사용하기에 이르렀다.

　　애니메이션이 1920년대에 유행하기 시작함에 따라 그 나름의 스타들이 탄생하였다. 역으로 그들 중의 몇몇은 영화 화면에서 신문 연재 만화로 옮겨가기도 했다. 무성 영화 시대의 애니메이션 스타 중에는 팻 설리번Pat Sullivan의 <고양이 펠릭스Felix The Cat>가 단연 최고 인기 스타였다. '펠릭스'는 일련의 성공적인 영화에서 주연으로 등장하여 나름의 연재 만화를 갖게 되었다. 또한 널리 상품화된 최초의 만화 캐릭터가 되어 현재까지 이어지는 전통을 수립하였다.37

　　초기 애니메이션의 대부분은 뉴욕에서 제작되었다. 당시의 선구자들로는 존 브레이John Bray, 라울 바레Raoul Barre, 얼 허드Earl Hurd, 오토 메스메르Otto Messmer, 맥스 플레셔Max Fleischer, 폴 테리Paul Terry 등이 있었다. 한편 로스앤젤레스에서는 월트 디즈니라는 젊은 만화가가 등장하여 처음에는 별로 주목을 끌지 못했던 일련의 무성 영화를 제작하였다.

---

37. 검은 몸, 하얀 눈, 그리고 커다란 이빨을 가진 고양이 펠릭스는 다분히 초현실주의적인 상황과 더불어 1920년대 무성 영화 시대에 가장 주목받는 만화 캐릭터로 등장하였다. 그는 자신의 스타적 매력만으로 관객들을 매료시킨 최초의 애니메이션 인물로 간주된다. 1923년 8월에는 연재 만화로도 나왔으며(메스메르가 그림), 장난감이나 그릇, 그림 엽서에까지 등장한다. 하지만 1920년대 말 디즈니가 주도하였던 <미키 마우스>와 같은 유성 애니메이션이 등장하면서 사양길을 걷게 되었으며, 결국 1930년 자취를 감추었다. 1953년 텔레비전을 통해 부활하여 지금까지 지속되고 있으나 캐릭터의 인기에 비해서는 큰 성공을 거두지는 못하였다.

디즈니 시대

1928년 디즈니는 동시 녹음한 최초의 애니메이션인 <증기선 윌리Steamboat Willie>를 만들어 냈다.38 바로 미키 마우스가 그 주인공이었으며 이 영화로 인해 디즈니 제국은 번창하기 시작했다.

디즈니는 소리와 그림을 결합하였으며 그 다음에 총천연색 애니메이션을 시도하였다. 마침내 1937년 최초의 성공적인 장편 피처 애니메이션인 <백설 공주와 일곱 난쟁이Snow White and The Seven Dwarfs>를 제작하였다. 그는 이러한 성공을 바탕으로 디즈니랜드와 디즈니월드라는 놀이 공원을 건설하여 놀랄 만한 성과를 거두었다. 또한 그의 영화 작품들은 텔레비전에 공개되어 어린이 프로그램에 혁신을 일으키며 TV 사상 가장 오래된 프라임타임 쇼를 만들어 냈다(이는 1981년 종영될 때까지 무려 27년간 계속되었다).

디즈니는 그의 경쟁자들보다 월등히 뛰어났다. 그는 상술의 귀재로 자신의 인물들을 연재 만화, 만화책 그리고 가능한 모든 종류의 상품, 예를 들면 손목 시계부터 티셔츠, 미키 마우스 모자에 이르기까지 배치시켰다.

디즈니는 강력한 의사 세계, 폐쇄된 환경 속의 고전적 원형 구조 등 오늘날 대중 문화 학도들에게 연구되는 일련의 이미지들을 창조했다(Real, 1977). 디즈니 세계는 한편으로는 껴안아 주고 싶

---

38. 월트 디즈니가 제작하고 어브 아이웍스Ub Iwerks와 공동으로 각본과 감독을 맡은 유성 애니메이션이다. 1928년 11월 18일 뉴욕시에서 개봉되어 선풍적인 인기를 얻었는데, 음악, 대사 및 음향 효과의 완전 후시 녹음을 한 최초의 단편 피처 애니메이션으로 기록된다. 상영 시간은 7분 정도였다.

을 만큼 귀엽고 작은 동물과 순결한 처녀, 그리고 고귀한 왕자로 이루어진 꿀처럼 달콤한 세계이다. 그러나 또 한편으로는 사악한 마녀, 교활한 계모, 그리고 잔인한 괴물 등의 고전적인 스테레오타입의 인물이 살고 있는 세계이기도 하다.[39]

무성無性의 달콤한 디즈니 세계는 댄 오닐Dan O'Neill의 지하 코믹스comix <에어 파이어리츠판 미키 마우스Micky Mouse Meets The Air Pirates>와 같은 모방 만화에 의해 더욱 극명하게 두드러져 보인다. 이 만화에서 미키 마우스와 미니는 '현실'의 인물처럼 중년의 연인으로 행동하고 있다.[40] 또한 디즈니의 무성의 세계는 <찰스 브래그의 부조리한 세계The Absurd World of Charles Bragg>에서 패러디의 근거로 사용되었다. 브래그는 디즈니가 생생한 야생 동물의 생활 시리즈물의 첫 번째 편집용 프린트를 보고 동물들도 생식기를 갖고 있다는 것을 발견했을 때 그것이 어떠했는지 상상하려 시도했다.

[39]. 주경철(2000)은 동화와 민담의 전용을 시도한 디즈니 애니메이션의 내용적 특성을 분석하고 디즈니 애니메이션에 나타난 민담과 동화의 의미 전유를 고찰하였다. 디즈니 애니메이션이 미국인들을 열광시켰던 이유는 디즈니 자신이 미국인들을 전형적으로 대변하고 있기 때문이며, 따라서 미국의 힘, 자본의 힘, 남성의 힘이 녹아 있는 디즈니 애니메이션의 가치관이 우리에게 이식되는 과정에 대해 경계해야 함을 지적하였다.

[40]. 오닐이 주도한 지하 코믹스가 집단인 '에어 파이어리츠Air Pirates'는 연재 만화의 거장들의 표현에 관심을 가졌다. 그들은 1971년 ≪에어 파이어리츠 만화집Air Pirates Funnies≫이라는 지하 코믹스를 출간하였는데, 특히 월트 디즈니의 만화 캐릭터들을 활용하여 이야기를 펼쳤다. 오닐은 28가지의 디즈니 캐릭터를 등장시켰으며 미키 마우스를 미국 문화의 위선적인 체제 순응자의 상징으로 간주하고 신랄한 풍자를 가하였다. 그의 패러디에서는 디즈니의 만화 캐릭터들이 섹스나 마약처럼 비교육적인 행동도 하는 것으로 묘사되었다. 디즈니는 이에 대해 저작권 침해를 근거로 소송을 벌였고 오랜 법정 공방 끝에 에어 파이어리츠의 패소로 끝났다.

그러나 디즈니 세계의 한계가 무엇이었든 그것은 미국뿐만 아니라 전 세계 수백만 사람들의 꿈을 이야기해 주는 이미지였다. 디즈니는 1937년 <피노키오 Pinocchio>, 1941년 <덤보 Dumbo>, 1942년 <밤비 Bambi> 등의 성공을 거두었다. 1940년 발표된 <판타지아 Fantasia>는 아마도 그의 장편 피처 애니메이션 중 가장 예술성이 높은 작품일 것이다. 하지만 즉각적인 흥행 성공을 거두지 못한 유일한 애니메이션이기도 하다.

1966년 디즈니가 사망할 때까지 디즈니의 제작 방식은 완벽하고 매우 세련된 것이었다. 그러나 최근에 와서 그것은 힘이 고갈되기 시작하고 있다. 요즈음 디즈니 조직은 부분적으로 그 자체의 성공에 발이 묶여 있다. 놀이 공원은 매우 높은 수익을 거두고 있으나 그 조직은 격렬한 반대 여론의 위험을 감수하지 않고는 <푸른 산호초 Blue Lagoon>와 같은 'R등급'의 영화를 만들어 낼 수가 없게 되었다. 디즈니가 한때 대담한 혁신가로서 등장했던 이 애니메이션 분야에서 현재의 조직은 더욱 신중을 기울여야만 하게 되었다. 예를 들면 <스타워즈 Star Wars>류의 영화를 예전의 월트 디즈니라면 당연히 착수했겠지만 현재의 디즈니 조직은 그렇지 못하고 주춤거리고 있다. 뒤늦게 <블랙 홀 The Black Hole>을 제작했으나 실패하고 말았다.41

---

41. 디즈니 사후 잠시 주춤했지만 변화에 적응하고 난국을 타개한 디즈니 그룹의 경영 방식과 사업 전략은 '성공 신화'라는 찬사를 받으며 중요한 벤치마킹 모델로 평가받고 있다. 예를 들면, 디즈니 천재성의 본질을 살펴본 코에닉(Koenig, 1997, 2001 / 1999), 월트 디즈니사의 경영 전략과 작품 제작 과정을 고찰한 그로버

기타 애니메이션

소리가 애니메이션에 도입됐을 때 그것은 서부 해안의 영화 산업의 성공을 보장해 주는 것이었다. 라울 바레(1874~1932)와 팻 설리번(1877~1933)은 이미 죽었다. J. R. 브레이(1879~1978)는 살아 있었지만 애니메이션계를 떠났다. 폴 테리(1887~1971)는 열심히 애를 썼지만 그의 커다란 성공은 2차 세계 대전 후에나 이루어졌다. 초창기의 동부 해안 애니메이터들 중 단지 맥스 플레셔(1883~1972)만이 디즈니에 대해 어떤 실질적인 도전을 하였다.

플레셔의 <베티 붑*Betty Boop*>은 매우 섹시한 매력을 지닌 귀여운 바람둥이 아가씨로 1930년대의 영화뿐만 아니라 연재 만화, 완구, 인형 및 기타 베티 붑 상품들에서 스타의 자리에 올랐다. 그러나 한편 베티는 청교도적인 가치관에 따라 일반 대중의 영화관에 올리기에는 너무 외설스럽다는 공격을 받기도 하였다. 그와 더불어 1937년 플레셔에 반대한 임금 파업으로 인해 베티의 전성기는 막을 내렸다.[42] (그러나 많은 불멸의 만화 스타들의 경우처럼 그녀는

(Grover, 1991 / 1995), 올랜도의 디즈니월드를 분석하여 테마파크에 관한 모델을 제시한 펠만(Fjellman, 1992 / 1994)이나 그것을 소설 형식으로 엮은 코넬란(Connellan, 1997 / 2001), 월트 디즈니의 성공 신화에 대해 경영학적으로 분석한 캐포더글리와 잭슨(Capodagli & Jackson, 1998, 2006 / 2000) 등을 들 수 있다.

[42]. 베티 붑은 애니메이션사에서 중요한 캐릭터이다. 애니메이션계의 최초의 섹스 심벌로서 간주되기 때문이다. 그 당시 다른 여성 캐릭터는 남성 캐릭터에게 눈썹을 붙이고 여성 목소리로 변형시킨 복제품이었으며 기껏해야 간간히 자신의 팬티를 슬쩍 들어 올리는 식으로 성적인 표현을 하는 정도였다. 반면 베티 붑은 짧은 치마와 하이힐, 그리고 가터벨트로 치장하고 가슴선을 드러내는 상당히 파격적인 모습으로 등장하였다. 그 내용도 남성들이 그녀의 모습을 훔쳐보는 관음증적인 시선을 표현하거나, 그 당시에는 금기시되었던 성희롱을 암시하는 장면도 등장하는 등 성인 취향의 색채를 띠었다. 하지만 1934년부터 효력을 발휘한 제작 윤리 규정 Production

1970년대의 TV, 티셔츠, 가방, 만화 축제 등에서 다시 부활하였다).

  1930년대 플레셔의 또 다른 중요한 스타로는 E. C. 세가의 연재 만화를 각색한 <뽀빠이Popeye>가 있었다. 시금치를 먹고 힘을 얻는 뽀빠이는 1933년에 시작되어 오랫동안 단편 영화 시리즈로 계속되었는데, 항해를 하며 끊임없이 악당 브루토와 싸우고 여주인공 올리브를 구하는 줄거리였다. 이것은 일반적인 단편 애니메이션보다 긴 2릴이었으나 아직은 완전 피처물의 분량은 아니었다.[43] 첫 번째 작품이 성공을 거두자 그는 두 편을 더 만들었다.

  그러고 나서 플레셔는 장편 피처 애니메이션 영역에서 직접 디즈니에게 도전하기로 결심했다. 1939년 그가 첫 번째로 제작한 <걸리버 여행기Gulliver's Travels>는 성공을 거두었다. 그러나 1941년 내놓은 두 번째 작품인 <버그 씨, 도시로 가다Mr Bug Goes to Town>로 그는 재정적인 파탄을 맞게 되었다. 그리하여 플레셔의 제작사는 결국 파라마운트사에 인수되었다.

  디즈니가 1950년대까지 장편 피처 애니메이션 영역을 독점하는 와중에 많은 애니메이션 제작사들이 등장하였다. 특히 2차 대전 후에 단편 애니메이션 분야에서 디즈니의 명성에 도전하기 시작했다. 1932년부터 1942년까지 디즈니는 이 분야의 거의 모든 아카데미상을 휩쓸었다. 그러나 1942년 이후 1953년까지 디즈니

Code에 따른 강경한 심의 하에서 긴 치마를 입은 정숙한 여성으로 그 성격을 바꾸었으며 그후 점차 인기가 시들기 시작하여 결국 1939년 은막에서 자취를 감추었다.

[43]. 1릴은 필름 1권으로 보통 1000피트 길이로서 상영 시간은 대체로 7~10분 정도이다.

그룹은 또 다른 오스카상을 전혀 수상하지 못했다.

전후의 애니메이션

애니메이션계의 고참인 폴 테리는 2차 세계 대전 이후에 생애 최고의 전성기를 구가하였다. 그는 1942년 첫 번째 작품으로 <마이티 마우스Mighty Mouse>를 선보였고 그후 1946년 <헤클과 제클Heckle and Jeckle>을 내놓았다. 그 밖의 많은 다른 제작사들도 디즈니에게 도전하기 시작했는데, 때로는 디즈니에게 훈련 받은 스태프 출신도 그러한 움직임에 합류하였다.

MGM사에서는 조 바버라Joe Barbera와 빌 한나Bill Hanna가 큰 인기를 거둔 <톰과 제리Tom and Jerry> 시리즈를 창작했다.[44] 텍스 애버리Tex Avery는 신속히 전개되는 개그와 행동의 스타일을 개발하였는데, 이는 만화의 전 영역에 영향을 미쳤다. 감독과 작가로서 애버리는 기이한 상황을 연출하는 데 정통하여 어떤 부자연스러운 대결을 또 다른 것의 토대로 만들어 냄으로써 유머의 점층적인 고조를 창출하였다. 애버리가 종종 묘사한 또 다른 등록상표는 주인공의 익살맞은 행동에 평범한 반응을 보이는 무표정한 인물의 설정이다. 이러한 무심한 반응의 대위법對位法은 도리어

---

[44]. 1940년에 시작하여 60년 이상 지속된 대표적인 단편 애니메이션 시리즈이다. 집고양이 톰과 갈색쥐 제리 간의 쫓고 쫓기는 공방의 이야기로 수세월 동안 방영되면서 '톰과 제리'라는 용어는 결코 끝나지 않는 경쟁 관계를 의미하는 은유적 표현으로 인식되고 있다. 원작자인 한나와 바버라는 1940~1957년 동안 114편을 창작하여 아카데미 단편 영화상 부문에서 7번의 수상과 6번의 지명을 받는 등 커다란 성과를 거두었다. 그 뒤 다른 제작사들을 거쳐 오늘날에는 워너 브러더스사가 저작권을 소유하여 제작, 운영하고 있다.

주인공의 행동을 더욱 더 재미있게 만들 수 있다.45

워너 브러더스사 작품으로는 <벅스 버니>, <포키 피그 Porky Pig>, <대피 덕Daffy Duck> 등이 꾸준한 인기를 끌었다.46 유니버설사에서는 월트 랜츠Walt Lantz가 <딱따구리Woody Woodpecker>를 만들어 냈다. 이러한 애니메이션의 새로운 세대는 할리우드 애니메이션 제작사에서 쏟아져 나오기 시작했다.

1950년대 가장 각광을 받았던 제작사 중의 하나가 UPA 제작사였다. 그 제작사는 동물로부터 탈피하여 <미스터 마구Mr. Magoo>나 1950년 아카데미 수상 작품인 <제럴드 맥보잉 보잉 Gerald McBoing Boing>과 같은 기억할 만한 인간을 주인공으로 설정하였다. 2차 대전 중에는 리미티드 애니메이션limited animation47 방

---

45. 할리우드 애니메이션의 황금기를 주도하였던 유명한 만화가이며 애니메이션 감독 겸 제작자인 텍스 애버리(1908~1980)는 워너 브러더스와 MGM 애니메이션의 여러 주인공들 — 대피 덕, 벅스 버니, 드루피 독, 스크루 스키럴, 포키 피그 등 — 을 창조하였다. 1940~1950년 동안 제작된 할리우드의 거의 모든 애니메이션에 영향을 미쳤다고 평가되는 그의 연출 기법의 기조는 월트 디즈니에 의해 창안된 견고한 리얼리즘의 틀을 깨뜨리는 것이었다. 실사 영화에서는 불가능한 일들을 가능케 하는 만화라는 미디어의 특성을 최대한 살리는 방식, 즉 "만화에서는 불가능한 것이 없다"라는 제작관을 피력하였다.

46. 1930~1969년 동안 극장에서 상영된 워너 브러더스사의 애니메이션 시리즈나, 혹은 일반적인 워너 브러더스의 애니메이션들을 Looney Tunes라고 총칭하거나 종종 Looney Toons로 표기하기도 한다. 초기에는 음악을 기반으로 하는 단편 애니메이션으로 시작하였으나 나중에는 다양한 만화 캐릭터들 — 예를 들면, 포키 피그, 대피 덕, 벅스 버니, 엘머 퍼드, 실베스터, 트위티, 코요테, 로드 러너 등 — 이 벌이는 여러 소동이 주된 이야기로 구성되었다. 이 시리즈는 극장보다 1950년대 텔레비전을 통해 방영되면서 더욱 큰 인기를 얻었다. 하지만 주 시청자층이 어린이라는 점 때문에 1970년 들어와서는 조롱적이고 인종 차별적 언급, 거친 단어와 지나친 폭력에 대해서 종종 지적받았다.

47. 1초에 24개의 프레임을 사용하지 않고 그보다 적은 프레임을 통해 동작을 표현하는 제작 방식으로서 제작비를 절감할 수 있는 장점을 가지나 상대적으로 움직임이 유연하지 않은 단점이 있다. 반면 1초에 24장 이상의 그림으로 유연한 동작을 이끌어내는 풀 애니메이션은 현실감 있게 표현할 수 있는 것이 장점이다.

식의 애니메이션이 군인 훈련용 영화로 광범위하게 이용되었다. UPA 그룹은 디즈니의 풀 애니메이션 *full animation* 방식의 '만화 리얼리즘'에서 탈피한, 적은 수의 프레임을 사용하지만 상상력이 풍부한 더욱 세련된 예술 기법의 애니메이션을 대중들이 받아들일 것이라는 점을 정확하게 예측하였다.[48]

또한 전후 시기에는 외국으로부터 더욱 많은 만화들이 유입되었다. 영국의 존 핼러스 John Halas와 조이 배츨러 Joy Batchelor의 작품도 미국에 상륙하였다. 가장 유명한 것은 1954년 발표된 조지 오웰 George Orwell의 ≪동물 농장 *Animal Farm*≫을 각색한 피처용 애니메이션이었다. 마찬가지로 캐나다 국립영화위원회(National Film Board of Canada: NFBC)의 노먼 맥래런 Norman McLaren의 작품도 미국에 들어왔다. 1976년, 1977년, 1978년에 연이어 이 캐나다 국립영화위원회는 <레저 *Leisure*>, <모래성 *Sand Castle*>, <속달 우편 *Special Delivery*> 등으로 아카데미 단편 애니메이션상을 수상하였다.

텔레비전의 도래

1930년대와 1940년대의 거의 모든 할리우드 피처물 영화에는 애니메이션이 수반되었다. 그러나 이러한 대형 화면의 단편

---

[48]. 1940년대~1970년대에 활동한 미국의 애니메이션 제작사인 UPA(United Productions of America)는 상업적인 성공에서는 거대 제작사인 워너 브러더스사나 디즈니사에 훨씬 못 미쳤지만 그들이 보여 준 혁신적인 애니메이션 제작 기법은 다른 여러 제작사들에게 커다란 영향을 미쳤다. 그들은 이른바 '리미티드 애니메이션' 기법을 도입한 선구자로서 비록 그것이 제작비의 절감을 도모하기 위한 한 방안이었음에도 불구하고 애니메이션에서 영화적 사실주의를 도모하고자 했던 디즈니적 주류에 대한 대안적 양식으로서의 의미가 있다.

애니메이션들은 1949년 갑작스러운 종말을 맞게 되었다. 대법원의 판결에서 치명적인 타격을 받았기 때문이다. 대법원은 제작, 배포 및 상연에 대해 제작사가 통제하는 것은 독점 행위가 된다고 판결 내렸다. 1949년의 이러한 판결 이후 제작사는 더 이상 극장주로 하여금 종래의 끼워 팔기 판매 방식 — 피처 영화에 애니메이션, 뉴스, 그리고 때로 기행紀行 영화 등을 덧붙여 판매하는 것 — 을 받아들이도록 강요할 수 없게 되었다.

극장주들은 선택권이 예전보다 많아졌기 때문에 애니메이션에 대해 여분의 돈을 지불하길 원치 않았다. 텔레비전은 이미 전통적인 영화 관객들을 끌어들이고 있었으며 영화관들이 여기저기에서 문을 닫았다. 그리하여 할리우드는 애니메이션의 제작을 중단하기에 이르렀다.

그러나 텔레비전에 의해 애니메이션의 새로운 시장이 창조되었으며 새로운 경제 질서가 수립되었다. 처음에 할리우드는 자신들의 먹을거리를 경쟁 상대인 텔레비전에게 공개하기를 꺼렸다. 그러나 그후 1954년에 이르러서 ABC 방송사가 디즈니와 상당한 거래를 체결하였다. 그 당시에 ABC 방송사는 단지 13개의 가맹 방송국만 갖고 있었기 때문에 광고주들에게 훌륭한 전국망을 제공해 주던 NBC 방송사와 CBS 방송사로부터 궁색한 조달을 받고 있었다. 따라서 ABC 방송사로서는 몹시 도움이 필요하던 처지였다.[49]

1949년 대법원 판결 이후 파라마운트 영화사는 영화 제작팀과, 새롭게 만들어진 '유나이티드 파라마운트 테아트르' 두 부문으로 나뉘었다. 장기간 파라마운트 중역을 지낸 레너드 골든슨Leonard Goldenson이 후자의 사장이 되었다. 그후 1953년 골든슨은 오랫동안 골칫거리였던 ABC 네트워크의 매입을 솜씨 있게 처리하였다. 전문 영화인인 그는 ABC 방송사를 믿을 만한 네트워크로 만들기 위한 방안을 모색하기 시작했다.

골든슨은 디즈니에게 접근하여 디즈니가 ABC 방송사와 협조 관계를 갖는다면 디즈니랜드에 투자를 하겠다고 제안하였다(Mayer, 1972). 게다가 디즈니에게 텔레비전에서 그의 다른 피처물과 놀이 공원을 흥행시킬 수 있는 재량권을 제시하였다. 디즈니는 그에 대해 동의를 하고 ABC 방송사에게 <디즈니랜드>와 방과후 시청률 경쟁에서 압도적인 우위를 차지했던 프로그램인 <미키 마우스 클럽The Mickey Mouse Club>을 곁들여 제공했다.

이러한 거래가 디즈니에 의해 일단 이루어지자마자 곧 텔레비전 방송국 간의 애니메이션 쟁탈전이 벌어지기 시작하였다. M. 메이어는 그것에 대해 "방송국 고위 간부들은 '2~8세' 어린이를 토요일 아침의 표적으로 삼고 있으며 단지 애니메이션만이 그 광범위한 나이의 시청자들을 사로잡을 수 있다고 생각하고 있다"라고 지적하였다(Mayer, 1972: 147).

---

[49]. 1941년 뒤늦게 출범한 ABC는 1926년 출범한 미국 최초의 전국 네트워크 방송사인 NBC나 그 이듬해 설립된 CBS에 비해 초창기 열세를 면치 못했다. 따라서 후발 주자인 ABC는 차별화 전략의 필요성을 느꼈으며 그 일환이 애니메이션을 타 방송사보다 적극적으로 유치하는 것이었다. 이는 텔레비전 애니메이션의 발전에서 중요한 전환점이라 할 수 있다. 실제로 ABC 방송사는 1960년대 이후 약진하기 시작하여 미 3대 네트워크로서 자리 잡았다. 1995년에는 월트 디즈니 그룹이 인수하여 현재의 소유주가 되었다.

텔레비전은 오랫동안 잊혀졌던 만화 피처물에 대해 새로운 진열장을 제공해 주었다. 그러나 한편 그런 구미에 따라 텔레비전은 새로운 요소, 신속하게 제작된 만화를 요구하게 되었다. 그리고 이러한 텔레비전의 영향은 전통적인 애니메이션 제작에 있어서도 주요한 변화들을 의미하는 것이었다. 예를 들면, 1940년대 조셉 바버라와 빌 한나 그룹은 1년에 단지 약 7개의 애니메이션을 제작하였다. 전통적인 <톰과 제리> 애니메이션들은 각기 7분 정도의 길이밖에 되지 않았으며 그것은 결국 1년 동안의 제작물을 모두 합쳐도 채 1시간도 못 된다는 것을 의미하였다.[50] 그러나 오늘날 텔레비전용 애니메이션을 제작하는 그 비슷한 크기의 제작사는 1주일에 수시간 길이의 애니메이션을 제작한다.

1970년대 들어와서 방송국 네트워크들은 22분짜리 새로운 토요일 아침 애니메이션 프로그램을 6번 방영할 수 있는 권리를 약 5만 달러에 구입하였다. 그러나 제작사의 입장에서 보면 그 가격은 다른 이득이 있다 할지라도 거의 수지타산이 맞지 않는 것이었다. 따라서 제작사는 재상영에 의존하여 최종적인 결산을 하였다. 텔레비전은 또한 상품을 끼워 팔 수 있는 길을 열어 놓았다.

---

[50] 이러한 7~8분의 고전 유성 영화 시대의 할리우드 단편 애니메이션에 대해 스무딘(Smoodin, 1993/1998)은 유치한 어린이 오락물로 간주하지 않고 그 안에 담긴 여러 담론을 분석함으로써 정치 사회적으로 애니메이션이 갖는 의미를 파헤쳤다. 예를 들면, 여론의 비판에 사라진 '베티 붑'에 나타난 섹슈얼리티와 인종 문제 같은 쟁점을 검토하였다.

1962년까지 한나-바버라는 이미 은막에서 사라진 인물인 <요기 베어Yogi Bear>, <허클베리 하운드Huckleberry Hound>, <플린트스톤즈The Flintstones>와 같은 것을 통해 1년에 수백만 달러를 챙길 수 있었다(Barnouw, 1970: 237).

　　토요일 아침용 애니메이션들은 짧은 장면, 반복적인 행동, 그리고 광범위한 음향 효과를 이용하고 있다. 몇몇 사람들은 그것을 "그림이 있는 라디오illustrated radio"라고 비난하였으며, 비평가와 팬들에게도 애니메이션의 전성기로부터 실추된 슬픈 몰락으로 비추어졌다.

　　한편 몇몇 애니메이션 제작자들은 텔레비전이 부과하는 제작 마감 시간 및 예산이라는 압력에도 놀라우리만치 창조적인 작품을 제작해 오고 있다. 예를 들면 제이 워드Jay Ward의 <불윙클Bullwinkle>과 <정글의 조지George of the Jungle>, 봅 클램펫Bob Clampett의 <비니와 세실Beany and Cecil>, 척 존스Chuck Jones의 30분짜리 특집물, 진 다이츠Gene Deitch의 <톰 테리픽Tom Terrific>, 그리고 빌 멜렌데츠Bill Melendez의 감각적인 연출로 만들어진 슐츠의 <피너츠> 등이 그것이다.

경향과 추세

　　그러나 애니메이션의 중요한 새로운 방향들은 텔레비전 화면이 아니라 예전으로 되돌아가 영화관에서 발생하고 있다. 단편 애니메이션들이 거의 자취를 감추었을 당시에도 몇몇 영화는 계속 유지되었다. 예를 들면, 프리츠 프렐링Friz Freleng과 데이비드 데파티David Depatie는 '핑크 팬더Pink Panther'라는 캐릭터를 창조하여 블레이크 에드워즈Blake Edwards의 영화 시리즈물에 일련의 제목을 제공하였다. 몇몇 비평가들이 평하듯 그 제목들은 종종 영화보다도 다른 분야에서 더욱 훌륭하게 이용되었다. 그러나 단편 애니메이션이 그 제목과 부수적인 영화를 통해 유지되는 가운데 장편 영화에서 커다란 변화가 나타났다.

예를 들면 1968년의 <황색 잠수함Yellow Submarine>이 그것이다. 조지 더닝George Dunning이 연출하고 하인츠 에델먼Heinz Edelman이 디자인한 이 비틀스 영화는 초기의 디즈니 시대 이래 첫 번째로 성공한 중요한 피처물 음악 애니메이션이었다. 실제로 이 애니메이션에 자극을 받아 디즈니사는 다시 <판타지아>를 내놓게 된다.

애니메이션은 이제 전 세계적인 현상이 되었다. 게다가 '어른들의 주제'를 다루고 있다. 이러한 점은 외국의 영화들, 예를 들면, 데즈카 오사무手塚治虫가 1969년 내놓은 <천일야화千夜一夜物語>나 미국의 랠프 박시Ralph Bakshi의 작품에서 특히 발견된다. 1971년 박시는 제작자인 스티브 크란츠Steve Krantz와 함께 로버트 크럼의 <고양이 프리츠Fritz The Cat>[51]의 영화판을 만들었는데,

---

[51]. 로버트 크럼의 연재 만화를 토대로 랠프 박시가 각색하고 감독한 <고양이 프리츠>는 1960년대 중반 뉴욕을 무대로 의인화된 고양이 프리츠의 삶에 초점을 두고 있다. 그 당시의 대학 생활, 인종 문제, 자유 연애, 좌우익 대립의 정치 등을 다루었는데 적지 않은 논란을 일으켰다. 하지만 1억 달러의 흥행 수익을 거둔 최초의 독립 애니메이션으로 기록될 만큼 커다란 성공을 거두었으며 그후 많은 X등급 애니메이션 제작의 붐을 일으킨 촉발제가 되었다.

이것은 최초의 X등급 피처 애니메이션였다. 박시와 크란츠는 뒤이어 1973년 <교통 지옥 Heavy Traffic>이라는 또 다른 X등급 애니메이션을 선보였다. 그러나 이것은 첫 번째 것과는 매우 상이한 성격의 것이었다.

장편 애니메이션이 여전히 고전하는 가운데 컴퓨터로 제작된 애니메이션이 등장하여 종전에 수작업으로는 수천 시간이 소요되었던 것을 간단히 할 수 있게 되었다. 예를 들면, 1974년 캐나다 국립영화위원회의 <라펭 LaFaim>은 칸 영화제에서 상을 받았고 오스카상 후보에도 올랐다. 그 영화는 르네 조두엥 Rene Jodoin과 피터 폴즈 Peter Foldes, 그리고 컴퓨터에 의해 창조된 것이었다.[52]

몇몇 열광자들은 애니메이션이 종전의 유화를 대신하여 미래의 미술이 될 것이라고 믿고 있다. 그 미래가 어떻든 현재 애니메이션은 성숙한 커뮤니케이션 미디어로서 모습을 갖추고 있다. 미국 안팎에서 제작되는 이러한 피처물 애니메이션은 1970년대 동안 양적·질적인 면에서 모두 발전하였다.

그중 몇몇 예를 들면, <쿤스킨 Coonskin>, <헤이 굿 루킹

---

[52]. 컴퓨터에 의한 세계 최초의 완전 디지털 피처 애니메이션은 1995년 픽사 Pixar 제작사가 디즈니사와 함께 내놓은 <토이 스토리 Toy Story>이다. 픽사 제작사는 그후 <벅스 라이프 A Bug's Life>(1998), <토이 스토리 2>(1999), <몬스터 주식회사 Monsters, Inc.>(2001), <니모를 찾아서 Finding Nemo>(2003), <인크레더블 The Incredibles>(2004), <카 Cars>(2006), <라따뚜이 Ratatouille>(2007), 그리고 최근의 <월·E WALL-E>(2008)에 이르기까지 다수의 흥행작들을 연이어 내놓으면서 디지털 애니메이션을 주도하고 있다. 픽사 제작사는 1979년 루카스 필름의 한 부서로 출발하여 애플 컴퓨터의 스티브 잡스가 인수하였다가 2006년 디즈니사에 인수 합병되었다.

Hey Good Lookin'〉, 〈마법사*Wizards*〉, 〈반지의 제왕*The Lord of The Rings*〉, 〈찰리 브라운*A Boy Named Charlie Brown*〉, 〈샬러츠 웨브 *Charlotte's Web*〉, 〈환상의 혹성*Fantastic Planet*〉, 〈알레그로 논 트로포*Allegro Non Troppo*〉, 〈서생원鼠生員 부자*The Mouse and His Child*〉, 〈워터십 다운*Watership Down*〉 등이다.

"지금이 만화의 르네상스인가?" 레너드 말틴은 이렇게 자문하면서 "아마도 그럴 것이다. 그것은 확실히 활동과 수용의 새로운 분출로서 기록될 것이다"라고 자답하고 있다(Maltin, 1980: 342).

상 업 만 화 : 인사부터 판매까지

만화는 그 자체가 하나의 상품이면서 한편 또 다른 상품들을 판매하는 데 이용될 수 있는 상품이기도 하다. 상업 만화는 우리 사회에서 빈번히 이용되어 스스로를 판매하기도 하며, 또한 식품에서 비누까지, 의류부터 완구류까지 다양한 상품들을 판매하고 있다.

비누 제조업자는 비누의 각 쪽들이 '스누피,' '헐크' 또는 기타 만화 캐릭터로 찍혀 나올 경우 더 많은 판매량을 올릴 수 있을 것이라고 생각할 수 있다. 또한 곡물 제조업자는 친근하고 귀여운 만화 동물이 처음에는 TV에서, 그 뒤 슈퍼마켓 진열장에서, 그리고 포장지에 나타나 아침 식탁 위에 등장하면 더욱 많은 식품을 판매할 수 있을 것이라고 생각할지 모른다. '뽀빠이'가 시금치 판매를 위해 무료로 봉사했던 것처럼 다른 만화 캐릭터들이 많은 다른 상품들을 위해 고용되거나 창안되어 왔다. 상업용 만화는 축하 인사부터 상품 판매의 영역까지 완전한 커뮤니케이션 수단을 제공하고 있는 것이다.

안녕, 여러분!

오늘날 축하 엽서 사업은 매스 커뮤니케이션이다. 예를 들면, 홀마크Hallmark사는 하루에 1000만 개의 카드를 인쇄할 수 있다. 그리고 축하 엽서는 '대인적對人的'인 용도로 고안된 '매스' 커뮤니케이션이다. 이러한 독특한 특성과 그 사업의 규모에도 불구하고 축하 엽서에 대한 커뮤니케이션 연구자들의 관심은 놀라우리만큼 보잘것없다.

근대적인 축하 엽서 사업은 1843년 ― <펀치>지에 앨버트 공의 만화 전시회에 관한 만화가 실렸던 해 ― 에 출발하였다고 볼 수 있다. 그것은 영국에서 시작되었다. 사람들은 손으로 쓴 전통적인 크리스마스 편지보다 인쇄된 크리스마스 메시지를 보내게 되었다.

1910년 미국의 어린 농촌 소년인 조이스 C. 홀Joyce C. Hall이 오늘날 홀마크사로 알려진 기업을 시작하였다. 캔자스시티에서 초라하게 시작한 이 회사는 꾸준히 성장하여 지금은 600여 명이 넘는 미술가와 작가들을 거느리고 100여 개의 나라에 24개의 상이한 판매망을 구축한 대기업이 되었다. 이 회사는 비공개적으로 운영되어 정확한 매출액은 일반에 알려지지는 않았지만, 홀마크사의 매출액은 1년에 약 10억 달러에 달하는 것으로 추정된다.[53] 홀마크사가 이 분야의 거대 기업이지만 한편 다른 축하 엽서 회사들의 총 수입도 약 5억 달러에 달할 것으로 추산된다.

만화류의 인물들은 축하 엽서에 항상 중요한 역할을 해왔다. 그러나 대부분의 초기 카드들은 비교적 사실화로 구성되어 상당히 형식에 치우쳤었다. 2차 대전 이전에는 '만화 밸런타인Comic valentines'이 알려졌지만, 전후에는 '스튜디오 카드studio card'가 대중화되어 그 강력한 만화적 표상과 세련되고 때때로 신랄한 유머를 드러내며 인기를 끌었다. 두 명의 젊은 개혁가들이 1950년대에 박스라인으로 된 카드를 시작하였다. 이것은 흑백으로 구성된 스튜디오 모양의 카드로서 유머와 비형식성으로 유명해졌다.[54] 한편 기존의 다른 카드 회사들, 예를 들면 홀마크사나 아메리칸 그리팅사는 다양한 색채와 고가의 복제 방식을 사용하여 신상품을 개발하였다. 그들은 <피너츠>의 찰스 슐츠와 <에미 루Emmy Lou>의 마티 링크스Marty Links와 같은 유명한 만화가들을 축하 엽서 분야에 끌어들였다.

---

[53] 홀마크 카드사는 현재 미국 축하 카드 시장에서 약 50%의 점유율을 가지며, 전 세계에 1만 8000명의 직원과 800명의 화가, 디자이너, 작가, 편집자, 사진가 등을 두고 매년 1만 9000개의 신상품, 수정본 및 관련 상품을 내놓고 있다.

[54] 크고 좁게 만들어진 유머러스한 축하 카드인 스튜디오 카드는 개인 작가들의 독립적인 작업으로 이루어졌다. 종전의 주요 축하 카드 회사들이 사용했던 잔잔한 유머보다는 신랄하고 통렬한 접근 방법을 사용하여 1950년대 동안 인기를 끌었다. 그 첫 번째 카드는 1946년 프레드 슬래빅Fred Slavic과 로잘린 웰셔Rosalind Welcher에 의해 창안되었으며, 넬리 캐롤Nellie Caroll, 빌 케네디Bill Kennedy와 빌 박스Bill Box 등의 작가들이 활동하였다. 하지만 홀마크 카드의 강력한 유통망에 무릎을 꿇고 결국은 사그라들었다.

한편 축하 엽서 사업은 만화가들에게 훈련장을 제공함으로써 후에 다른 분야에서 인정받는 작가들을 배출하기도 했다. 예를 들면 지하 코믹스계에서 유명한 로버트 크럼이나 <비틀 베일리>의 작가인 모트 워커 등이 이에 해당된다.

<지지>의 작가인 톰 윌슨Tom Wilson도 처음에는 아메리칸 그리팅사의 화가로 출발하였다. 그는 <지지>의 인물들을 신디케이트화하려고 시도했으나 실패하자 자신의 생각을 아메리칸 그리팅사의 선물용 소책자로 전환시켰다. 그 책은 유니버설 프레스 신디케이트의 편집자인 짐 앤드루스의 관심을 끌어 결국 <지지>는 일간 및 일요 신문의 세계로 진출하게 되었다.

유명 만화가들이 축하 엽서 사업계와 관련을 맺지만 이 분야의 화가들 대부분은 익명을 사용하고 있다. 그러나 몇몇 예외도 있는데, 시카고의 리사이클드 페이퍼 프로덕츠Recycled Paper Products 카드의 독특한 선을 창안한 샌드라 보인튼Sandra Boynton을 들 수 있다. 보인튼은 1980년 <더 컴플리트 터키The Compleat Turkey>를 발행하였다. 그녀는 1981년 줄스 파이퍼와 론 올린Ron Wolin과 협력하여 만화가 조합의 남성/여성의 관계에 관한 책을 편찬하였다(1982년 크라운 출판사에서 발행).

애슐리 브릴리언트Ashleigh Brilliant는 1979년 출간된 <내가 전적으로 완벽한 것은 아니지만, 몇몇 부분은 괜찮은 편이오I May Not Be Totally Perfect, But Parts of Me Are Excellent>의 작가이다. 그는 1967년 카드 사업을 시작함으로써 자신의 '비시적非詩的인 표제'를 사용하는 방안을 모색하였다. 아무렇게나 되는 대로 그린 그림 엽서는

10년 이상 대학가에서 큰 인기를 끌었으며 그림이 곁들여진 한 줄의 경구警句는 지금도 국제적으로 배급되고 있다. 버클리 대학에서 박사 학위를 취득한 브릴리언트는 자신의 간결한 언어적/비언어적 경구가 새로운 문학 형식이라고 주장한다. 그는 그 업적으로 이 분야에서 최초로 노벨문학상 수상을 바라고 있다.

또 다른 진취적인 만화가로 비비안 그린을 들 수 있다. 그녀는 전통적인 카드 회사들이 자신의 <키시즈Kisses> 인물에 대해 흥미를 보이지 않자, 스스로 카드 회사를 설립하였다. <만화가 인물 소개> 지와의 인터뷰에서 그는 "내가 처음으로 유명한 두 카드 회사에 카드 디자인을 보냈을 때 그들은 전면 개정을 요구했어요. 등장 인물이 너무 얌전하다느니, 색채가 맞지 않는다느니, 배경에는 물방울 무늬와 체크를 사용할 수 없다느니, 핑크색과 녹색을 동시에 사용해서는 안 된다느니, 채색이 윤곽을 넘어섰다느니 하면서 말이에요. 나는 그들에게 이렇게 말했지요. '나는 집에서 만든 것 같은 내 카드의 특성이 당신들의 구미에 맞을 것 같았고, 그 카드를 사는 대부분의 사람들이 나와 비슷한 나이와 성별을 갖고 있을 것이라고 생각했다'고 말이에요. 그러나 이제야 깨달은 것인데, 나는 마케팅 전문가인 40~50세의 중년 남자들에게 내 카드를 팔려고 노력했던 것 같아요. 나는 당연히 그것을 팔 수 없었어요. 대신 나 스스로 노력해서 사람들이 내 카드를 좋아하고 사고 싶어 할 것이라는 점을 그들에게 증명해 보이겠다고 결심했어요"라고 말하였다(Greene, 1979: 42).

그린은 자신의 만화 창작품을 이용하여 불과 20대에 100만 달러의 사업을 일으켰다. 그린이 성공할 수 있었던 원인 중의 하나는 그녀가 <키시즈>의 인물들을 연재 만화로부터 의류에 이르기까지 다양한 방식으로 판매하였던 영리한 상술에 있었다.

주요 카드 회사 중 아메리칸 그리팅사는 매우 체계적으로 작업하여 만화 캐릭터들을 개발함으로써 상업적으로 이용할 수 있도록 면허를 취득해 왔다. '지지' 외에 그들이 개발한 캐릭터로는 코카콜라에서 사용해 오고 있는 '홀리 하비Holy Hobbie'가 있으며 제너럴 밀스General Mills와 공동으로 개발한 '딸기 케이크Strawberry Shortcake'가 있다.

다른 많은 만화 분야에서와 마찬가지로 축하 엽서 분야도 열성팬과 수집가들을 끌어 모으기 시작했다. 예를 들면, 1980년 더튼Dutton은 ≪그림 엽서 수집 요령The Book of Postcard Collecting≫이라는 대중 커뮤니케이션으로서의 미술에 관한 서적을 출판하였다.

15억 달러 시장의 축하 엽서 사업은 성행하고 있는 상업용 만화의 좋은 예이다. 하지만 그 밖에도 많은 예가 있다.

전술한 바와 같이, <피너츠>의 인물들은 1년에 약 5000만 달러의 고정 수입을 가져다준다. 한편 한나와 바버라는 1957년 영화사를 세워 <요기 베어>, <허클베리 하운드>, <플린트스톤즈> 등을 창작한 후 태프트 커뮤니케이션즈사에 2600만 달러에 회사를 팔았는데, 그 회사에 대한 행정적 통제력을 여전히 행사하고 있다.

만화 판매원

　인기 있는 인물을 통해 직접 거두어들이는 수입이 상당하지만, 한편으로 만화가 판매원으로 이용될 때는 막대한 금액이 그 임자를 바꾸게 된다. TV 광고, 신문 및 잡지 광고, 소포, 우편, 상품 진열장, 경품, 시청각적 상품 발표회, 그리고 기타 구매를 촉진하거나 확보하기 위해 만화를 이용하는 여러 방법에서 소요되는 총 비용 중 만화의 몫을 가려낸다는 것은 어려운 일이다.

　그러나 말틴은 그 점에 대해 다음과 같이 다소 조소적으로 지적하고 있다. "모든 배려와 창의력이 텔레비전 프로그램이 아니라 텔레비전 광고를 만드는 데 쏟아지는 듯하다. 디자인, 동화動畵, 그리고 유머 등에서 전개되는 혁신적인 모습은 주가 되는 프로그램 자체보다도 도리어 부수적인 광고에서 종종 더 발견할 수 있다. 미국의 주요 애니메이터들 중 몇몇은 — 노소를 불문하고 — 바로 이 분야에서 일류 잡지 만화가, 삽화가 및 디자이너 등과 함께 일하고 있다"(Maltin, 1980: 340).

　그러나 관련 금액의 예를 든다면 그 점이 당연할 듯하다. 1980~1981년 동안 TV 드라마 <댈러스 Dallas>의 30초짜리 광고에는 14만 5000달러의 비용이 들었으며, 한편 <매시 M*A*S*H>나 <60분 60 minutes>의 30초짜리 광고에는 15만 달러의 비용이 들었다. 가장 큰 TV 광고주인 프록터 앤드 갬블사는 광고 방영을 위해 1년에 약 15억 달러를 지불하고 있다. 수용자들에게 전달하기 위해 지불되는 이 막대한 비용을 생각해 볼 때 광고주들은 당연히 '정곡을 찌르기'를 원한다. 그리고 적어도 어떤 상품이나 어떤 수용자들에게는 그것이 바로 만화를 의미할 수 있다.

2장의 만화 커뮤니케이션 모델에서 '후원자의 지불'은 하나의 경제적 모델로 지적되었다. 그러한 것이 발생되면 대체로 후원자는 완전하고 광범위한 커뮤니케이션 — 즉 주의, 이해, 수용, 상기, 이용 — 에 대해 관심을 갖게 된다. 오락 만화가 사람들의 주의를 끄는 것으로 만족할 수 있는 반면 광고 만화는 그 모든 커뮤니케이션 과정을 원한다.

3장의 분석을 통해 만화가 판매에 효율적인 기능을 수행하는 이유를 명확히 알 수 있을 것이다. 그러나 전형적인 구매 전략의 맥락에서 다시 살펴보도록 하자.

첫째, 만화는 주의를 집중시키는 데 도움이 된다. 그것은 진기하고 또 재미있기 때문이다. 광고와 판매 증진에 있어서 종종 그 추는 '강압적인 판매*hard sell*'와 '은근한 판매*soft sell*' 사이에서 움직인다. 판매부장은 실적을 올리기 위해 '강압적인 판매'를 강요할 것이다. 그러나 그때 그 회사의 한 사원이 약간의 유머를 가볍게 삽입시켰다고 하자. 그것은 효과를 거둘 수 있으며 그 이유 중 하나는 그것이 매우 새롭다는 점 때문일 것이다. 그후 '은근한 판매'를 닮아 가려는 경쟁이 발생할 수 있으며 곧 모든 사람은 '은근한 판매' 방법을 사용하려 할지 모른다. 그러나 판매부장은 으르렁대기 시작할 것이다. "우리는 물건을 팔아먹으려는 것이지, 농담 따위나 하자고 이 짓을 하고 있는 것이 아니야." 그러면 그 추는 다시 '강압적인 판매' 쪽으로 움직일 것이다. 따라서 추가 '은근한 판매' 쪽으로 기울어 있는 동안 만화가 등장한다.

그 좋은 예로 필즈Piels 맥주 회사가 개발한 '버트와 해리Bert & Harry'라는 캐릭터를 들 수 있다. 무한 경쟁의 뉴욕 맥주 시장에서 버트와 해리 필은 1955년 필즈 맥주의 대변인으로서 텔레비전과 인쇄 광고에 소개되었다. 에드 그래엄Ed Graham 2세의 발명품인 이 캐릭터는 광고 대행사의 수석 미술 감독인 잭 사이드보텀Jack Sidebotham이 그렸다. 텔레비전에서 그들의 목소리는 코미디언 봅과 레이가 담당하였다.

상업적 커뮤니케이터들의 두 번째 목적은 이해이다. 때때로 이것은 단순히 '상표 구별'로 전락하기도 한다. 만화 캐릭터인 버트와 해리는 필즈맥주회사의 식구가 되었다. 시청자들이 사서 먹고 싶어 하는 것은 바로 그들의 맥주였다. 또 다른 경우 광고주들은 수용자들이 '어떤 특정한 상품에는 어떤 특성이 있구나'라고 이해해 주기를 바라기도 한다. 액슨Exxon 석유회사는 자기 회사의 상품을 사용하는 것은 기름 탱크에 '호랑이'를 넣은 것처럼 큰 힘을 발휘할 수 있다고 잠재적 구매자들에게 인식시키려 하였다. 그리하여 액슨사는 자신의 상품을 호랑이 만화로 상징화하였다.

셋째, 광고주들은 수용, 즉 그 상품에 대한 긍정적인 태도의 형성을 원한다. 때때로 이것은 액슨사의 호랑이처럼 한 속성의 극적인 표현을 의미한다. 때때로 그것은 버트와 해리가 그러했던 것처럼 그 상품에 대한 우호적인 감정을 계발시키는 것을 의미한다. 그리고 때때로 만화 캐릭터는 마치 인간의 명성이 그러한 것처럼 그 상품을 보존해 준다. 만일 "당신이 '요기 베어Yogi Bear'[55]

를 좋아하고 '요기'가 어떤 상품을 좋아한다면 당신도 그 상품을 좋아하게 될 것이다"라는 것처럼.

넷째, 광고주들은 상기하기를 원한다. 이 점은 상품 진열장이 결정적인 역할을 할 수 있다. 만화 캐릭터는 슈퍼마켓의 커다란 선반이나 상점의 진열장에 재등장하여 우리에게 그 상품을 상기시켜 줄 수 있다. 물론 만화 캐릭터는 포장지에도 등장할 수 있다. 이 점은 구매자에게 그 상품을 선택하도록 조장하는 것이다. 그리고 집으로 운반될 경우 그것은 구매자로 하여금 그 상품을 소비하도록 유도하고 결국 또 다른 것도 곧 구매하도록 만들어 줄 수 있다. 이러한 단계를 거쳐 판매자는 다섯 번째의 최종적인 단계인 이용을 달성하게 되는 것이다.

많은 형태의 상업 만화는 대체로 익명의 만화가들이 제작하고 있다. 어떤 신문이나 잡지를 얼핏 보아도 어떤 특정한 상품을 사용해서 기쁘다고 — 또는 당신도 그럴 것이라고 — 말하며 우리의 주의를 끌고 있는 무기명의 인물들이 많이 있음을 알 수 있다. 때때로 만화는 그 상품을 어떻게 사용해야 할 것인지를 알려 주기도 한다. 돈을 아낄 수 있는 '조지 워싱턴의 날' 기념 세일이라든가, 밸런타인데이 선물을 마련해야 된다든가, 또는 노동절이 곧 다가올 것이라는 점 등을 단순히 상기시켜 주기도 한다. 아

---

55. 한나 – 바버라 제작사에서 만든 애니메이션의 주인공인 곰이다. 1958년 <허클베리 하운드 쇼*Huckleberry Hound Show*>에 조연으로 등장하여 1961년 쇼의 주인공으로 발전하였다.

무리 잘 구성된 만화 광고라도 — 예를 들면, 필즈 형제나 액슨 호랑이 — 특정한 만화가와 항상 동일시되는 것은 아니다.

물론 유명한 만화가의 창작품이 종종 상업적인 임무를 수행하기도 한다. 수년 동안 꼬마 고아 애니는 오발틴Ovaltine[56]의 행상을 거들었다. 게다가 많은 유머 만화가들이 특정한 캠페인을 위해 고용되어 활동해 왔다. 리처드 데커Richard Decker는 필라델피아 <불틴Bulletin>지에서 "필라델피아에서는 거의 모든 사람들이 <불틴>지를 읽는다"라는 표제를 계속 사용하면서 만화 시리즈를 장기 연재하였다. 예를 들면 게시판에 많은 게시물이 어떤 재난이 발생하는지 알려 주고 있지만 단지 한 사람만이 그것에 주목할 뿐, 나머지 사람들은 <불틴>지를 정신없이 읽고 있는 만화이다. 버질 파치Virgil Partch는 <앙고스투라 비터스Angostura Bitters>지에 만화 시리즈를 연재하면서 바텐더가 고미제(苦味濟, bitter)[57]를 잊고 술을 만들어 주었을 때 어떤 사람의 화내는 모습을 재미있게 묘사하였다. 롤런드 B. 윌슨Rowland B. Wilson은 총천연색의 대형 만화 삽화를 보험 회사에 그려 주었다. 각 만화들은 한 사람이 친구에게 "내 보험회사? 물론 뉴잉글랜드 라이프지, 왜냐구?"라고 말하자마자 곧 그가 어떤 사고를 당하는 내용으로 되어 있다.

요컨대 만화의 역사에 비교적 늦게 출발했음에도 불구하

---

56. 세계적인 우유류 제품 상표이다. 스위스에서 처음 시작하여 영국을 거쳐 미국으로 넘어왔다.
57. 쓴 맛을 내는 약물, 여기서는 같은 철자인 <비터스Bitters>지를 은유적으로 표현하는 것이다.

고 오늘날 상업 만화는 그것이 지배하는 돈과 시간의 견지에서, 또한 시장과 우리 개인의 삶에 미치는 영향력의 견지에서 이미 중요한 것으로 자리 잡고 있다.

만화에 대한 하나의 캐리커처

우리가 이 시점의 만화에 대해 역사적 맥락에서 언어적 캐리커처를 해본다면 만화를 가지 많은 한 그루의 나무로 비유할 수 있을 것이다. 그 나무는 역사적으로 깊은 뿌리를 갖고 있어 직근直根은 문자 그대로 유사有史 이전의 것이다. 그러나 만화는 인쇄술이 발명되고 나서야 비로소 힘차게 그 가지를 뻗었다. 두 번째 주된 줄기는 영화의 도래와 함께 나타났다. 차례로 그것은 텔레비전으로 발전하였다. 이제 막 드러나기 시작한 잔가지는 컴퓨터 그래픽이다. 오늘날의 만화는 일찍이 다른 어떤 시기보다도 풍부하고 화려하다. 한편 그것은 브로드웨이 연극이나 실사 영화(實寫映畵, live-actor movie)와 같은 많은 영역에서 열매를 맺고 있다.[58] 만화라는 나무의

---

[58]. 만화를 원작으로 개작 내지 각색 adaptation하여 드라마나 영화를 제작하는 것은 이제 전 세계적으로 매우 일반적인 현상이 되었다. 특히 <슈퍼맨>, <배트맨>, <스파이더맨> 시리즈와 같은 미국의 초영웅 연재 만화는 블록 버스터의 틀에서 제작되어 대중적 인기를 얻은 고전적인 사례라 할 수 있다. 한국의 경우도 만화를 원작으로 하는 드라마와 영화가 하나의 추세를 이룬다. 드라마의 경우, 1990년대 이현세의 <폴리스>(1994)를 필두로 허영만의 <아스팔트의 사나이>(1997), <미스터 Q>(1998) 등이 제작되었고, 2000년대에는 방학기의 <다모>(2003)를 시작으로, 원수연의 <풀하우스>(2004), 강희우의 <불량 주부>(2005), 박

몇몇 가지들은 상상력이나 분노에 불을 붙이는 불쏘시개가 되고 있다. 다른 가지들은 서로 엉켜 수입이라는 무성한 녹색 잎을 만들어 신문의 연재 만화처럼 어떤 가지들은 전성기에 다다른 것도 있다. 그러나 서사적 예술 형식은 새로운 방향, 예를 들면 '삽화 소설'과 같은 쪽으로 뻗어 가고 있다. 전체적으로 볼 때, 만화라는 나무는 계속 성장할 것이며 우리를 둘러싼 매스 미디어라는 울창한 숲과 점점 더 얽혀질 것이다.

소희의 <궁>(2006), 박인권의 <쩐의 전쟁>(2007) 등 만화 원작의 드라마가 시청률에서 성공을 거두었다. 2008년에도 허영만의 <식객>, <사랑해>, <타짜>가 이미 방영되었고, 이현세의 <공포의 외인구단>도 제작 중이다. 영화 쪽은 좀 더 오래되었다. 이현세의 <공포의 외인구단>(1986)을 시작으로 박봉성의 <신의 아들>(1986), 이현세의 <지옥의 링>(1987), 허영만의 <비트>(1997), 김혜린의 <비천무>(2000), 허영만의 <타짜>(2006), B급달궁의 <다세포소녀>(2006), 강풀의 <아파트>(2006), <바보>와 <순정만화>(2008), 허영만의 <식객>(2007) 등 만화를 원작으로 하는 영화가 꾸준히 만들어지고 있다(<뉴스메이커> 761호, 2008. 2. 5 참조). 만화를 원작으로 활용하는 경우 얻을 수 있는 이점은 먼저 장기간의 연재(혹은 연속된 단행본)를 통해 확보된 원작의 다양한 스토리라인을 활용할 수 있다는 점이다. 또한 스토리와 함께 장기간 제작된 만화마다 주인공 캐릭터와 그들이 살아가는 각각의 세계관이 존재하며, 이러한 스토리라인과 세계관은 새롭게 만들어지는 영상 작품의 독창성 및 내실화를 유도한다. 또한 이미 (출판) 만화를 접촉한 대중들에게나 수출된 지역에서 사전 인지도와 경쟁력을 확보할 수 있다는 장점도 갖는다(≪만화산업백서 2006≫, pp.70~78).

5. 만화의 관심사

미개척 연구 분야

현대 매스 미디어의 전 영역에서 만화는 상당히 만족을 주고 무해한 요소처럼 보인다. 그러나 비평가들은 만화가 사회 속에서 수행하는 것 — 그리고 수행하지 못하는 것 — 에 대해 의문을 제기하여 왔다. 이러한 관심사는 과거의 연구에 자극을 주어 왔고 미래의 연구 의제에 영향을 미칠 것이다. 외형적인 단순함에도 불구하고 만화는 복합적이고 잠재적인 것이며, 또한 풍부하고 다양한 연구 의제를 제시한다.

비난과 관심사

인간 커뮤니케이션은 노동력을 절약할 수 있는 훌륭한 장치이다. 보잘 것 없고 미약한 상징들을 통해 산더미 같은 물체와 막대한 에너지의 분출을 가져올 수 있다. 그러나 한편 그것이 실제 세계로부터 상징 세계로 옮아갈 경우 어떤 위험도 발생할 수 있다.

사람들은 황당무계한 말을 할 경우가 있다. 그리고 현실 세계에 적용되는 점검으로부터 자유로운 상징 세계에서는 그러한 황당무계한 말을 하는 것이, 또한 심지어 그것을 깨닫지 못하는 것도 가능하다. 그 세계에서는 환상과 실제를, 소망적인 사고와 현실적인 상황을, 할 수 있었으면 하는 것과 해야만 할 것을 혼동하는 것이 가능하다.

게다가 커뮤니케이터들은 상징 체계를 자신들에게 유리한 쪽으로 부당하게 조작할 수 있다. 그들은 거짓말을 할 수 있다. 그들은 사람들의 마음을 들뜨게 할 수 있으며 또한 유혹할 수도 있다. 그들은 사람을 부추길 수 있으며 또한 위협할 수도 있다.

만화는 여타의 모든 커뮤니케이션 상징들과 마찬가지로 기본적인 장점과 명확한 단점들을 공유하고 있다. 만화는 많은 곳 — 좋든 나쁘든, 조촐하든 엄청나든 — 에 이용될 수 있는 인간의 발명품이다. 이러한 만화에 대해서 많은 관심이 표명되어 왔으며 만화를 겨냥한 많은 비난이 제기되어 왔다. 만화는 그 자체가 특별하고 독특한 상징이기 때문이다. 이러한 관심들은 조악하지만 과거부터 만화에 대한 연구 항목으로 이용되었으며 앞으로 만화가 가질 영향력과 잠재력을 탐구하기 위한 출발점을 제공한다.

만화에 대해 표명되어 온 이러한 관심사들을 살펴보면 다음과 같다.

- 만화는 폭력을 묘사하며 조장하기도 한다. 만화는 폭력을 더욱 재미있는 것으로, 더욱 허용될 수 있는 것으로, 실제보다 덜 심각한 것으로 보여 준다.
- 만화는 외설적이고 음란한 것을 보여 준다. 그것은 정숙한 남녀 관계를 우스꽝스럽게 그리며 '우둔한 금발 여자'와 '섹시한 계집애들,' 그리고 '건달 남자'에 대한 비현실적인 정형을 다룬다.
- 기본적으로 만화는 천박하고 도피적이며 저급한 것이다. 그것은 — 특히 어린이들의 — 주의를 분산시켜 미술, 문학 그리고 유용한 지식에 대해 관심을 덜 기울이게 만든다.
- 마찬가지로 만화는 문맹률을 높인다. 텔레비전과 마찬가지로 만화는 보다 추상적이고 난해한 상징들 대신에 글을 모르고도 이해하기 쉬운 그림들을 제공하기 때문이다.
- 만화는 비현실적인 환상의 세계를 보여 준다. 특히 어린이들은 만화의 환상과 현실을 혼동하기도 한다.
- 만화는 대량 제작된 — 또 종종 저급한 — 환상물로 어린이들 고유의 창조적인 놀이를 대체함으로써 어린이들의 환상 세계를 빼앗는다.
- 연예인으로서, 만화는 수용자들을 유혹하여 파렴치한 장사꾼들의 수중으로 들어가게 만든다. 이러한 점은 특히 어린이들이 개입된 경우 더욱 불미스러운 일이 된다.
- 해설자로서, 만화는 공명정대하지 못하다. 바로 그 속성 때문에 만화는

사실을 왜곡하고 과장하는 것이다.
- 해설자로서, 만화는 본질적으로 현상에 대해 부정적인 성향을 취하며 그것을 비웃는다. 이것은 결국 만화가 파괴적이며 허무주의적이라는 것을 의미한다.
- 만화는 전형적으로 복잡한 문제들을 지나치게 단순화시키는 정형을 다룬다. 만화는 이해에 필요한 상세한 사항들을 거의 제공하지 않는다.
- 만화는 전근대적인, 민족적·종교적·성적인 정형을 다룬다. 만화는 대중 문화의 가장 나쁜 요소들 중 몇몇을 보존하고 영속화한다.
- 만화는 또한 인지할 수 없는 상像과 정형들을 다룬다. 만화는 무책임하게 설득을 하며, 그 논의에 대해 이성적이고 논리적으로 생각을 표현하거나 잘못을 지적하지 않는다.
- 마찬가지로 만화는 이성보다는 감정에 호소한다. 그것은 이성적인 논의를 단절시켜 버린다.
- 같은 맥락으로 만화는 유머스하다. 그러므로 비평이나 진지한 토론에서 '당의정糖衣錠'이 입혀진 그 내용은 아무리 치명적인 것이라 할지라도 독자들에게 수용된다.
- 만화는 강력하지만 대체로 검토되지 않은 문화적 힘이다. 그것은 우리에게 끊임없이 역할 모형, 보편적인 인간의 경험, 문화적 원형을 상기시키는 메시지를 제공한다. 그러나 그것이 얼마나 잘 선정되고 신빙성을 갖고 있는가는 의문의 여지가 있다.
- 만화는 교육에 이용된다. 그러나 그것은 단순히 재미있게 해주는 것이지 진정 가르치는 것은 아니다.
- 만화는 그 자체의 문화권 내에서는 훌륭할 수도 있다. 그러나 그것이 다른 곳으로 수출될 경우 문화적 침략이 되어 버린다. 그것은 보존, 정신주의 그리고 신성주의神聖主義를 가치 있게 생각하는 사회에 변화, 물질주의 및 세속주의적인 메시지를 전달한다.

이러한 점들이 '적극적인 죄error of commission'인 반면 만화는 '태만 죄error of omission'를 저지르기도 한다. 예를 들면,

- 만화는 교육, 연구, 건강, 인지 발달, 창의성의 자극, 그리고 개인적 이고 대인적인 커뮤니케이션의 개선에 더욱 효과적으로 사용될 수 있다. 그러나 실상은 그렇지 못하다. 그리하여 결국,
- 만화는 그 잠재력을 충분히 발휘하지 못하는 예술 양식이 되고 만다.

이러한 주장들 중 몇몇에 대한 연구는 평생의 작업이 될 수 있을 것이다. 몇몇은 실증적인 연구 틀로는 분석하기 어렵게 서술되어 있다. 어떤 문제들에 대해서는 실증적인 자료가 마련되어 있다. 그러나 때때로 그 결과가 사실을 밝혀 주기도 하지만 논란을 불러일으키기도 한다.

연구 의제의 틀
이러한 관심사들은 크게 세 가지 영역으로 나눌 수 있다.

① 만화 부호

몇몇 관심사들은 만화가 도상적 상징이고, 언어적이라기보다 회화적이기 때문에 제기된 것이다. 게다가 만화는 특별한 유형의 도상적 상징이다. 그것은 사물을 단순화시키고 과장하며 또한 놀려대며 웃음을 끌어낸다.

② 만화 내용

현대 사회에서 이용되는 만화는 그 내용의 몇몇 유형을 제공한다. 즉 정치적 논평, 상업적 메시지, 범죄와 폭력 이야기, 그리고 성적 역할, 소수 인종 및 민족에 대한 묘사 등이다.

③ 만화 상황

광범위한 커뮤니케이션 틀 속에서 만화는 특정한 수용자에게 영향을 미칠 메시지로서 이용된다. 목표로 하는 대상은 어린이같이 특히 취약한 수용자일 수도 있다. 어찌 보면 어린이들은 다른 사람들을 지향했던 메시지의 비의도적인 수용자일지 모른다. 만화는 쉽게 이해될 수 있기 때문에 다른 층을 겨냥했던 메시지에 어린이들이 영향을 받을 수 있기 때문이다. 또한 수용자들은 완전히 상이한 문화나 사회 속에 존재한다. 따라서 만화는 의도적이거나 비의도적인 문화적 침략과 연관될 수 있다.

우리가 만화 부호에 관해 더욱 많이 알게 되면 그 영향력과 잠재력에 대해서도 더욱 많이 알 수 있을 것이다. 반대로 우리가 만화의 이용과 영향에 대해 더욱 많이 알게 될수록 만화부호와 그것이 진행되는 방식에 대한 통찰력을 획득할 수 있을 것이다. 요컨대 만화는 흥미로운 커뮤니케이션 잠재력을 제공하며 동시에 인간 커뮤니케이션에 관심을 갖고 있는 사람들에게 풍부한 연구 문제들을 제공한다.

만 화 의 연 구

만화는 연구의 도구, 그리고 연구의 주제로서 쓸모가 있다. 연구의 대상으로서 만화는 ⓐ 부호로서(예를 들면 문자나 사진과 비유되는 것), ⓑ 그 내용, 즉 그것이 창출해 내는 메시지에 대해, 그리고 ⓒ 그것의 광범위한 사회 및 문화와의 관계(예술적인 기능을 포함한)의 측면에서 연구된다.

연 구 의 도 구

만화는 때때로 연구의 도구로서, 다른 커뮤니케이션 관심사를 연구하는 수단으로서 이용된다. 예를 들면, 3장에서 언급한 바와 같이 만화는 알포트와 포스트먼의 '소문에 대한 연구'(Allport & Postman, 1945)에서 부수적으로 이용되었다. 연구 결과 사람들이 언어적 메시지에서 언어적 메시지로 옮아갈 때보다 만화적 메시지에서 언어적 메시지로 옮아갈 때 더 상이한 양의 평탄화가 발생한다는 것이 드러났다. 그러나 그러한 점이 그 연구의 주된 추진력은 아니었다. 사실상 그 가설을 검증하려면 만화 자체에 대한 직접적인 분석이 있어야만 할 것이다. 그러기 위해서는 일정한 그림에서 얻을 수 있는 정보를 주의 깊게 고찰해야 하며 또한 상이한 유형의 만화들을 표집해야 할 것이다.

만화를 연구의 도구로서 사용한 예는 K. 메이어 등의 연구

(Meyer et al., 1980)에서 더욱 명백히 살펴볼 수 있다. 그들은 100년에 걸쳐 "7월 4일자[1] 신문 만화에 비추어진 여인들"을 연구한 후 다음과 같이 서술했다.

> 다음과 같은 여러 근거에 의거하여 만화를 분석 대상으로 선정하였다. 첫째, 1860년대 이래 지금까지 미국의 일간 신문에는 정치 만평이 끊임없이 게재되어 왔기 때문에 만화들은 그 기나긴 기간에 대한 지속적인 소식통이 될 수 있다. 둘째, 만화는 풍부한 정보원이 될 수 있다. 그것의 일차적인 시각적 기호와 이차적인 기호의 결합이 갖는 복잡성과 완결성은 여성에 대한 복잡한 메시지를 가능케 해주기 때문이다. 또한 만화는 그 구체적인 주제와 상관없이 미국의 문화에서 여성의 위치를 반영하는 미디어로서 이용될 수 있다. 마지막으로 만화는 사회적 추세를 묘사하고 태도를 반영하여 보편적인 문화의 단계를 재현하기 때문에 7월 4일에 발표되는 정치 만평들은 미국 문화의 지배적인 견해들을 반영해 주는 것으로 생각된다.

그들은 '만화 사회학'(Bogardus, 1945)을 고찰했던 초기 연구자들의 이론에 토대를 두고 연구를 진행하였다. 그들은 만화에서 여성들이 묘사되는 방식을 ⓐ 지배, 즉 주도적인가 수동적인가, ⓑ 외모, 즉 매혹적으로, 품위 있게 또는 생동적으로 묘사되느냐, ⓒ 역할, 즉 전통적, 비전통적 또는 상징적(예를 들면 '자유의 여신상'처럼)이냐 등의 견지에서 살펴보았다. 이러한 분석을 통해 메이어 등은

---

[1]. 미국의 독립 기념일.

다음과 같이 결론을 맺었다. "매혹적인 여성과 품위 있는 여성은 활동적인 여성에게 자리를 물려주고 있다. 그러나 아직도 전통적인 규범을 드러내는 미묘한 분위기는 여전히 남아 있다"(Meyer et al., 1980: 21).[2]

연구의 주제

부호

기본적인 부호의 차원에서 볼 때 만화는 때때로 특별한 연구 대상이 되어 왔다. 예를 들면, 라이안과 슈바르츠(Ryan & Schwartz, 1956)는 만화를 세밀한 선화, 음영화陰影畵, 사진과 비교하였다. 익숙한 어떤 사물을 이 네 가지 양식으로 표현했을 경우 만화에 의한 재현이 일반적으로 가장 신속하게 해독된다.

또 다른 연구는 몇몇 일반적인 만화 부호 관습의 신뢰성에 대해 살펴보았다. 예를 들면 3장에서 약술한, 감정에 대한 기본적인 만화 표현이 미국 안팎에서 실증적으로 검증되고 있다(Harrison,

---

2. 만화는 진공 상태에서 창조되는 것이 아니기 때문에 그 당시의 사회 문화적 의미를 읽어 낼 수 있는 유효한 텍스트가 된다. 예를 들면, 1920년대 석영 안석주의 만문 만화 작품들을 중심으로 살펴본 한국 풍속 사회사인 신명직(2003), 한국 성인 만화 속에 담겨 있는 정치적 의미와 그 모습을 분석한 박종성(2000), 2차 대전 패망 직후부터 현재까지 일본의 애니메이션 작품을 통해 일본의 역사와 현실 인식을 고찰한 최석진(2002), 미국 만화가 어떻게 미국의 사회와 문화를 드러내는지 추적한 김기홍(2005), 디즈니 애니메이션 작품에 담긴 인문학적 요소를 풀어낸 김용석(2000) 등을 들 수 있다.

1964; Cuceloglu, 1970). 그러나 '만화 그리기'에 관한 많은 책들은 얼굴의 생리학과 감정 표현의 보편성에 대해 현재 알려진 것과는 상충되는 충고를 제시하고 있다(Ekman & Frieson, 1978, 1975).

어떤 만화 교습책들은 흥미를 돋우면서도 독특하며 문화 구속적이거나 또는 독자 개개인의 시각적 경험과 관련을 맺을 수 있는 것에 시사점을 제시한다. 예를 들면, 댄 오닐 등(O'Neill et al., 1974)은 만화 캐릭터의 얼굴에 눈꺼풀을 덧붙임으로써 행복을 만족으로, 비열함을 사악함으로, 불쾌감을 분개로, 혼란스러움을 피곤함으로, 분노를 잔인성으로, 의혹을 경멸로, 당황함을 수줍음으로, 그리고 결백함을 유죄로 바꿀 수 있다고 언급한다. 그러한 오닐의 예 중 몇몇은 신빙성이 있다. 일단 그러한 점들이 실제로 펼쳐지면 그 주장은 자명한 것으로 드러나기 때문이다. 어떤 경우에는 실증적인 검증을 통해 좀 더 광범위한 해석을 할 필요가 있을 것 같다. 어떤 독자들은 만화 커뮤니케이터의 의도와 똑같은 해석을 내릴 수 있지만 또 다른 사람들은 그렇지 않을 수도 있다. 그 순간 우리는 만화의 이러한 단서가 얼마나 믿을 만한 것인지 알 수 없게 된다. 우리는 무엇이 어떤 사람들에게 일정한 해석을 내리도록 이끌며, 반면 다른 사람들에게는 상이한 — 또는 전혀 무의미한 — 의미를 부여하도록 만드는지 알 수 없는 것이다.

≪연재 만화의 뒷무대≫에서 모트 워커는 스스로 '만화 어록'이라 명명한 것에 대한 재미있는 목록을 제시하였다(그림 3-6 참조). 그것은 생각 풍선, 행동선, 그리고 만화가들이 독자의 마음에 들게 하기 위해 사용하는 일종의 '방향물芳香物'과 같은 만화 부

호들을 말한다. 워커는 풍부한 상상력을 동원하여 학문적인 냄새를 풍기는 이름들도 사용하였다. 예를 들면 솔라즈solards, 랩스빔즈lapsebeams, 인도썸즈indotherms, 스와룹swaloop, 위톱whitope, 댓-어-트론that-a-tron, 스퀸즈squeans, 펄즈purls, 크로틀즈crottles, 플르즈plewds, 스러시-스톤드thrush-stoned 등이다.

이러한 것들을 대할 때 하나의 심각한 문제가 제기된다. 즉 '이러한 언어들이 과연 얼마나 포괄적인 것이며 또한 얼마나 명확히 이해될 것인가? 어린이들이 이러한 만화 부호를 어떻게 숙달할 것인가? 그러한 것이 다른 문화권에서 얼마나 잘 이해될 것인가?'라는 점들이다. 예전부터 문맹률이 높은 집단들에게 건강, 위생 또는 기술에 관한 메시지를 전달하고자 노력했던 커뮤니케이터들은 만화가 효과적이라는 것을 발견했다. 그러나 만화조차도 적절히 이해하기 위해서는 '도화적 해독 능력graphic literacy'이 어느 정도 필요하다(Fonseca & Fearl, 1960).

컴퓨터 그래픽이 발달하면서 약간의 변화만 가하면 일련의 다양한 이미지를 신속하게 창출할 수 있게 되었고 따라서 기본적인 화상적 부호는 점점 더 중요한 연구 대상이 될 것이다. 또한 어떤 사람이 무엇을 이해하고 어떤 변화가 실제로 그들 간에 중요한 차이점을 낳게 하는지 알아보려면 표집을 통해 선정된 사람들을 대상으로 이러한 이미지를 검증해 볼 수 있다. 마지막으로 만화의 표현 양식에 대한 역사 및 비교 연구를 할 수 있다(부록 참조).[3] 또한 효과적인 만화 커뮤니케이션의 근본 원리도 알 수 있을 것이다.

요컨대 만화 부호에 대한 이해는 누가 만화에서 무엇을 배울 수 있는가, 어떤 이미지가 어떤 효과를 낳을 것인가를 예측하는 중요한 단서가 될 것이다. 또한 만화 부호에 대한 이해는 그래픽 커뮤니케이션의 교육을 좀 더 용이하게 만들어 줄 것이다. 가브리엘 살로몬Gavriel Salomon이 시작한 비교적 새로운 이 분야를 통해 다른 표현 양식과 대립되는 만화의 사용이 결국 인지적 기술, 즉 각 개인들이 그들의 상징 세계를 조망하고 조작하는 방식에 영향을 미칠 것이라는 점을 알 수 있을 것이다.

내용

살로몬이 지적하듯 커뮤니케이션 연구자들은 일반적으로 메시지의 내용에 관심을 갖고 있다. "젊은이들에게 바람직하지 못한 생각을 심어 준다고 '이야기'에 대해 걱정하며 비판했던 플라톤으로부터 시작하여 그림Grimm 형제의 공포물, 영화의 비도덕성, 텔레비전의 폭력에 이르기까지 미디어의 내용들은 관심의 초점이 되어 왔다"(Salomon, 1979b: 53). 이러한 점은 만화의 연구에서도 명확하게 적용된다.

스피겔만 등(Spiegelman et al., 1953)은 만화의 캐릭터가 수행하는 목표, 그러한 목표를 달성하기 위해 사용되는 수단에 대해 특

---

3. 만화에 대한 비교 연구의 일례로 기호학적 방법을 사용하여 한국과 일본의 만화가들을 둘러싼 문화 환경, 사회 구조, 지리 여건, 언어 표현 등을 통해 한일 간의 '만화 커뮤니케이션 스타일'을 비교한 권경민(2007)을 들 수 있다.

별히 주목하면서 만화의 내용을 연구하였다. 샌저(Saenger, 1955)는 미국의 연재 만화에서 드러나는 남녀의 관계를 중점적으로 살펴보았다. 그는 1950년부터 연재된 156개의 연재 만화의 캐릭터를 그 사회적 계층에 따라 분석한 결과, 전체의 2/3가 사무직 근로자임을 발견했다. 샌저는 지적하기를 "중산 계층의 도덕성을 유지하기 위해서 절대 이혼하거나 별거한 남녀가 등장하지 않았다"고 말하였다. 하지만 최근에는 <스플릿츠빌*Splitsville*> 같은 연재 만화처럼 이혼을 그 중심 주제로 삼는 만화도 등장하였다.

샌저는 또한 지금 다시 조사해 봐도 재미있을 만한 사실을 발견했다. 그는 만화에서 독신 남성이 독신 여성보다 더욱 도량이 크고 더욱 권세를 휘두르며 또한 더욱 공격적으로 묘사된다고 지적하였다. 그러나 기혼인 경우 어떤 여성들은 남성보다 더욱 도량이 크고 권세를 부리며 공격적으로 묘사되는 경향을 보였다.

바커스(Barcus, 1961, 1963)는 초기의 연구들을 토대로 일요 신문의 연재 만화의 내용 분석을 광범위하게 시도하였다. 그는 '가정 일상사'가 전체의 약 30% 남짓 되는 가장 많은 내용임을 발견하였다. 두 번째로 빈번한 내용은 '범죄'로 약 17%를 차지하였다. 전 연구 기간(1943~1958)에 걸쳐 살펴보면 연재 만화의 중요한 추진력은 유머로 나타나 전체 연재 만화의 2/3가 이 범주에 해당되었다. 모험 활극이 두 번째로 약 1/5에 해당되었다.

바커스는 연재 만화가 주로 인간들을 주인공으로 한다는 것(92%)을 발견하였다. 그러나 요즈음의 연재 만화를 살펴보면 1958년 이래로 동물의 등장이 급속도로 증가하였음을 알 수 있다. 바커스 연구의 결과를 보면 등장 인물의 2/3는 남성이었다. 남성들은 여성보다 나이가 더 들었으며 독신인 경향이 더 심했다. 1943~1958년의 연재 만화의 세계에서 미국의 흑인들은 거의 존재하지 않았다. 바커스가 발견한 바로는 478명의 등장 인물 중에 흑인은 단 1명에 불과하였다.

만화의 등장 인물들은 다양한 목표를 추구하였다. 쾌락(17%), 권력(13%), 사랑(12%), 정의(11%), 그밖에 자기 표현, 자기 보존, 부, 위신, 권태로부터의 도피 및 복수 등이다. 이러한 자신들의 목표를 달성하기 위하여 만화 캐릭터들은 일하며(27%), 속임수를 쓰고(15%), 외모를 이용하거나(13%) 폭력을 사용하며(10%), 또한 권력이나 운에 의존하기도 하였다.

실제 세계와 비교해 볼 때 바커스에 의해 제시된 연재 만화의 세계는 더욱 매혹적이고 모험적이며 범죄로 가득 차 있으며, 한편 소수 민족들에게는 덜 할애되어 있었다. 바커스는 연재 만화들이 '손쉬운 정형화를 통해 등장 인물과의 신속한 동일화 *the quick identification of characters through easy stereotypes*'에 의존한다고 지적하였다(Barcus, 1963: 216). 따라서 연재 만화의 세계는 '불량한' 세계라기보다는 매우 '단순한' 세계라고 결론을 내렸다.

상황

내용이 일단 규명되면 연구자들은 다음과 같은 의문을 제기한다. 그것은 무엇을 뜻하는 것인가? 이것은 다시 매우 구체적인 질문으로 그 형태를 바꾸게 된다. 예를 들면, '범죄를 다룬 연재 만화를 본 결과가 무엇인가?'라고. 한편 이것은 매우 광범위한 질문으로도 구성된다. 예를 들면, '만화 예술과 커뮤니케이션이 사회 및 문화와 어떠한 관계를 맺고 있는가?'라고.

구체적인 결과를 연구한 예로 로즈의 연구(Rose, 1963)를 들 수 있다. 그는 한 인간이 정신 분열증에 걸린 후 회복하는 과정에서 일어나는 일화를 다룬 <렉스 모간 M. D.>라는 만화의 독자들이 드러내는 정신 건강에 대한 태도 변화를 연구하였다. 로즈의 연구에 따르면 대부분의 독자들이 연재 만화를 교육적이라고 생각하고 있으나 그 점이 독자층을 감소시키지는 않았다는 것이다. 또한 그는 연재 만화에서 다루는 특정 문제에 독자들의 태도가 호의적으로 변하는 것은 발견하고 결론 내리기를, 연재 만화의 일화들은 정신적인 문제에 대한 지각 및 개념 규정을 날카롭게 해주며 명백히 하는 데 도움을 준다고 하였다.

상황에 대한 광범위한 연구의 예로 버거의 ≪연재 만화화된 미국인≫과 더욱 최근의 선집으로 만화와 문화에 대해 초점을 둔 <대중 문화 The Journal of Popular Culture> 1979년 봄호를 들 수 있다. 버거는 스스로 자신의 책을 "연재 만화가 우리의 문화를 반영하는 방식"에 대한 최초의 연구라 부르고 있다. 예를 들면, <피너츠>의 분석에서 그는 희극은 네 가지 유형들 — 사기꾼, 자기 혐오자, 광대, 시골뜨기 — 로부터 발생한다는 노스롭 프라이 Northrop Frye의 비평적 견해를 중점적으로 다루었다. 버거는 논하기를 슐츠는 인물과 이야기를 교묘하게 잘 배합하였으며 "연재 만화를 미국 생활의 정수精髓의 한 부분으로 변화시켰다"고 말하였다(Berger, 1973: 493).

　　요컨대 만화는 연구의 도구이며 또한 부호, 내용 또는 상황에 초점을 둔 연구의 주제가 된다. 그러나 실제로 이루어지는 대부분의 연구에서는 그것이 논평이든 희극이든 아니면 상업적인 무엇이든 약간의 광범위한 사회적 관심에 의해서만이 만화를 다루고 있을 뿐이다.

만 화 와　정 치

　　메이어 등(Meyer et al., 1980)이 미국 여성들의 역할 변모를 살펴보기 위하여 정치 만평에 대한 사회학적 고찰을 시도한 반면 다른 많은 학자들은 일반적인 정치적 변화 및 역사적 사건을 기록하거나 조사하기 위하여 시사 만화를 이용하였다. 이미 언급한 바와 같이 많은 만화가들은 그들의 작품들을 모아 출간해 오고 있다. 또 오랜 경력을 자랑하는 작가들의 만화는 전 시대를 하나의 관점으로 살펴보는 독특한 기록이 된다.

　　게다가 몇몇 시사 만화가들은 자서전을 집필하거나 자신들에 관한 전기를 저술하기도 한다. 이러한 것 역시 어떤 특정한 시기에 대한 인식과 그 분위기를 살펴볼 수 있는 흥미 있는 역사적 기록이 된다.

　　하나의 특정한 역사적 사건, 예를 들어 1차 세계 대전, 금주법, 2차 세계 대전 또는 케네디 대통령의 피살 등과 같은 것을 조명하기 위해서도 시사 만화들이 수집, 이용된다.4 그것들은 또한 엉클 샘과 같은 정치적 상징이나 미국 외교 정책의 역사 또는 미소 관계와 같은 외교 정책의 한 양상 등을 연구하는 데 쓰이기도 한다.

이러한 수집과 분석들은 미국의 대통령직, 특정한 대통령 선거 캠페인, 그리고 구체적인 대통령 ― 예를 들면, 후버, 트루먼, 존슨 그리고 닉슨 등 ― 에 초점이 맞추어 진행되고 있다. 특히 닉슨 대통령과 워터게이트 사건은 포괄적으로 다루어 졌으며(Von Hoffman & Trudeau, 1973) 연구되었다(Wheeler & Reed, 1975).

10년, 100년, 또는 한 국가의 전체 역사를 묘사하기 위해 만화를 수집하기도 한다. 실제로 샤이크(Shikes, 1969)와 같은 몇몇 작가들은 만화가들을 사회 비평가로서 인식하고 15세기부터 20세기에 걸쳐 살펴보았다.

최근에는 특히 정치 만평의 사회적 역할에 초점을 둔 많은 서적들이 나왔다. 그 한 예로 시드 호프Syd Hoff라는 만화가가 편찬한 ≪시사 및 정치 만평Editorial and Political Cartooning≫을 들 수 있다. 이것은 이 분야의 "초창기부터 현재까지 세계적으로 유명한 만화가들의 700여 작품"을 다룬 책이다. 비슷한 예로 스티븐 헤스Stephen Hess와 밀튼 캐플란Milton Kaplan은 ≪야비한 예술: 미국 정치 만평의

---

4. 이를테면, 신문 시사 만화 <파고다 영감>을 통해 4·19 혁명 당시의 사회상을 조명한 천정환·김건우·이정숙(2005), 일본의 근대화 시기에 나타난 시사 만화의 배경과 의미를 통해 동아시아 역사를 살펴본 한상일·한정선(2006) 등을 들 수 있다.

역사*The Ungentlemanly Art: A History of American Political Cartoons*≫에서 사려 깊은 비평을 시도했다. 한편 앨런 웨스틴Alan Westin은 ≪1주일에 여섯 번 화내기≫라는 '정치 만평의 명세표'를 제작하였다. 그는 그 시대의 일류 시사 만화가들을 그들의 작품, 특히 시민의 자유와 관련된 작품들과 함께 소개하였다.

    2차 세계 대전 중에 연재된 <미스터 비고트*Mr. Bigott*> 시리즈는 편견을 갖고 있는 사람들을 비웃는 내용의 만화였다. 그러나 그 만화의 대상이 되었던 독자들은 자신들의 편견을 고치기보다는 종종 논점을 잘못 파악하거나 그러한 현상을 다른 사람들에게 해당되는 것으로 해석하곤 하였다. 또 다른 예로, 어떤 시사 만화가는 북으로 이동하는 '짐 크로Jim Crow'[5]라는 상징을 사용하여 인종 차별주의의 확산을 표현하였지만 많은 독자들은 그것을 단순히 흑인들이 이주하는 것으로 해석하였다.

    논점을 가장 잘 파악하는 사람들은 바로 캐리커처의 직접적인 대상이 되는 정치가들일 것이다. 만화의 가장 큰 영향은 정치가들 자신과 그의 동료들에게 미친다. 예를 들면, 1951년 허블록은 트루먼과 맥아더의 반목을 신랄히 비판하는 일련의 만화를 발표하였다. 그것은 "도대체 누가 참모총장이냐?"와 같은 헌법에 대한 기본적인 문제점을 제기하는 내용이었다. 맥아더 장군이 예편당한 후 트루먼 대통령은 허블록에게 <기상 나팔*Reveille*> 시

---

5. 흑인을 경멸하여 칭하는 미국의 속어이다.

리즈의 마지막 만화 원본을 달라고 요청했으며 허블록은 기꺼이 그것을 선사하였다.

그러나 어떤 정치가들은 허블록과 같은 만화가들이 그들에게 보내는 메시지에 대해 의연한 태도를 취하지 않았다. 닉슨은 부통령 시절 자신에 대해 묘사한 허블록의 만화를 어린 딸들이 보지 못하도록 <워싱턴 포스트>지의 구독을 취소하였다. 닉슨이 대통령에 당선된 후 작성된 그의 '정적政敵 명단'에는 로스앤젤레스 <타임스>지의 폴 콘래드 같은 시사 만화가도 포함되어 있었다.

연구자들이 시사 만화의 효과에 대해 커다란 의미를 부여하지 않은 반면 직접 공격 대상이 된 사람들은 그 영향력에 매우 민감한 반응을 보인다. 로스앤젤레스의 전前시장인 샘 요티는 콘래드를 고소하여 600만 달러의 손해 배상금을 청구하였고, 유니온 석유회사의 회장인 프레드 하틀리도 그에게 400만 달러의 손해 배상금을 청구하였다. 그러나 이러한 재판은 원고의 패소로 판결이 났다. 이유는 그 만화가 어떤 해악을 주지 않았다는 법적 판결에 의해서라기보다는 미국의 수정 헌법 제1조 아래에서 시사 만화가들이 상당한 표현의 자유를 누리고 있다는 사실에 더 기인한다.[6]

---

[6]. 한국에서도 신문 시사 만화의 내용으로 인해 관련 대상자로부터 정치적 압력이나 법적 항의를 받은 사례가 종종 발생하였다. 해방 이후 한국 신문 만화 사상 최초의 필화 사건은 1958년 1월 23일자 <동아일보>의 <고바우 영감>이었다. 세칭 '경무대 똥통 사건'으로 일컬어졌던 이 만화는 당시 사회의 지탄 대상이 되었던

<뉴스위크>지는 1980년도 대통령 선거 당시 정치 만화가에 대한 표지 기사에서 "학자들 ― 그리고 몇몇 정치가들 ― 은 사람들에게 광적으로 읽히는 작품을 통해 포악무도한 행위를 저지르는 만화가들의 무한한 자유에 대해 어느 정도 두려움을 느끼고 있다"고 지적하였다(Newsweek, 1980: 78). 줄스 파이퍼는 "만화는 그 작가의 태도가 호전적일 경우 보다 효과적일 것이며, 그가 분노를 느낄 때 훨씬 더 그러할 것이며, 그가 증오에 사로잡힐 때 실제로 행동으로 옮기게 된다"고 말하고 있다(Wsetin, 1979: 14). 제프 맥넬리는 "만일 그림을 그릴 수 없게 될 경우 자객으로라도 고용되길 원하는 많은 위대한 만화가들을 알고 있다"고 말하였다(Newsweek, 1980: 83).

　　이러한 점 때문에 몇몇 연구자들은 오늘날 시사 만화의 순수한 효과가 파괴적이며 냉소적인 것으로 변질되고 있다고 걱정한다. 하버드 대학의 정치학연구소 소장인 조너선 무어Jonathan Moore는 만화 논평이 '찬란한 비평'으로부터 '위험하리만큼 파괴적'인 것으로 바뀌어 가고 있다고 걱정하였다. 그는 무엇 때문에 적법한

'뻑' 만능 세태를 풍자한 것으로 그 내용이 '경무대를 모독하고 신문에 허위 사실을 게재했다'는 이유로 작가가 경찰 당국에 입건되어 즉결 심판에 회부되었다. 또한 사실을 왜곡 보도하여 한 단체나 조직의 명예를 실추시켰다는 이유로 물의를 일으켰던 적도 있었다. 예를 들면, 1983년 3월 11일자 <조선일보>의 <아로씨>는 방송통신대학으로부터, 1983년 8월 16일자 <중앙일보>의 <왈순아지매>는 독립기념관 건립추진위원회로부터 각각 항의를 받아 언론중재위원회의 중재나 쌍방 간의 타협에 따라 후에 해명서나 정정 보도를 냄으로써 해결되었다. 한편 1986년 1월 19일자 <한국일보>의 <두꺼비>는 대통령에 대한 비유적 풍자의 내용으로 인해 정치적 압력을 받아 그 다음 날부터 중단되는 극단적인 사례도 발생하였다.

만화 논평이 점점 허무주의적으로 변화하기 시작했는지 문제를 제기하였다(Newsweek, 1980: 85).

한편 만화가들은 자신들이 보는 바대로 현상을 설명할 수 있는 권리를 지키고자 한다. "우리 모두는 이솝 우화에서 벌거벗은 임금님을 쳐다보는 어린 소년처럼 우리 자신을 그리는 것이다"라고 세인트루이스 <포스트디스패치>지의 빌 몰딘은 말하였다. "정치가가 실제보다 과장되게 말할 때 혹은 그들이 사실과는 다른 거짓말을 할 때, 그것을 보도하는 언론인들의 경우에는 '아, 저 친구는 거짓말쟁이야'라고 함부로 말할 수 없다. 하지만 만화가는 '잠깐, 저 친구는 몸에 실오라기 하나 안 걸친 임금님과 같아'라고 간접적으로 말할 수 있다"는 것이다(Newsweek, 1980: 85).

시사 만화는 유구하고 명예로운 역사를 갖고 이어져 내려왔다. 그러나 그 사회적 및 심리적 영향력에 대해서는 제대로 논의가 이루어지지 않고 애매한 채로 남아 있다. 시사 만화는 점점 더 유머러스하게 되고 점점 더 인기를 얻고 있으며, 아마도 점점 더 분노를 띠어 갈 것이다. 그러나 그것이 문화사에 대한 귀중한 반영물로 등장하였음에도 불구하고 그것에 대한 매스 미디어의 비평은 다른 분야와 비교해 볼 때 거의 제대로 이루어지지 않은 채로 남아 있다.[7]

---

[7]. 시사 만화에 대한 구체적인 사례 연구로, 네 칸 신문 시사 만화의 주인공의 현실 대응 방식과 수사 체계를 분석한 허종원(1987), 새로운 만평의 가능성을 보인 박재동 만화의 아이콘을 분석한 황지우(1993), 정치적 입장이 상이한 신문들의 시사 만평에서 역대 대통령 4인을 어떻게 다루었는지를 분석한 이현주(2004), <조선일

만 화 와 범 죄

'거리의 범죄'는 미국의 커다란 근심거리이다. 다양한 유형과 방식으로 존재하는 매스 미디어는 이러한 범죄를 조장한다는 비난을 받아 왔다. 만화에서 표현되는 범죄에 대한 관심도 초창기부터 이루어졌다. 오늘날 이러한 관심은 다소 퇴색되어 다른 미디어에 초점이 맞추어지는 감은 있으나 만화에서 다루어지는 범죄의 문제는 광범위한 사회적 쟁점에 여전히 중요한 요소로 남아 있다.

만화책이나 모험 연재 만화를 제작하는 만화가들이 '고용된 자객'으로까지 비유되지는 않더라도 그들의 작품은 불법적이고 비도덕적인 행동을 증가시키는 '범죄 학교'로서 간주되어 왔다. 1949년 노먼 커즌스(Cousins, 1949)는 '청소년 범죄와 비행에 대한 주모자'로 텔레비전과 함께 '폭력 연재 만화'를 비난하였다. 이러한 견해는 <연재 만화 출판의 연구에 관한 뉴욕 주의 합동 법률위원회 보고서 Report of The New York State Joint Legislative Committee To Study The Publication of Comics> (1955: 29)에서 재천명되었다. 여기에서는 '청소년 범죄와 만화책의 출판, 배포 및 판매 간의 관계에 대한 부차적인 증거'가 제시되었다.

보>와 <한겨레신문>의 사례를 통해 신문의 정치적 성향에 따른 시사 만평의 성격을 고찰한 박혜상(2005), 2000년대의 전국 18개 일간지에 실린 만평 및 시사 만화를 분석하여 신문의 정치적 성격을 살펴본 김진수(2006), 2000년 미국 대통령 선거 캠페인을 대상으로 미국 일간 신문의 시사 만화를 분석한 강형구·탁진영(2006) 등을 들 수 있다.

그러나 학문적인 견지에서 볼 때, 그러한 문제점들은 복합적인 성격을 띠고 있어 한편으로는 복잡한 상징 체계를, 또 한편으로는 다양한 발전 단계를 가지고 있는 인간 개성의 복잡한 국면들을 내포하고 있다.

홀트(Hoult, 1949)는 청소년 비행으로 체포된 235명의 소년, 소녀들의 만화책 구독 습관을 정상적인 대응 집단의 습관과 비교한 결과, 비행 청소년들이 범죄, 폭력 및 모험을 다룬 만화책을 더 많이 읽는다는 것을 발견했다. 하지만 홀트는 이러한 결과만을 두고 만화책이 범죄를 조장한다고 단언할 수는 없다고 지적하였다. 비행 청소년들이 우연히 범죄 이야기를 좋아할 수도 있기 때문이다.[8]

울프와 피스크(Wolf & Fiske, 1949)는 이러한 문제를 만화책 구독의 기능과 관련시켜 밝혀내려 하였다. 그들이 어린이들을 면담하여 발견한 바로는, 대부분의 어린이들이 처음에는 재미있는 동물 만화를 좋아하는 것으로 시작하여 무적의 용감한 영웅 만화로 넘어간다는 것이다. 정상적인 어린이들은 10대 초반에 <슈퍼맨>, <배트맨>이나 그와 비슷한 범죄·모험 만화를 좋아하지만 시간이 조금씩 지남에 따라 다른 유형의 만화들, 예를 들면 '진

---

[8]. 이에 대해서는 청소년 폭력 집단의 현황에 대해 조사하면서 '일진회'의 구성과 일본 만화와의 관계를 언급한 이동진(2003), 청소년의 음란·폭력 간행물의 접촉이 청소년 비행에 미치는 영향, 특히 일본 만화의 영향에 대해 심층 면접을 시행한 한국간행물윤리위원회(1997), 매스 미디어의 폭력성, 음란성에 대한 노출이 청소년 비행에 미치는 영향을 살펴본 이형래(1998) 등을 통해 그 일면을 엿볼 수 있다.

실하고 고전적인' 만화들로 이전해 간다는 것이다. 그러나 비정상적인 어린이들은 이러한 전이를 경험하지 않는다. 만화의 초영웅은 여전히 그들에게 도피적인 탈출구와 공격적인 환상을 제공해 준다는 것이다.

물론 범죄 만화를 읽음으로써 그러한 범죄 만화를 읽은 다른 사람과의 교제를 용이하게 해줄 수 있다는 점도 지적할 수 있다. 보가트(Bogart, 1963)는 성인용 만화의 기능에 관한 연구를 통해 이러한 만화 구독의 사회적 차원을 지적하였다. 그는 저임금과 상대적으로 낮은 교육을 받은 남성들에게 연재 만화가 사회적 담화의 공통 화제를 제공한다는 것을 발견하였다. 그가 조사한 표집 대상 중 85% 정도가 습관적으로 만화를 읽고 있었으며 65%가 다른 남성들과 그것에 관해 정기적으로 토의한다는 것이다.

1950년대 중반 만화책 제작자들은 미국 만화잡지협회 윤리 규정(the Code of the Comic Magazine Association of America, Inc.)을 채택하였다. 이 규정은 "과도한 폭력 장면을 금지"하고 있으며 "그가 부당하게 취득한 것 때문에 결국 불행한 종말을 맞게 되는 경우 외에는 범죄를 저지른 자를 매력 있게 묘사해서는 안 되며 흉내 내고 싶은 마음이 생기도록 그려서도 안 된다"고 명시하였다. 결론적으로 독자가 새로운 부정을 저지르는 방법을 배울 수 없도록 "범죄의 상세한 내용과 방법을 노골적으로 표현해서는 안 된다"는 것이다(Horn, 1976: 745).

만화책 산업에서 이러한 개혁은 결국 범죄 만화를 대중의 이목으로부터 벗어나게 했고 그것에 대한 연구적 관심에 찬물을 끼얹는 결과를 낳았다. 그리하여 최근에 들어 와서는 신디케이트 회사와 신문사에서 행하는 '내부' 연구를 제외하고는 연재 만화에 대한 독자 연구가 거의 이루어지지 않고 있다. 물론 그러한 연구도 마케팅 연구 방법을 채택한 것으로 독자가 무엇을 원하는가를 알기 위하여 시도되는 것뿐이다.

그러나 만화 구독은 호기심을 돋우는 매력적인 연구로서의 잠재성을 여전히 갖고 있다. 특히 지하 코믹스*comix*, '문제를 갖고 있는 초영웅' 만화, 그래픽 소설과 단편 등 전 영역에 걸친 서사체 양식에 있어서 더욱 그러하다.

만 화 와 폭 력

한때 만화책에 쏟아졌던 연구의 열기는 텔레비전의 애니메이션으로 다시 돌려지는 듯하다. 여기에서는 만화가 항상 '범죄학교'로 간주되는 것은 아니다. 도리어 보다 일반적으로 애니메이션이 '폭력 학교*school for violence*'의 역할을 할 수 있다는 우려가 제기되었다. 때때로 만화의 폭력은 사실적이라는 점이 아니라 도리어 비사실적이라는 점에 우려가 표명되었다. 다시 말해 만화가 실제적인 위험을 왜곡하여 표현하거나 폭력을 무방한 것으로 제시한다는 것이다.

많은 애니메이션에서 폭력은 유머의 원천이다. 게다가 갈등과 거친 행동은 TV 시청자의 관심을 끄는 데 종종 사용된다.

플루겔(Flugel, 1954: 716)은 유머에 관해 일반적으로 서술하면서 "디즈니의 작품을 살펴보면 정상적인 상황에서는 공포와 연민을 자아낼 매우 '잔인하고' 가학적인 사건이 도리어 웃음을 야기하고 있음을 발견할 수 있다. 그것은 사용된 만화 기법이 우리에게 살아 있는 인물의 고통을 실제로 보는 것이 아니라는 의식을 갖게 해주어 그 상황이 재미있고 용인할 수 있는 것이라고 느끼도록 하기 때문이다"라고 지적한다. 또한 덧붙이기를 "게다가 인물 자신의 행동은 우리로 하여금 그들이 어떤 심각한 타격을 받고 있는 것이 아니라는 점을 거의 즉석에서 재확인시켜 주고 있다"고 한다.

어린이의 공격성에 미치는 '만화 대 실제 인물'의 잠재적 영향력에 대해 비교한 후 페시바흐(Feshbach, 1963: 95)는 "실제 인물이 등장하는 영화가 만화 캐릭터가 등장하는 영화보다 훨씬 큰 효력을 발휘한다"는 가설을 제시하였다. 그러나 그는 "'실제' 인물의 공격적인 행동을 목격하는 것이 상대적으로 더욱 많은 불안감을 야기한다고 한다면 그 반대의 효과도 발생할 수 있다"고 말한다.

요컨대 실제 인물이 폭력을 행사하는 장면은 불안감을 조장할 수 있지만 한편 그 때문에 공격 성향을 억제할 수도 있다는 것이다. 반대로 만화 캐릭터에 의한 폭력 행위의 목격은 불안감을 조장하지 않을 수 있으므로 도리어 모방을 유발할 수 있다는 것이다. 실제로 한 어린이의 정서적인 반응은 그 어린이가 뒤이어 공격적이 될 것인가 아니면 이타적이 될 것인가 하는 것에 관해 알 수 있는 중요한 열쇠로 등장한다(Ekman et al., 1972).

　　다른 연구자들은 부차적인 요소들의 작용에 관해 논의하고 있다. 예를 들면, 탄넨바움(Tannenbaum, 1972)은 '분기'(奮起, arousal)가 공격성에 결정적인 요소가 된다고 제시하였다. 따라서 만일 만화가 실제 행위보다 더욱 심한 분기를 일으킨다면 그것은 더 큰 폭력을 유발한다는 것이다. 일반적으로 애니메이션이라는 미디어는 실제 인간의 행위에서 드러나는 것보다 더욱 많은 즉각적인 반응의 기회를 제공하는 듯하다.

　　반두라 등(Bandura et al., 1963)은 한 실험을 통해 ⓐ 전혀 공격성이 없는 행위, ⓑ 실제 인물이 행한 공격 행위, ⓒ 영화 인물이 행한 공격 행위, ⓓ 만화 캐릭터가 행한 공격 행위에 대해 각각 목격한 어린이들의 행동을 비교하였다. 그 결과 '비폭력' 통제 집단의 평균 공격 성향 점수는 0.54였으며, '실제 인물 공격' 집단은 0.83, '일반 영화 공격' 집단은 0.92, 그리고 '만화 공격' 집단은 0.99로 나타났다.

　　만화의 상대적인 영향력에 대한 논의가 지속적으로 진행되고 있는 반면 만화의 폭력이 공격 성향을 이끌지 않는다는 실제적인 증거는 명쾌하게 제시되지 못하였다. 이러한 문제는 두 가지 사실과 결부되어 있다. ⓐ '만화라는 것은 전형적으로 어린이들이 가장 애호하는 프로그램 유형'이라는 점과, ⓑ '만화는 여전히 TV 오락 프로그램 중 가장 폭력적인 성향이 강한 유형'이라는 점이다.[9]

　　거브너(Gerbner, 1972)는 1967년 당시 평균적으로 애니메이션이 전형적인 드라마보다 3배 이상의 폭력 행위를 보여 준다고 밝혔다. 1969년까지 그 비율은 증가하여 애니메이션은 성인용 드라마 프로그램보다 시간당 폭력 행위가 6배나 많을 정도까지 늘어났다. 그 해에 토요일 아침 만화 프로그램인 <새터데이 모닝스 Saturday Mornings>는 2분마다(광고 시간 포함) 적어도 1건이 폭력 관련 일화였다.

그러나 다른 학자들, 예를 들면 뉴콤(Newcomb, 1978)은 거브너의 폭력 계산 방법에 대해 이의를 제기하였다. 거브너의 계산(Gerbner & Gross, 1979)에는 그것이 우연이든 비의도적이든 또는 유머적이든 상관없이 모든 폭력 행위가 포함되었다. 거브너는 이러한 총합 계산이 사회에서 희생당하는 자에 대한 좀 더 정확한 그림을 제공한다고 주장한다. 반면 그를 비판하는 학자들은 어떤 유형의 폭력은 다른 것들보다도 더욱 큰 영향력을 발휘할 수 있기 때문에 그것을 다시 세부적으로 나누어 살펴보아야 한다고 주장한다.

1980년 '텔레비전폭력에관한전국연대the National Coalition on Television Violence'는 미국의 3대 네트워크 텔레비전에서 방영된 만화 폭력의 점수를 제시하였다. 그에 따르면 1시간당 CBS 방송사는 31개의 폭력 행위를, ABC 방송사는 21개의 폭력 행위를, 그리

---

9. 한국에서 만화와 폭력 간의 관계에 대한 연구의 예로 어린이의 공격성에 미치는 애니메이션의 영향(주영길, 1988; 양영희, 1992)이나 일본 학원 폭력 만화와 학교 폭력 간의 관계(김은경, 1998; 김종주, 2007) 등을 들 수 있다.

고 NBC 방송사는 19개의 폭력 행위를 보여 주었다(반면 가장 시청률이 높은 프라임타임대에 방영된 비만화 프로그램의 경우, CBS가 시간당 4.9개, ABC가 5.1개, NBC가 7.5개를 기록했다). 가장 폭력 성향이 높은 프로그램은 <벅스 버니 — 로드러너 쇼*Bugs Bunny — Roadrunner Show*> 로서 시간당 50개의 폭력 행위를 기록하여 거의 1분에 한 건씩 보여 주는 것으로 나타났다.10

한편 몇몇 연구자들은 어린이들에게 미친 실제적인 영향의 관점에서 볼 때 이러한 결과를 과장된 계산이라고 반박하고 있다. 그러나 이런 수준의 폭력에 대해 여러 단체들, 예를 들면 '텔레비전폭력에관한전국연대,' '방송에관한시민위원회,' '어린이와TV에관한위원회,' '사친회(PTA),' '미국의학협회' 등은 지속적으로 문제를 제기하여 왔다. 이러한 항의에도 불구하고 만화의 폭력은 지금까지 현저하게 감소하지는 않았다. 그 근본적인 이유는 경제적인 측면에서 크게 두 가지로 추정된다. 하나는 고도의 활극 만화가 관객을 끌어당긴다는 점이고, 또 하나는 애니메이션은 또 다른 상품을 판매한다는 점 때문이다.

최근 '텔레비전폭력에관한전국연대'는 가장 폭력적인 프로그램의 광고주가 되는 '부도덕한' 회사들을 공포함으로써 이러

---

[10]. 한국의 경우에도 애니메이션이 TV 드라마보다 폭력적 내용을 많이 내포하는 것으로 나타났다. 텔레비전 프로그램의 폭력 지수를 살펴본 연구(방송위원회, 1999)에 따르면, 전체 프로그램 평균 폭력 지수 119.54보다 높은 프로그램이 드라마의 경우 33개 중 2개(6.1%)에 불과했으나, 애니메이션의 경우 16개 프로그램 중 13개(81.3%)로 나타났다.

한 경제적 토대에 공격을 가하려 한다. 그러나 2장에서 약술한 커뮤니케이션 모델의 관점에서 볼 때 광고주와 같은 간접적인 후원자들은, 만화라는 상품에 대한 고객의 구매에 직접적으로 의존하는 투자자보다는 비난을 덜 받는 것 같다. 예를 들면, <벅스 버니>의 광고주는 같은 컨텐츠의 만화책 제조업체인 EC 코믹스나 또는 <베티 붑>을 제작할 당시의 맥스 플레셔만큼 경제적 제재를 받을 위험성이 높지 않다.

텔레비전 애니메이션에 나타난 폭력 문제는 이미 막대한 양의 연구가 진행되었음에도 불구하고 여전히 흥미 있는 연구 주제이다. 또한 어린이의 성장에 미치는 심리적인 상像과 환상의 영향에 관해 연구자들이 더욱 관심을 갖게 됨에 따라 새로운 추진력이 기대된다. 게다가 몇몇 연구자들은 사회에서 미디어가 수행하는 정책 결정에 대해 보다 광범위하고 비판적인 분석을 시도하고 있다.

만 화 와 광 고

광고주들의 후원 아래 방영되는 프로그램에 대해 관심을 갖는 비평가들이 있는 반면 어떤 비평가들은 광고주가 자신의 상품을 팔기 위해 이용하는 어린이 대상 광고에 관심을 갖는다(Sarson, 1971). 퀘벡에서는 어린이들을 대상으로 한 만화 광고는 쓸 수 없으며, 미국에서도 윌리엄 멜로디William Melody가 ≪어린이와 텔레비전_Children's Television_≫에서 '착취의 경제학_the economics of exploitation_'이라 이름 붙인 것을 중지시키려는 여론이 끊임없이 있어 왔다.

수년에 걸쳐 미국의 대중은 텔레비전 광고를 '자신이 즐기는 오락 프로그램에 대해 지불해야 되는 정당한 대가'로 간주하여 왔다(Bower, 1973: 83; Steiner, 1963). 그러나 광고주들이 감수성 예민한 어린이들에게 상품을 팔기 위해 그들의 설득력 있는 힘을 부당하게 사용할 수도 있다는 불안감이 점차 고조되기 시작하였다.

1973년 찰스 위닉은 전국방송사업자협회(NAB)의 위촉을 받아 어린이 대상의 TV 광고에 대한 내용 분석을 책으로 출간하였다(Winick, 1973). 그는 1971년 초반 어린이들을 겨냥한 236개의 텔레비전 광고를 조사하였다. 이러한 위닉의 보고서가 나온 후 곧이어 NAB의 텔레비전규칙조사위원회는 '자율 규제 원칙_Statement of Principles_'을 발표하였다. 이는 어린이용 TV 광고에 대한 11개의 주요한 비판에 응답하는 것이었다.

그중 몇몇을 소개하면 다음과 같다.

- 어린이 대상 광고의 창작, 제작 및 표현에 관련된 모든 사람들은 그러한 요소들이 지속적으로 발전하는 어린이들의 인지적 능력과 가치 판단력에 대해 긍정적인 기능을 하며 또한 그러한 것들이 악의적으로 이용되거나 부적절하게 되지 않는다는 것을 보증해야 할 책임이 있다.
- 어린이들에게 제시되는 창조적 개념, 청각적 또는 시각적 기법 및 언어 등은 표현법, 문체, 논조가 착취적이어서는 안 된다.
- 어떤 상품을 갖고 있는 어린이는 다른 동료들보다 뛰어나며, 그것을 갖지 못한 경우에는 동료들로부터 따돌림 받을 것이라고 직접적으로 또는

암시적으로 주장하는 소구 방법은 사용될 수 없다.

멜로디(Melody, 1973: 162)는 "이러한 11개의 원칙 목록은 마치 보이 스카우트의 규칙과 같다"고 언급하면서 "불행하게도 이러한 원칙의 천명은 하나마나한 동어 반복에 불과하다"고 비관적인 결론을 내렸다.

이해 관계는 광범위하다. 광고주들은 막대하고 수익성 좋은 미개척 시장을 차지하기 위해 치열한 경쟁을 벌인다. 부모들과 비평가들은 그들이 무방비 상태의 어린이들을 비도덕적으로 이용한다고 간주하며 비난을 가한다(Choate, 1971, 1973). 따라서 그 논쟁은 여전히 계속되고 있는데, 최근에 와서 어린이를 하나의 커뮤니케이터로서 이해하고 그 문제를 조명하고자 하는, 보다 체계적인 분석 경향이 점차 늘어난다는 사실은 그나마 다행스러운 일이라 할 수 있다(Wartella, 1979).[11]

---

[11]. 어린이 대상의 광고에서 TV 만화 광고는 대단히 소구력을 지닌 표현 양식으로 활용되고 있으며, 특히 잠재적으로 많은 상품을 담고 있는 애니메이션(예컨대, 일본의 '로봇 메커닉 애니메이션'과 같은 TV 애니메이션 시리즈)은 그 자체가 하나의 긴 광고라는 비판도 제기된다. 광고의 부정적 영향으로부터 어린이를 보호하는 제도적 장치의 마련은 오래전부터 중요한 사회적 의제로 다루어져 왔다. 이를테면, 어린이 프로그램의 광고 시간의 엄격한 제한이나 광고와 프로그램 내용과의 연계 등에 대해서 강력한 규제가 가해지고 있다. 2004년 미국의 연방통신위원회(FCC)는 바이어컴Viacom의 어린이 채널인 니켈로디온 채널Nickelodeon Channel과 디즈니 그룹의 가족 채널 ABC 패밀리 채널Family Channel에 광고 시간 규정을 초과했다는 것과, 프로그램에 나오는 상품이나 캐릭터를 광고와 연결시켜 방송했다는 이유로 각각 100만 달러와 50만 달러의 벌금을 부과하고 그에 대한 수용의 합의를 보았다(www.fcc.gov/headlineshtml). 어린이와 광고의 관계에 대해서는 박흥수(1988), 이기춘·박수경(1990), 남인용(1991), 윤희중(1991), 이혜갑(1991), 정만수(1999) 등을 참조하라.

만화와 인지

대부분의 비평가들은 만화의 내용에 관심을 기울여 왔다. 그러나 가브리엘 살로몬(Salomon, 1979a)이 주장하듯이 '표현 양식' 역시 마찬가지로 중요한 논점이 될 것이다. 상이한 표현 양식은 상이한 심리적 효과를 가진다. 따라서 만화에서의 폭력은 사진에서의 폭력이나 언어로 표현된 폭력과는 또 다른 결과를 낳을 것이다. 이러한 점은 성性이나 교육적 내용, 광고 또는 선전의 경우에서도 마찬가지로 적용될 것이다.

또한 살로몬은 표현 양식이 정신적 습성을 배양한다고 주장하였다. 만일 한 어린이가 단지 만화를 통해서만 정보를 얻는다면 그 어린이는 단지 단어나 숫자 또는 사진을 통해서만 정보를 얻는 어린이들과는 상이한 정신적 습성을 기르게 된다는 것이다. 또 하나 주목할 만한 점으로 그 어린이가 현실 세계로 뛰어들게 될 때 그가 학습한 정신적 습성은 거기서도 적용되어 그 어린이의 정보 수집 및 사용 방식을 결정하게 된다는 것이다.

오늘날 어린이가 정보를 얻는 방식은 20세기 초와는 매우 다르다. 직접적인 정보에 대한 상징적인 정보의 비율은 급격히 증가하여 왔다. 현대의 어린이들은 '상징의 바다' 속에서 헤엄치고 있다. 마찬가지로 상징 유형들 간의 균형도 변모하여 왔다. 특히 텔레비전의 등장에 따라 어린이들은 훨씬 더 풍부한 시각적 영상에 접근할 수 있게 되었는데, 그중에는 만화를 통해 표현된 것도 포함된다.

한편 싱어(Singer, 1978)는 어린이가 어떤 이야기를 읽거나 들을 경우 요구되는 상상력이 점차 그 이야기의 시각화된 표현에 대체되고 있다고 하였다. 이러한 현상은 두 가지 결과를 낳을 것이다. 그것은 시각적으로 제시된 상황에 대한 좀 더 직접적이고 즉각적인 모방을 이끌 것이며, 따라서 어린이들은 무엇을 해야 할지를 아무 어려움 없이 쉽게 상상할 수 있다는 것이다. 또한 그것은 문어적 또는 구어적 상징을 통해 함양되는 과정인 상상의 세대를 위축시킬 것이다.

주커만 등(Zuckerman et al., 1980: 167~8)은 상상을 통해 즐기는 놀이가 어린이의 인지 발달에 중요한 역할을 한다고 지적한다. 그러나 대부분의 프로그램이 보여 주는 급속한 상황 전개는 어린이들의 학습 습관과 장래에 악영향을 미친다. 만화, 활극, 형사물에다 심지어 급속히 전개되는 교육 프로그램 — 예를 들면 <세서미 스트리트> — 등은 어린이들의 짧은 주의대注意帶가 요구하는 것만을 만족시킨다는 것이다. 그들에 의하면 이러한 점은 어린이로 하여금 동화同化, 사고 또는 상상력을 동원할 수 있는 시간적 여유를 허용치 않는다는 것이다.[12]

---

[12]. 신속히 전개되는 애니메이션의 구성 방식은 이러한 비판의 소지가 충분하다. 하지만 어린이들의 인지 발달에 만화가 전적으로 부정적인 영향을 미친다는 편협한 시각은 다분히 만화의 독특한 표현 양식과 해독 방식에 대한 몰이해에서 비롯된 것이다. 이를테면, 만화의 고유한 기호 체계를 통한 표현은 어떤 미디어보다도 인지적 효과를 낳거나(김영근, 2007; 장재욱, 1998), 공간 표현력을 함양할 수 있는 교육 방법으로서의 효용성(권미해, 2006), 글과 그림, 칸으로 구성된 만화 텍스트 읽기가 갖는 추론적 행위로서의 의미(조영숙, 2005), 나아가 만화를 통한 논리 및 비판적 사고 교육의 가능성(이지선, 2006)도 제시되고 있음을 간과해서는 안 될 것이다.

이러한 가설들을 검증하기 위해 연구자들은 어린이의 TV 시청 습관을 조사하였는데, 여기에는 애니메이션의 시청 시간도 포함되었다. 그들은 "어린이들의 총 시청 시간과 코미디물, 비폭력 드라마, 만화 또는 공공 텔레비전 프로그램의 시청은 IQ나 독서 능력 또는 독서 습관과 아무런 관계가 없었다"고 결론을 내렸다(Zukerman et al, 1980: 172). 하지만 그들의 조사에 따르면, '학교에 충실한 어린이'들은 만화 시청과 반비례 관계를 갖는 것으로 나타났다. 학교의 교사들이 정신없이 빠르게 전개되는 <벅스 버니>와 같은 애니메이션과 경쟁하기란 확실히 어려운 일이다.

만 화 와 교 육

만화 그리기에 관한 많은 서적들과 논문들은 학교에서 만화를 이용하는 현장 교육 방법에 대한 조언을 제공한다(Brown, 1966; Landin, 1955; Sheldon, 1975). 신문연재만화위원회는 1974년 <교실에서의 연재 만화Comics in the Classroom>라는 소책자를 발간하였다. 이는 다양한 학과목을 가르칠 때 만화를 이용하는 방법에 관한 지침서이다. 또한 어린이들이 만화를 통해 무엇을 배우는가를 명확하게 규명하기 위한 연구도 시도되고 있다(Pallenik, 1971; Shaffer, 1930).

말할 필요도 없이 학교에서의 만화 이용 역시 보다 광범위한 사회에서의 이용 방식만큼 다양하게 이루어질 수 있다. 만화, 특히 신속하게 전개되는 애니메이션은 학생들의 주의를 끌어당긴다. 그러나 앞에서 이미 살펴보았듯이 '주의'는 단지 커뮤니케이션의 효과 모형 중 첫 번째 단계에 불과한 것이다. 커뮤니케이션 모형은 이해, 수용, 상기, 그리고 최종적으로 새로운 정보의 이용이라는 연속적인 과정을 겪게 된다.

브라이언트 등(Bryant et al., 1980)은 교재에서 이용되는 유머가 학생들의 주의를 끌기 위해 은근히 동원되는 단순한 구경거리인지, 아니면 실제로 중요한 어떤 것을 가르치기 위한 수행자인지에 대해 살펴보았다. 그들은 커뮤니케이션 입문서들을 조사한 후 "각 장의 약 1/2 정도는 시각적인 유머를 담고 있다"고 지적하였다. 그중 한 칸 만화와 연재 만화가 가장 일반적인 형태였다. 예를 들면 <피너츠>와 <둔스베리>는 교육 만화에서 가장 중요한 중심 인물로 등장하여 전 만화의 거의 1/3을 차지하였다. 그러한 만화 중 단지 5% 미만이 교재를 위해 새롭게 특별히 제작된 것이었다. 그럼에도 불구하고 나머지 재인쇄된 만화의 90% 이상도 오락이나 주의를 끌기 위한 도구가 아닌 '교육적 기능의 수행자'로서 평가받았다.[13]

---

[13] 만화에 대한 비교육적, 반교육적 시선이 아직도 존재하는 한국의 현실에서 보조적인 교육 수단으로서 만화의 효용성에 대해서는 놀라우리만치 긍정적으로 평가되고 있다. 이러한 점은 교육학 분야의 많은 학위 논문들이 만화의 활용에 대해 다각적으로 고찰하고 있다는 점에서도 발견된다. 가장 많이 거론되는 분야는 만화를 통한 언어의 습득이다. 예를 들면, 영어(이희정, 2007; 서유선, 2007; 오흥원, 2006), 일본어(박미경, 2008; 이윤하, 2005), 중국어(이정은, 2006; 박행순, 2005), 프랑스어(고상미, 2007), 독일어(김현진, 2006), 러시아어(조은영, 2005) 등의 어학 교육에 만화의 활용이 제안된다. 그리고 미술 교육(김영훈, 2007; 이기석, 2007; 권미해, 2006; 박보름, 2005), 역사 교육(심수민, 2007; 오민희, 2006), 지리 교육(최재영, 2007), 한자 교육(황현정, 2007), 환경 교육(채승연, 2007), 음악 교육(김동희, 2006) 등에서도 매우 광범위하게 만화의 활용도

만화 유머의 시사점을 자세히 고찰한 후 브라이언트 등은 '황당무계한*nonsense*' 내용의 유머와 반대되는 것으로서 '속셈이 있는*tendentious*' 유머라 명명한 것의 발생을 주시하였다. 그들은 연재만화인 <고르도>의 한 대화를 인용하여 이에 대해 언급하였다. 그것은 한 여인이 애인의 말대꾸를 받아 넘기는 내용이었다.

여자　고르도 로페즈! 당신, 오늘밤 정말로 보통 때보다 몸이 안 좋은 것 같아요.
남자　난 단지 달의 힘*Lunar Forces*에 반응을 하고 있을 뿐이야! 당신도 알다시피 남자도 생리적인 사이클이 있잖아!
여자　좋아요……, 나는 당신이 즉시 그 사이클의 페달을 밟아 정상으로 되돌아 왔으면 좋겠어요.

　　'속셈이 있는' 유머에 여성들이 등장할 경우, 그들은 등장 시간의 75% 이상 동안 '희생자'보다는 '정복자'로서 나타난다고 브라이언트 등은 지적하였다. 또한 "교재의 저자들은 여성의 품행 묘사에 대해 예민하게 대처한다"고 결론 내렸다. 그들은 미래의 훌륭한 연구 의제를 약술하면서 "그러나 이 점에 관한 저자들

가 논의된다. 또한 전반적인 정규 교육 및 특별 활동에서의 만화의 활용과 학습 효과에 대해서도 거론된다(박경이, 2004). 이러한 만화의 교육적 활용은 한국 만화책 시장에서 학습 만화가 차지하는 비중을 통해서도 확인된다. 아동・학습 만화 부문 ― 만화 일반, 학습 만화, 고전 명작 만화, 역사 위인 만화, 어린이 만화 분야 ― 에서 학습 만화가 차지하는 비중(발행 종수 기준)은 2001년 21.2%로 네 번째에 불과했으나 해마다 증가하여 2005년에는 36.9%로 5개 분야 중 가장 높은 비중을 차지하였다(<2005 만화산업통계연감>).

의 노력은 분명하지만 수용자에게 유용한 사회적 및/또는 심리적 효과를 줄 수 있을 것인지는 여전히 더 살펴보아야 할 숙제로 남아 있다"고 덧붙였다.

만 화 와 성

최근 수년 동안 만화는 점점 더 선정적으로 되고 있다. 이러한 점은 오늘날 개그 유머의 가장 넓은 시장이 된 성인용 남성 잡지의 유머 만화에서 볼 수 있다. 그것은 특정한 피처물, 예를 들면 <플레이보이>지의 <릴 애니 패니Li'l Annie Fanny>나 <펜트하우스>지의 <심술쟁이 완다Wicked Wanda> 등에서 보인다. 마찬가지로 이러한 성적인 유머는 여성용 잡지와 영화에서도 점점 늘어나고 있다. 일례로 X등급의 <고양이 프리츠> 등을 들 수 있다. 종종 유머가 전혀 실려 있지 않은 호색적인 만화도 등장한다. 구이도 크레팍스Guido Crepax의 <만화 O양의 이야기The Illustrated Story of O>와 <만화 에마뉘엘 부인The Illustrated Emmanuelle> 등이 그 대표적인 예이다. 그러나 대부분의 연구는 만화의 선정적인 영향보다는 성적 역할sex role에 관해 더 관심을 기울인다.

몇몇 연구자들이 만화에서의 여성의 역할에 관심을 가졌다. 메이어 등(Meyer et al., 1980)과 브라이언트 등(Brayant et al., 1980)이 그 대표적인 학자들이다. 혼(Horn, 1977)은 더욱 포괄적으로 ≪연재만화의 여성Women in Comics≫을 살펴보았다. 그는 1974년의 대표적인 미국 연재 만화 27개를 살펴보았는데, 종전의 연구들에서 진일보한 것이다. 분석 결과 13개는 남성이 주도적인 역할을 하는 '남성적'인 만화였고, 6개는 부부나 가족이 등장하는 것으로 남녀가 '동등'하였으며, 6개는 여성이 주도적인 역할을 하는 '여성적'인 만화였고, 나머지 2개는 분류하기가 애매한 것으로 나타났다. 이것을 종전의 통계와 비교해 보면 여성이 점점 전향적인 모습을 보여 주고 있기는 하나 아직은 여전히 남성의 역할이 주도적이라고 그는 논한다.

    그의 저서에는 만화에서 여성의 변모하는 모습이 상세히 묘사되어 있다. 그는 <맘마 카첸얌머 Mamma Katzenjammer>부터 현재의 여주인공 — 예를 들면 <원더우먼>, <바바렐라>, <모디스티 블레즈 Modesty Blaise> 등 — 에 이르기까지 여성 연재 만화 작품들을 자세히 고찰하였다. 초창기에는 연재 만화에 거의 여성들이 등장하지 않았다. 최초의 '일하는 여성'의 모습은 1907년 <속기사 샐리 스눅스 Sallie Snooks, Stenographer>라는 연재 만화에서였다. 그후 여성 캐릭터가 연재 만화에 잇달아 등장하기 시작하여 현재에는 수많은 여성이 그려지고 있다. 그중 대표적인 것을 들면, 블론디, 몸마, 부름 힐다, 캐시, <둔스베리>의 조니 코커스, <피너츠>의 루시와 페퍼민트 패티, <장차 어떠한 운명이 닥치더라도>의 엘리, 줄리엣 존스, 그리고 메리 워드 등이다. <위민즈 코믹스 Wimmin's Comix>에는 트리나 로빈스 Trina Robins 와 새리 플레니켄 Shary Flenniken 등과 같은 여성 만화가들의 작품도 등장한다.

성적 역할의 스테레오타입에 대해서는 다른 미디어, 예를 들면 텔레비전 애니메이션에 관심이 기울어지고 있다(Levinson, 1975).[14] 몇몇 연구자들은 10대용 순정 연재 만화책인 <러브 코믹스*Love Comics*>에 대해서 논의한다(Bailey, 1976; Reynolds, 1972). 길모어(Gilmore, 1971)는 초기의 도색 만화인 <8개의 무전기*Eight-Pagers*>를 살펴보았으며, 에스턴(Estem, 1974)은 지하 코믹스 운동에서 발생한 성의 혁명에 대해 추적하였다. 버거(Berger, 1973)는 <블론디> 같은 좀 더 전통적인 연재 만화에서 나타나는 변화와 성적 역할을 고찰하였다. 그는 "대그우드는 말보로 담배 광고의 서부 사나이보다 더 정확한 미국의 원형原型일 것이다"라고 하면서 "대그우드는 엉뚱한 남자가 될 비극적 상황에 처해 있다. 그는 그것을 느끼기는 하지만 알지는 못한다"고 결론 내린다(Berger, 1973: 111).

기 타 관 심 사

만화 저작물은 광범위한 주제들에 관심을 갖고 있는 학자들에게 풍부한 연구 영역이 된다. 그 연구는 인종, 종교, 국제 관계 그리고 그 이상의 것으로 연장된다. 예를 들면, 존 스티븐스(Stevens, 1976)는 흑인 신문의 연재 만화가 문화적 정보의 훌륭한 원

---

[14]. TV 애니메이션에 나타난 성 역할에 관한 연구의 예로 김명희(2003), 박지연(2000), 김혜진 외(1986) 등이 있다.

천이 될 수 있음을 보여 주었다. 한편 그린버그와 칸(Greenberg & Kahn, 1970)은 <플레이보이>지의 만화에서 표현되는 흑인의 모습에 관해 조사하였다.

몇몇 연구자들은 연재 만화의 종교적 메시지에 대해 논의하였다. 예를 들면 ≪피너츠에 나타난 복음 The Gospel According to Peanuts≫(Short, 1965), ≪앤디 캡에 나타난 복음 The Gospel According to Andy Capp≫(McGeachy, 1973), ≪슈퍼맨에 나타난 복음 The Gospel According to Superman≫(Galloway, 1973) 등이다. 이러한 연구자들이 외견상 비종교적인 만화에서 정신적인 가치의 메시지를 찾아내는 반면, 어떤 연구자들은 외견상 무無정치적인 만화에서 물질적인 풍요의 메시지를 발견해 낸다.

도르프만과 마테라르의 ≪도널드 덕을 어떻게 읽을 것인가≫의 영어판 서문에서, 데이비드 쿤즈레는 과거 대부분의 미디어 비평가들이 '공포 만화'에만 초점을 맞추어 왔으며 좀 더 현실적인 문제들, 예를 들면 미국 만화의 외국 유입이 갖는 문화적 시사점 등에 대해서는 거의 고찰을 하지 않은 실정이라고 지적하였다(Kunzle, 1975: 11). 그는 도널드 덕 만화가 "부유와 여가라는 디즈니의 꿈과 제3 세계의 현실적인 결핍 간의 기괴한 불균형"을 무시해 버리는 정치적 메시지를 담고 있다고 주장한다.

도르프만과 마테라르의 책은 칠레의 혁명적 상황에서 제작된 것으로 미국의 만화와 그것이 성장한 문화적 배경에 대한 외부의 견해를 보여 준다. 이 책은 또한 미국인 스스로가 행하고 있는 것보다 훨씬 더 진지하고 분석적으로 외부 사람들이 미국의 만화를 다루고 있다는 점을 보여 주는 것이기도 하다.15

맺 으 며

현대 사회의 많은 기능과 관련하여 만화를 역사적으로 살펴보면 우리는 하나의 독특한 커뮤니케이션 양식을 발견하게 된다. 그러나 그것은 기껏해야 미술의 한 가장자리에 접해 있는 정도밖에 인식되고 있지 않다. 블랙비어드와 윌리엄스가 편찬한 ≪신문 연재 만화의 스미스소니언 선집≫의 서문에서 존 캐너데이John Canaday는 "예술의 기능은 ……우리의 경험을 정화하거나 강화시키거나 또는 확대시키는 것이다. 따라서 이제는 만화도 예술이다"라고 서술하고 있다.

정치 만화는 그 영향력에 있어 많은 우여곡절을 겪어 왔다. 그러나 오늘날 시사 만화가들이 다루는 영역이 점점 더 늘어남에 따라 그것은 융성한 사업으로 등장하는 듯하다. 동화動畵, TV, 영화 및 광고의 부산물의 형태로 만화는 전보다 더욱더 어디에서나 그 모습을 찾아볼 수 있게 되었다. 한때 연재 만화는 '단순한 오락'으로 구박받았지만, 이제는 미국 안팎에서 점점 더 진지하게

---

[15] 한국의 경우, 디즈니 만화에 대한 비판적 분석의 예로 디즈니 애니메이션의 신화의 허구와 진실을 파헤친 김창남(1995), 디즈니 장편 애니메이션의 문화 팽창 전략을 분석한 김명혜(1988), 디즈니 애니메이션의 하청 생산 과정을 통해 후기 자본주의의 복합적 사회 현상을 살펴본 윤선희(1998), 디즈니 애니메이션에 나타난 민담과 동화의 의미 전유를 고찰한 주경철(2000) 등을 들 수 있다. 한편 미국 내에서도 이러한 비판적 시각의 접근이 시도된다. 예를 들면, 문화 상품을 내세워 이데올로기적 지배와 경제적 이익을 결합시키는 현대 지배 계급의 전형적인 사례로 디즈니 제국의 허위성을 분석하거나(Giroux, 1999 / 2001), 월트 디즈니를 아메리칸 드림의 최선봉에 서 있으며 정부의 정책과 사상을 작품에 반영하려고 한 준정부 관료로서 파악한 디즈니의 전기(Eliot, 1993 / 1993) 등을 들 수 있다.

연구되는 실정이다.

만화는 여러 단계에서 연구될 수 있다. 기본적인 '만화 그리기' 단계에서의 연구는 장족의 발전을 하고 있는 듯하다. 그리하여 얼마 지나지 않아 거의 모든 사람들이 만화 그리는 기본적인 기술을 습득할 수 있을 것이다. 글을 안다고 모든 가정에 셰익스피어의 작품을 보편적으로 읽힐 수 없듯이 이러한 점이 위대한 만화 작품의 급격한 증가를 뜻하는 것은 아니다. 하지만 원하는 사람은 누구나 개인적인 여흥이나 커뮤니케이션을 위해 만화를 제작할 수 있음을 의미할 수는 있을 것이다.

만화 연구의 두 번째 단계는 '만화 감상'이다. 여기에서도 역시 비판적인 연구 체계가 늘어나고 있다. 여러 형태를 취하고 있는 만화의 감상은 역으로 전에는 절판되거나 더 이상 유통되지 않았던 만화의 수집과 재제작을 유도하고 있다. 오늘날에는 옛날보다 더욱 많은 만화들을 구입하여 감상할 수 있다. 또한 늘어나는 만화 감상의 경향은 미래의 만화를 좀 더 발전시키고 훌륭한 것이 되도록 자극할 것이라고 만화광들은 예측한다.

연구의 세 번째 단계는 '만화 커뮤니케이션'이다. 이미 막대한 양의 연구가 이 분야에 쏟아지고 있다. 그러나 종래의 많은 연구들은 만화를 다른 어떤 목적을 달성하기 위한 수단으로서 연구하여 왔다. 부호, 내용 및 복잡성에서 다양한 변화를 보여 주는 독특한 커뮤니케이션 양식으로서의 만화에 대한 인식은 거의 이루어지지 않았던 것이다. 모든 만화들이 비슷한 것처럼 보이지만 좀 더 광범위한 커뮤니케이션 상황에서는 매우 다양하고 상이한 역할을 수행한다는 점과 그 방식에 대한 이해도 거의 이루어지지 않았다.

가장 단순한 형태에서도 만화는 '철두철미한 커뮤니케이션*communication to the quick*'이다. 그것은 재빠르고 생생하며 날카롭다. 그러면서도 이러한 만화의 잠재력에 대해서는 매우 신속한 캐리커처를 그릴 수가 있다.

이 책은 그 단어의 본원적 의미대로 하나의 '카툰'이다. 이것은 미래의 후속적인 연구를 위한 예비 스케치이다. 의심할 필요도 없이 만화는 이제 많이 그려져야 하고, 많은 연구를 진행시킬 가치가 있는 인간 커뮤니케이션의 귀중한 양식인 것이다.

[보론]

만화의 현재와 미래*

오늘날 만화계는 커다란 변화가 이루어지고 있다. 그러한 많은 발전 중에서 특히 세 가지 점에 주목할 필요가 있다.

첫째, 컴퓨터와 인터넷의 영향력이 상당히 늘어났다.
둘째, "그래픽 문학*graphic literature*"이 만화가 할 수 있는 것과 해왔던 영역을 넓혀 주고 있다.
셋째, 만화는 이제 다양한 분야의 많은 학자들에게 진지한 연구 대상이 되었다.

컴퓨터는 만화가 창작되는 방식과 유포되는 방식 모두를 변화시켰다. 그리고 만화의 새로운 수용자 층을 엄청나게 만들어

---

* 이 보론은 한국어판을 위하여 저자가 새로 저술한 것이다. 어려운 요청을 기꺼이 승낙해 준 해리슨 박사에게 깊은 감사를 드린다.

냈다. 컴퓨터는 새로 등장한 만화가들이 전에는 전혀 존재하지 않았던 새로운 시장을 찾아내도록 도와준다. 그것은 새로운 형식 ― 그래픽 문학과 실험적인 자기 출판 작품 ― 을 북돋우고 있다. 그리고 그것은 만화 장르의 국제적 유통 ― 예를 들면, 일본의 망가 Manga와 아니메Anime를 미국에, 미국과 유럽의 작품을 멀리 있는 다른 나라에게 전달 ― 을 용이하게 해준다(www.tokyopop.com을 찾아가면 다양한 장르의 아니메를 만날 수 있다).

전통적으로 만화는 손으로 그려졌다. 그러나 오늘날 많은 만화가들은 컴퓨터 그래픽으로 옮겨 가고 있다. 물론 어떤 만화가들은 ― 일부 신세대 만화가들조차도 ― 여전히 친숙한 펜과 잉크를 더 선호하기는 한다.

스콧 매클라우드는 ≪만화의 창작Making Comics≫(2006)에서 만화를 그리는 여러 방법을 자세히 설명했다. 매클라우드 자신도 이젠 컴퓨터 그래픽으로 전환하였는데, 그것의 찬반양론에 대해 살펴보고 있다. 또한 컴퓨터 그래픽과 인터넷의 결합에 대해서도 흥미로운 사례를 들기도 했다.

매클라우드의 책은 흰 종이에 검은 잉크로 인쇄되어 있다. 그것은 줄곧 출판 비용을 절약하는 선택이었다. 하지만 컴퓨터 그래픽을 도입한 이후 그는 독자들을 자신의 웹사이트(www.scottmccloud.com/makingcomics)에 초대한다. 거기에서 그는 토론의 주제를 선택하여 자신의 작품에 색을 덧붙이면 어떻게 감정과 영향력에서 놀랄 만한 변화가 나타나는지 보여 준다.

그 책의 전체 제목은 "만화의 창작: 만화, 망가, 그래픽 소설의 이야기 만들기의 비밀*Making Comics: Storytelling Secrets of Comics, Manga and Graphic Novels*"이다. 이 책은 그의 만화 이론서인 ≪만화의 이해*Understanding Comics*≫(1993)와 ≪만화의 미래*Reinventing Comics*≫(2000)에 이은 3부작으로 만화가들에게 새로운 장르를 개발하고 발전시키기를 요구하고 있다.

일단 만화가 창작되면 인터넷이 새로운 역할을 한다. 이제 대부분의 신문 연재 만화는 '웹페이지'를 갖고 있다. 만일 팬들이 그 페이지로 찾아가면, 예전의 만화들을 모아 놓은 카테고리를 찾을 수 있을 것이다. 거기서 미처 보지 못했던 만화들을 볼 수 있다. 그 페이지를 통해 특별히 좋아하는 만화들을 가족이나 친구에게 전송할 수도 있다. 물론 상품을 구매할 수도 있다. 특정 연재 만화의 복사본, 축하 엽서, 티셔츠, 머그나 좋아하는 만화 인물이 새겨진 다른 물건들을 살 수 있다.

많은 연재 만화들은 개별 인터넷 사이트를 갖고 있다. 다른 인기 있는 만화들은 코믹스닷컴(www.comics.com)이나 고코믹스닷컴(www.gocomics.com)과 같은 공유 사이트에서 볼 수 있다. 이는 연재 만화나 시사 만화 공히 해당된다. 심지어 이러한 미디어는 아직 신디케이트 배급을 하지 못하는 만화가들에게 좋은 기회를 제공해 주기도 한다.

예를 들면, 고코믹스닷컴에는 "만화 셰르파*Comic Sherpa*" — 용맹스러운 등반 길잡이에서 명명 — 라는 코너가 있다. 이 코너는 새로운 만화가들에게 그들이 팔고자 하는 연재 만화나 피처물을 "선보일 수" 있게 해준다. 그것이 여의치 않더라도 최소한 그들은 독자들로부터 중요한 피드백을 얻게 된다. 그리고 독자들은 일련의 새롭고 인상적인 재능들을 접할 수 있다.

일반적으로 인터넷은 팬들이 전과는 전혀 다른 방식으로 만화를 볼 수 있다는 것을 의미한다. 일간 신문을 기다리는 대신 팬들은 매일 아침 컴퓨터로 바로 전달되는 연재 만화들을 자동적으로 접할 수 있다(많은 신문들이 자신들의 연재 만화를 잘 갈무리해 놓고 있기 때문에 팬들은 특히 한가한 일요일에 자신이 좋아하는 만화 **전부**를 볼 수 있다).

인터넷을 아주 잘 활용하는 또 다른 만화가로 로버트 C. 하비를 들 수 있다. 그는 현재 자신의 웹사이트(www.rcharvey.com)를 운영하고 있다. 이 사이트에는 "왁자지껄*Rants & Raves*"이라는 실시간 토론방이 있는데, 팬들은 등록하여 만화계의 여러 문제에 대한 토론에 참여할 수 있다. 하비는 웹사이트에서 두 가지 서비스를 제공하고 있는데, 팬들은 그 가운데 한 가지를 선택할 수 있다. 하나는 어떤 요건 없이 자유롭게 이메일을 보내는 것이고 또 하나는 회원 가입을 한 후에만 제공되는 서비스이다. 후자를 통해 작금의 만화 관련 이슈에 대한 보다 진지하고 심층적인 토론이 이루어지는데, 이는 다른 학자들이나 열성적인 만화 팬들에게 대단히 흥미로운 내용이다.

컴퓨터와 인터넷은 만화에 미칠 영향력이 앞으로 점점 더 커질 것이며, 만화의 지형을 변화시킬 가장 중요한 존재가 될 것이라는 점은 의심의 여지가 없다.

초창기의 유명한 그래픽 소설은 아트 스피겔만Art Spiegelman 의 ≪마우스Maus≫이다. 스피겔만은 아우슈비츠 포로수용소에서 살아남은 폴란드계 유태인인 자신의 아버지의 경험을 토대로 이 야기를 구성하였다. 이 책에서 주요 인물들은 쥐로 묘사되었으며, 아버지가 전쟁 당시 자신의 경험을 회상하게 되면서 나치 침략자 들은 고양이로 그려진다. 이 책이 처음 출간된 것은 1986년이지 만 스피겔만은 이미 1973년부터 그 일부를 자신이 공동 편집자로 있는 만화 잡지 <RAW>에 게재하였다. 1992년 이 책은 퓰리처 상 특별상(저술 부문)을 수상하였다. 퓰리처상 위원회는 이 작품을 어떤 범주로 넣어야 할지 고심했다고 후에 밝혔다. 하지만 그들은 결국 그것이 '문학'이라는 것에 합의를 보았다.

물론 스피겔만이 '그래픽 문학'의 한계를 넓힌 최초이자 유일한 인물은 아니다. 사실상 윌 아이스너가 자신의 작업에 '그 래픽 소설'이라고 이름을 붙인 첫 번째 작가라고 할 수 있다. 아이 스너는 1940년 12월 <스피릿The Spirits>을 선보였다. 그것은 일 요판 신문에 삽입되는 8페이지의 만화책이었다. 아이스너는 연재 만화 형식으로 이야기를 표현한다는 것은 공중전화 박스 안에서 심포니 오케스트라를 지휘하려 드는 것과 같다고 불만을 털어 놓 았다. 그는 수년 동안 만화책을 통해 작업을 해왔다. 그러나 어린 이가 아닌 좀더 성숙한 성인 수용자 층을 겨냥하여 <스피릿>을 내놓았다.

<스피릿>은 죽은 것으로 알려진 한 사나이에 관한 것이 다. 하지만 그는 멀쩡하게 살아 있다. 비록 묘지에서 살고 있기는

하지만. 밤이 되면 그는 범죄와 싸우려고 거기에서 나온다. 이 이야기는 상당한 흥미를 자아내었고 커다란 인기를 얻었다. 1942년 초반, 아이스너는 미군에 징집되어 2차 세계 대전에 참전하였다. <스피릿>은 다른 작가를 통해 지속되었지만 곧 인기가 떨어졌으며 아이스너가 1945년 제대한 후 다시 맡아 인기를 회복했다. <스피릿>은 그 당시 어떤 만화보다도 신문 연재 만화로서 장수를 누렸다.

1978년 그는 ≪신과의 계약 A Contract with God≫을 출간하였다. 이 작품에는 "그래픽 소설"이라는 별칭이 붙었다. 이 작품에서 그는 대공황 당시 뉴욕시의 하층민의 삶을 다시 찾아갔다. 머리말에서 그는 만화가로서의 자신의 삶을 회상하며, 린드 워드 Lynd Ward의 <프랑켄슈타인 Frankenstein>에 커다란 영향을 받았다고 털어놓았다. 이 작품은 사실상 목판화로 만든 초기의 그래픽 소설이라 할 수 있다. 그는 1930년대 중반에는 "공공연히 만화를 예술 양식이라고 논한다는 것은 [……] 단지 비웃음만 사게 될 '말도 안 되는 억지'로 간주되었다"고 진술한다.

그러나 아이스너가 2005년 1월, 87세로 사망할 무렵에 만화는 미술과 문학의 세계에서 고유한 위치를 차지하고 있다. 물론 아이스너 자신도 그러한 발전에 혁혁한 공을 세웠다고 할 수 있다. 전 생애에 걸쳐 그는 30권 이상의 책을 출간하였다. 그중에서 ≪그림을 잘 엮으면 만화가 된다 Comics & Sequential Art≫(1985) 같은 책은 만화가 지망생들을 위한 교육 지침서이다. 그 외 대부분의 책은 '그래픽 소설'류의 작품들이다.

그의 사후인 2007년 발간된 마지막 저서는 ≪그림으로 그린 인생: 자전적 이야기 Life, in Pictures: Autobiographical Stories≫이다. 이 책에서 그는 전문 작가가 되기 위한 그의 투쟁의 주요한 전환점에 따라 장을 나누어 자신의 삶을 소개하고 있다. 오늘날 뛰어난 만화상에 아이스너의 이름이 붙어 있다. 또한 그를 추모하며 헌정의 의미로 극영화로 만들어진 <스피릿>이 2008년 크리스마스에 개봉될 예정이다. 이 영화는 아이스너가 쓰고 그린 신문 연재만화를 토대로 한 것이다. 하지만 등장 인물들의 후일담은 새롭게 구성된 것이다.

전쟁의 비극이 강력한 영향을 준 또 다른 그래픽 소설 작가는 이란 출신의 마르잔 사트라피 Marjane Satrapi이다. 그녀는 연작 ≪페르세폴리스 Persepolis≫의 저자이다. 이 책은 이슬람 혁명과 이라크와의 전쟁 중에 이란에서 자라난 자신의 이야기를 토대로 한 것이다. 2003년 출간된(프랑스어판은 2000년~2001년) 1권에는 "어린 시절 이야기"라는 부제가 붙어 있다. 이 책은 여섯 살부터 열네 살까지 그녀의 삶을 다룬 것이다.

2004년에 나온 ≪페르세폴리스 2≫(프랑스어판은 2002년~2003년)에는 "귀향 이야기"라는 부제가 붙었다. 사트라피는 열네 살에 고향을 떠나 오스트리아 비엔나로 갔으며 대학 진학을 위해 다시 이란으로 돌아왔다. ≪페르세폴리스 2≫는 그녀가 이란에 돌아온 이후의 이야기로서 그녀는 더 이상 조국에 속해 있지 않은 자신을 발견한다.

2005년 출간된 ≪임브로이더리즈 Embroideries≫는 현대를 살아가는 이란 여성의 사랑과 성, 결혼에 관한 것이다. 2006년 내놓은 ≪자두를 먹은 닭Chicken With Plums≫은 자전적인 책은 아니다. 하지만 이 역시 자신의 민족에 관한 이야기로 1958년 이란의 한 음악가가 주인공이다. 민주적인 선거를 통해 수립된 이란 정부를 무너뜨린 영국과 CIA의 쿠테타 이후 무슨 일이 벌어졌는지를 알려 주고 있다.

최근 '그래픽 문학'이 급증하고 있다. 아울러 그에 대한 분석과 논평 역시 늘어나고 있다. 폴 그래빗Paul Gravett은 ≪그래픽 소설에 관해 알아야 할 모든 것Graphic Novels: Everything You Need To Know≫(2005)에서 30여 개의 인기 있는 그래픽 소설에 대해 심층 분석을 하였다. 그중에는 ≪마우스≫와 ≪신과의 계약≫이 포함되어 있으며, 그래픽 소설 형식으로 배트맨의 모험을 다룬 ≪배트맨: 다크 나이트 리턴즈Batman: The Dark Knight Returns≫를 마지막 장에서 분석한다. 배트맨은 원래 밥 케인Bob Kane과 빌 핑거Bill Finger가 창조한 인물로 배트맨이 처음 등장한 것은 1939년 <디텍티브 코믹스Detective Comics> 27호에서이다. 그후 배트맨은 연재만화, 영화, 텔레비전, 연극, 그리고 다시 책으로 옮아갔다. 이러한 과정에서 배트맨은 다양한 논란 속에서 윤색되었다. 예를 들어 1950년대에는 배트맨과 로빈이 동성애적 코드로 묘사되기도 하였다. 하지만 배트맨은 그러한 갈등들을 이겨 내고 지금까지 살아남았으며, 2008년 여름에는 영화 <다크 나이트Dark Knight>가 선보였다. 이 영화는 즉각적인 성공을 거두어 최근 개봉작 가운데 최고의 흥행 성적을 기록하였다.

그래빗은 자신의 책에서 수십 개의 다른 그래픽 소설에 대해서도 언급한다. 그는 한 소설이 어떻게 다른 소설들을 낳는지 보여 준다. 그 다음에는 이러한 것들이 다양한 스타일과 주제를 가진 새로운 장르로 그 규모를 확대한다는 것을 지적한다.

2008년 더글러스 워크Douglas Wolk는 ≪만화 독법: 그래픽 소설의 작동 방식과 의미 구성 Reading Comics: How Graphic Novels Work and What They Mean≫이라는 책을 출간하였다. 그는 '독자의 입장'에서 이를 살펴보려 하였으며 왜 그래픽 문학이 호소력을 갖는지 그 이면을 보여 주었다. 그는 다른 비평가들의 여러 대안적 견해들도 제시하였다. 그리고 자신이 좋아하는 그래픽 소설들을 고찰하는 것으로 마무리를 하였다.

오늘날 여러 연령, 성별, 직업 등을 겨냥한 다양한 그래픽 소설이 등장하고 있다. 미국의 전체 그래픽 소설의 시장 규모는 현재 1년에 3억 3000만 달러 이상으로 추산된다.

만화가 "어린이들로 하여금 길을 잃게 한다"는 오래된 비판은 오늘날에도 여전히 존재한다. 그러한 시각은 일찍이 <노란 꼬마>로부터 "황색 저널리즘"의 명칭이 유래되었다는 사실과도 무관하지 않다. 1954년 프레더릭 베르트함 박사의 저서 ≪순진한 사람들에 대한 유혹≫에서 만화에 대한 신랄한 비판은 절정에 다다랐다. 2008년 데이비드 하이두David Hajdu는 이 특정한 논란에 대해 학문적으로 고찰한 ≪10센트의 전염병: 위대한 만화책의 공포와 미국의 변화 The Ten-Cent Plague: The Great Comic-Book Scare and How It

Changed America≫라는 책을 출간하였다. 만화책을 둘러싼 논란은 만화책 윤리 규정을 낳았으며 모든 주요 만화책 출판사들은 그것에 따라야만 했다. 그러나 한편으로 그것은 '지하 출판'이 번성하게 하는 결과를 낳았다. 흔히 '코믹스comix'라고 부르는 이 만화들은 그전의 주류 만화에서는 결코 볼 수 없었던 성, 폭력, 마약 등을 일정 부분 소개하였다.

하이두는 그 분야에 관여되어 있는 주요 인물들을 만나 보았다. 그들 중에는 대표적인 지하 만화가인 로버트 크럼도 있었는데, 1950년대 활동하던 작가들 중 아직도 많은 수가 현역에 종사하고 있는 것으로 밝혀졌다. 하이두의 책은 만화와 사회의 관계가 어떻게 발전하는지를 살펴본 만화에 대한 심층 연구 결과물이라 할 수 있다.

초기의 몇몇 만화가들 — 예를 들면, <노란 꼬마>의 작가인 리처드 F. 아웃콜트 — 은 전기 작가들의 관심을 끌었다. 하지만 대체로 최근까지 만화가들은 전기의 대상이 되지 않았으며, 만화가들 스스로도 자서전을 쓰는 경우가 드물었다. 그러나 이제는 상황이 바뀌고 있다. 많은 전기 작가들이 만화가의 일대기를 집필하고 있으며, 만화가 스스로도 자서전을 쓰고 있다. 후자는 종종 그래픽 문학의 형태로 이루어지기도 한다.

2007년 데이비드 미카엘리스David Michaelis는 ≪슐츠와 피너츠: 전기Schulz and Peanuts: A Biography≫를 출간하였다. 슐츠는 2000년 1월 13일 대장암으로 사망하였는데, 그 날도 그의 마지막 만화가 신문에 실렸다. 그의 만화는 오늘날도 재게재되어 인기를 얻고 있다. 그것들은 모두 슐츠의 원작이다. 다른 많은 만화가들 — 예를 들면, 원작자 칙 영이 사망한 이후에도 오랫동안 계승되어 발전되어 온 <블론디> — 과는 달리 슐츠는 다른 사람이 자신의 만화를 이어 가기를 원치 않았다.

슐츠는 또한 자신이 전적으로 혼자 작업을 수행했다는 점에서 만화계에서 독특한 작가로 알려졌다. 초창기 대부분의 연재 만화들은 팀을 이루어 만들어졌다. 그 팀은 아이디어를 만들어 내는 스토리 작가와 그림을 그리는 화가들로 구성되었다. 그리고 많은 인기 있는 연재 만화들의 경우, 화가들이 팀을 이루어 한 만화의 여러 다양한 요소들을 나누어 그리곤 하였다. 하지만 슐츠는 스스로 아이디어를 짜냈으며, 연필로 초벌 그림을 그리고 마지막으로 잉크를 매기는 것까지 혼자 해냈다.

미카엘리스는 슐츠와 그의 가족들의 도움을 받아 슐츠의 전기 작업을 완성하였다. 그가 깊이 있게 살펴본 슐츠의 초상화를 우리에게 선보이면서 붙인 '생기발랄한*Sparky*'이라는 표현은 '진정한 천재'에게 보내는 헌사로서 부족함이 없을 것이다.

뛰어난 만화가인 로버트 C. 하비는 또한 저명한 학자이기도 하다. 영문학 박사 학위를 갖고 있는 그는 만화가 진지한 학문적 분석을 시도할 가치가 있는 문학 양식이라고 강력히 주장한다. 그의 ≪노란 꼬마의 아이들: 미국 연재 만화의 발전*Children of the Yellow Kid: The Evolution of the American Comic Strip*≫(1999)이라는 저서는 최근의 만화 역사까지 다룬다. 그는 대부분의 주요 만화가들로부터 어렵사리 원작을 모아 통찰력 있는 분석과 비평을 곁들여 소개하고 있다(그가 소개하는 재미있는 부연 설명의 하나는 이제 많은 박물관과 미술 애호가들이 만화 원작을 열광적으로 수집하고 있다는 사실이다).

하비는 서로 다른 두 저서 — ≪만화 예술: 그 미학적 역사 *The Art of the Funnies: An Aesthetic History*≫ (1994), ≪만화책의 예술: 그 미학적 역사 *The Art of the Comic Book: An Aesthetic History*≫ (1996) —를 통해 만화의 '미학'을 연구해야 한다고 강하게 주장한다. 전통적으로 '미학'이란 용어는 만화를 논하는 데 사용되었던 단어가 아니었다. 그러나 하비는 우리가 만화에서 볼 수 있는 독특한 예술 양식에서 감탄할 만한 사례들을 보여 주고 있다.

이러한 특정 시기의 만화의 경향이나 개별 만화가에 대한 심층연구, 혹은 만화 예술의 미학적 요소에 대한 학문적 논의 외에도 훨씬 더 오래전으로 거슬러 올라가 만화가 연구되고 있다. 최근 수년 동안 프랑스 남부와 스페인 북부에서 일련의 동굴 벽화가 발견되었다. 어떤 것들은 구석기 시대에 그려진 것이다. 구석기 시대는 약 2만 5000년 동안 이어졌는데, 그러한 동굴들은 유목민들이 대를 이어 거처해 왔을 것이다. 한 세대를 25년으로 계산한다면, 그것은 약 1000세대를 거쳐 지속되었음을 의미한다(어떤 학자들은 이들은 아마도 일찍 결혼을 하고 그리 오래 살지 못했을 것이므로 이 경우에 한 세대를 25년 이하로 계산해야 한다고 주장한다. 그러나 한 세대를 어떤 식으로 계산하든 만화의 역사가 오래되었다는 사실은 부인할 수 없을 것이다).

우리는 이러한 예술을 창작한 사람들에 대해 사실상 아는 바가 거의 없다. 이러한 그림 외에는 그들이 남겨 놓은 어떤 종류의 기록물도 전혀 없기 때문이다(약 BC 3200년경에 와서야 원시적인 '기록물'이 남겨져 있을 뿐이다). 따라서 연구자들은 이 동굴을 탐색하여 이들 선조들에 관한 단서가 될 만한 것들을 찾을 수밖에 없다.

  1940년대 첫 번째 동굴들이 발견되었을 때, 그것들은 곧 지역의 명소가 되었다. 불행하게도 지역민들, 그리고 관광객들은 그 벽에다 낙서를 하고 쓰레기 부스러기를 남기고 땅을 밟아 뭉개어 학자들을 곤란하게 만들었다. 최근에 발견된 동굴들은 ─ 예를 들면, 1994년 남부 프랑스에서 발견된 쇼베Chauvet 동굴 ─ 일반에 전혀 개방되지 않았다. 그리하여 연구자들은 2만 5000년 전의 상태 그대로 이 동굴들을 연구할 수 있게 되었다(지금은 이들 동굴 중 몇몇은 일반인에게 개방되고 있다. 하지만 소규모로 안내원을 동반한 채로만 관람이 허용된다).

  이 예술에 관해 아마도 가장 놀라운 점은 그 질적 수준이 높다는 데 있을 것이다. 미지의 옛날 예술가들은 동물을 그리기 위하여 색과 선, 원근법을 사용하였는데, 그것들은 금방이라도 움직여서 동굴을 뛰쳐나갈 것처럼 보인다. 요컨대 그들은 아테네 황금 시대 이전에는 발견되지 않았던 회화 기법을 사용한 것이다.

  이 동굴의 창작자들은 '현대적' 인간, 즉 우리와 같은 호모 사피엔스임에 틀림없다. 그들이 살았던 시기에는 네안데르탈인도 여전히 존재하였다. 그러나 이 예술가들은 네안데르탈인이 결코 아니다(네안데르탈인의 예술도 몇몇 발견되었지만 그것은 쇼베 동굴과 같은 동굴 벽화와 비교하면 우스꽝스러운 수준이다).

  물론 동굴 벽화는 다양한 분야의 학문에서 강한 관심을 보였다. 예를 들면, 고고학, 인종학, 행동학, 유전학, 인류학, 미술사 등등이다. 게다가 그 벽화를 그린 사람들은 과연 누구이며 그 예술이 의미하는 바가 무엇인지를 두고 열띤 논쟁이 벌어졌다.

어떤 이들은 이러한 동굴 화가들이 춥고 긴 겨울 동안 단순히 무료하여 그들의 동굴 벽을 치장하는 것이었을 뿐이라고 주장한다. 다른 이들은 그것이 역사를 기록한 것이라고 주장한다. 특히 성공적인 사냥을 했을 경우에 그렇다는 것이다. 또 다른 견해는 그것이 주술적이거나 종교적인 의식이라고 간주한다. 혹은 어떤 이들은 그 옛 사람들이 무슨 일을 꾸미려 했는지 전혀 알 수 없는 것이며 그것을 추측하려 하는 것은 시간 낭비라고 주장하기도 한다.

이 분야에 대한 좀 더 대중적인 책들을 꼽자면 R. 데일 거스리R. Dale Guthrie의 ≪구석기 예술의 본질The Nature of Paleolithic Art≫ (2005), 그레고리 커티스Gregory Curtis의 ≪동굴 화가들The Cave Painters≫ (2006), 노버트 아주라트Norbert Aujoulat의 ≪라스코Lascaux≫(2005) 등을 들 수 있다. 그의 다른 책들은 학자들의 분석에 보다 비중을 둔 것들이다. 동굴들은 세계 도처에서 계속 발견되고 있다. 따라서 아직은 초기의 동굴 그림밖에 접할 수 없지만 앞으로 더욱 많은 만화적 그림들을 만날 수 있을 것이다.

한때 비천했던 만화는 이젠 성장일로에 있다. 그것은 매력적인 창작으로, 널리 감상되는 오락으로, 그리고 연구할 만한 가치가 있는 대상으로 인식된다. 그리고 만화는 아직 여행을 다 마치지 않았으며 아직도 갈 길이 더 남은 것 같다. 만화는 끊임없이 진화할 것이며, 인간 조건에 대한 새로운 통찰력을 계속 가져다 줄 것이다. 모쪼록 만화를 관심 있게 주목하길 바란다. 그것은 당신을 즐겁게 해줄 뿐만 아니라 당신의 견문도 넓혀 줄 것이다.

부록

그 림 분 석 개 관 [1]

언어를 분석할 때 가장 기본적인 음을 단음(單音, phone)이라 부른다. 그림의 분석 *Pictic Analysis*에서 가장 기본적인 시각 요소는 단화(單畵, *pict*)라고 부른다. 이를테면, 하나의 점이나 선, 혹은 어떤 단순한 한 획 등이 이에 해당된다.

어떤 언어에서든 음소(音素, *phoneme*)라 지칭되는 소수의 음들이 있으며, 이것들이 한 언어를 구축하는 기본 뼈대를 이룬다. 예를 들면, 영어에는 47개 가량의 음소가 있으며, 대부분의 언어는 100개 미만의 음소를 갖고 있다.

음소는 상호 대체가 가능한 단음들의 무리로 이루어져 있

---

[1]. 이 글에서 번역된 용어는 보편적으로 통용되는 것이 아니라 역자가 자의적으로 붙인 것이다. '그림 분석'에 대한 보다 자세한 논의는 해리슨의 박사 학위 논문인 <그림 분석: 화상적 부호의 용어와 구문 연구 Pictic analysis: toward a vocabulary and syntax for the pictorial code> (Michigan State University, 1964)를 참조하라.

다. 영어에서 'p' 음과 'b' 음은 각기 다른 음소군에 속해 있지만, 다른 언어에서는 그것들이 하나의 음소군 내에서 상호 대체 가능한 음(혹은 단음)이 될 수도 있다. 영어에서 'r' 음과 'l' 음 역시 다른 음소군에 속해 있다. 그러나 한국어에서는 이들이 구분 없이 사용되어 한국인들은 영어를 배울 때 곧잘 이 두 개의 단음을 혼용하여 사용하곤 한다.

그림 분석에서 이와 비슷한 개념으로 상호 대체 가능한 단화들의 무리로 구성된 화소(畵素, *picteme*)가 있다. 만일 어느 하나의 단화가 다른 단화에 의해 대체될 수 있다면, 그 두 단화는 같은 화소에 속하는 것이다.

언어에서는 각 음의 순서가 중요한 역할을 한다. 예를 들면, 'o' 앞에 'n'이 있는 경우(no)는 'o' 뒤에 'n'이 붙는 경우(on)와 다른 의미를 갖는다. 그림의 경우에는 그러한 관계가 연쇄적인 순서에 의해서만 결정되는 것이 아니라 다분히 공간적으로도 구성된다. 예를 들면, 만화 캐릭터에서 점으로 눈을 표시할 경우(하나의 단화), 그 점을 높게 혹은 낮게, 혹은 서로 가깝게 또는 멀게 등등 공간적으로 배치된다.

이렇듯 하나의 단화가 다른 단화들과 관계를 맺으며 어떤 위치를 차지하고 있는가를 화치(畵置, *pictoplace*)라고 칭한다. 하나의 단화가 의미의 차이를 보이지 않은 채로 공간상의 이동을 할 수 있다면, 그 범위 내의 위치는 같은 화치소(畵置素, *pictoplaceme*)를 이룬다고 할 수 있다.

언어학에서 음소 다음의 체계는 형태소(形態素, *morpheme*)이다. 이는 하나 또는 그 이상의 음소로 구성된다. 쉽게 말해서 형태소는 하나의 간단한 단어 같은 것이다(접두사나 접미사와 같이 여러 단어에서 공통적으로 사용되는 단어의 일부도 형태소에 해당된다).

그림 분석에 있어 하나 혹은 그 이상의 화소들이 모여 화형(畵形, *pictoform*) — 배경과 구분되어 드러나는 형상 — 을 만들어 낸다. 만일 두 개의 화형이 상호 대체 가능한 것이라면, 그것들은 같은 화형체(畵形體, *pictomorph*)에 속한다고 할 수 있다.

언어학에서 다음 상위 단위는 구(句, *phrase*)이다. 이는 하나 혹은 그 이상의 형태소로 구성된다. 이 구들이 모여 다시 문장(文章, *sentence*)을 이루는데, 이는 보통 명사구(名詞句, *noun phrase*)와 동사구(動詞句, *verb phrase*)로 구성된다.

그림 분석에서는 화형체들이 모여 화구(畵句, *pictophrase*)를 이루는데, 두 개 혹은 그 이상의 형상들은 지각적으로 결합된 하나의 단위로 간주된다. 그 다음의 단계는 화상(畵像, *pictoframe*)으로 하나 혹은 그 이상의 화구로 구성된다. 예를 들면, 연재 만화의 한 칸이나 — 그 안에 무엇이 들어 있든 — 애니메이션의 한 프레임이 화상이다.

바로 이 단계에서 만화가가 보통 창조하고자 하는 의사적 통합 세계가 이루어진다. 그것이 창조하는 상징 세계에 대해서는 보다 고차원적인 분석을 통해 고찰될 것이다.

언어학은 전통적으로 세 가지 분야로 나뉘어 있다. ⓐ 기술적*descriptive* 언어학: 특정 언어에서 벌어지고 있는 것에 대한 상세한 분석, ⓑ 역사적*historical* 언어학: 시간적 흐름에 따른 특정 언어의 변화 추이 분석, ⓒ 비교*comparative* 언어학: 한 언어와 다른 언어 간의 차이점에 대한 분석 등이다. 마찬가지로 그림 분석 역시 기술적 그림 분석, 역사적 그림 분석, 그리고 비교 그림 분석 등으로 나눌 수 있다.

자, 이제 그림 3-2('얼굴의 요소')와 그림 3-3('감정의 요소')을 분석해 보면 지금까지 논의한 것을 이해하는 데 도움이 될 것이다.

이 두 문제를 해결하였다면, 이제 당신도 대학원 수준의 문제를 풀어 볼 준비가 된 것이다. 따라서 <노란 꼬마>와 <매드>지의 알프레드 E. 노이만Alfred E. Neuman[2]에 대해 비교·역사적 그림 분석을 시도해 보길 바란다(<노란 꼬마>는 [그림 4-8]에 있으며, 알프레드는 대부분의 <매드>지 표지에서 발견할 수 있다).

---

2. 1954년에 처음 등장한, 넓은 귀와 빠진 앞 이, 약간 짝짝인 눈을 가진 <매드>지의 가상적 마스코트를 가리킨다.

옮긴이 후기

　책을 펴낸다는 것은 조심스러운 일이다. 저술의 산고産苦에 비할 바는 아니지만 다른 이의 책을 우리말로 옮기는 것 역시 또 다른 어려움이 뒤따른다. 원서의 뜻을 제대로 읽어 내지 못하고 왜곡하는 '반역反逆'적 번역은 말할 것도 없거니와, 그것의 논의 범위를 벗어나기 힘들다는 점 또한 풀기 어려운 부분이다. 그러기에 이 책의 재출간을 두고 적지 않은 고민을 해야만 했다. (이 책은 1989년에 '이론과실천'에서 같은 제목으로 출간된 바 있다.) 세상은 놀라우리만치 변했고 그에 못지 않게 달라진 이즈음의 만화 환경에서 이미 20여 년 전에 나온 '중고中古 서적'이 첨단의 21세기에 어떤 의미를 가질 수 있을까 하는 점 때문이었다. 서구, 특히 미국의 사례를 중심으로 논의가 펼쳐진다는 점, 우리 현실에 접목하기 어렵다는 것 역시 이 작업을 망설이게 만든 요인이었다.
　그런 의구심을 떨치지 못한 채 이 책을 첫 장부터 마지막까지 다시 읽으면서 그것의 성과와 의미를 새삼 확인할 수 있었다. 현상은 다소 변했을지 몰라도 본질은 그리 다르지 않으며, 도구와 기술이 아무리 발달하더라도 만화를 보고 그리는 것은 사람 그 자체일 것이라고 생각한다. 이 책은 만화의 표현 체계와 역사에 대한 고찰부터 만화의 사회적 역할과 의제의 제시까지 만화를 둘러싼 다양한 국면들을 포괄적으로 다루고 있다. 특히 커뮤니케이션 관점에서 만화를 파악하고 그와 관련된 제문제를 전반적으로 살피고 있다. 기본적으로 이 책은 개론적 성격을 띠고 있어 심층 분석이 결여되어 있다는 아쉬움이 있다. 하지만 저자 스스로도 밝히고 있듯이 이 책은 예비적 스케치로서의 의미를 갖는다. 차후의 보다 구체적이고 심도 있는 작업의 동기와 토대를 제공하는 입문서로서 그 효용성을 찾을 수 있으리라 본다.

물론 시간적 지체에 대해서는 보완이 필요하였다. 이 책이 처음 나왔을 무렵 왕성하게 활동하였던 <피너츠>의 작가 슐츠는 이미 세상을 떠났고, 단지 씨를 뿌리는 정도에 그쳤던 컴퓨터의 존재는 열매를 맺는 단계에 이르렀다. 또한 이 책의 논의를 한국이라는 공간과 연결시켜 확장시키는 것 역시 요구될 것이다. 우리의 눈으로, 우리의 방식으로 우리의 만화 현상을 바라보는 것이 중요하기 때문이다. 요컨대 일종의 '현대화'와 '현지화'라는 견지에서 보완이 필요할 터인데, 주를 통해 관련 사실과 정보, 그리고 약간의 의견을 덧붙여 부족한 부분을 채워 보고자 하였다.[1] 하지만 막상 해놓고 보니 엉성하고 어설프며 군더더기처럼 번잡스러운 감도 없지 않다. 고심 끝에

---

[1]. 이 책의 주를 다는 데 여러 국내 문헌들과 인터넷 백과사전 '위키피디아'(http://en.wikipedia.org)를 참고하였다. 관련 저자들과 기관에게 감사드린다.

취한 그 나름의 방편으로 이해해 주길 부탁드린다.

만화 탄생 100주년을 한 해 앞두고 있는 우리 만화계는 일견 풍요로워 보인다. 문화의 변방에서 하찮은 소모품으로 천대받던 만화가 새로운 세기의 핵심 미디어로 신분 상승하고 있다. 정부의 정책적 지원이나 다양한 만화 관련 행사, 그리고 100여 개가 훨씬 넘는 만화 관련 학과 등은 세계적으로도 그리 흔치 않은 일이다. 그런데도 마음 한구석에는 여전히 미진함이 남아 있다. 이러한 변화의 이면에 졸속적인 정책과 얄팍한 상혼의 기미가 느껴지기 때문이다. 한국에서 만화가로 산다는 것이 대체로 고달프고 어려운 삶이라는 점도 그리 달라지지 않았다. 그리고 그 밑바닥에는 여전히 냉엄하고 보수적인, 만화에 대한 이율배반적 시선이 자리 잡고 있는 듯하다. 여러 한계에도 불구하고 이 책을 다시 내게 된 것은 이런 현실 상황에서 만화에 대한 좀 더 진지한 접근과 논의, 그리고 이해를 이끌어내는 데 보탬이 되기를 바라는 마음에서이다. 이 책이 만화에 대해 관심과 애정을 갖고 있는 모든 이들에게 — 특히 오랫동안 소외되어 왔던 만화가들에게 — 다소라도 힘이 될 수 있다면 이 책의 의미도 새롭게 살아나리라 생각한다. 이 책을 내기까지 많은 도움을 주신 여러 분들에게 진심으로 감사드린다.

2008년 초가을
하종원

참고 문헌

Allport, G. W. & L. J. Postman (1945). "The basic psychology of rumor." *Transactions of New York Academy of Sciences, Series II* 8: 61~81.

Aujoulat, N. (2005). *Lascaux: Movement, Space and Time.* New York: Harry N. Abrams.

Bailey, B. (1976). "An inquiry into love comic books: the token evolution of a popular culture." *J. of Popular Culture 10*, 1 (Summer): 245~248.

Bandura, A., D. Ross, & S. A. Ross (1963). "Imitation of film-mediated aggressive models." *J. of Abnormal and Social Psychology 63*: 575~582.

Barcus, F. E. (1963). "The World of Sunday comics," pp.190~218 in D. M. White & R. H. Abel (eds.) *The Funnies: An American Idiom.* New York: Macmillan.

─── (1961). "A content analysis or trends in Sunday comics, 1900~1959." *Journalism Q. 38*(Spring): 171~180.

Barnouw, E. (1970). *A History of Broadcasting in the United States, Vol. 3: The Image Empire.* New York: Oxford Univ. Press.

Barshay, R. (1974). "The cartoon of modern sensibility." *J. of Popular Culture 8* (Winter): 523~533.

Batchelor, C. D. (1951). *Truman Scrapbook.* Deep River, CT: Kelsey Hill.

Becker, S. D. (1959). *Comic Art in America.* New York: Simon & Schuster.

Bee, N. (1973). *In Spite of Everything: A History of the State of Israel in Political*

Cartoons. New York: Block.

Berger, A. A. (1976). "Anatomy of the joke." *J. of Communication 26*, 3: 113~115.

——— (1973). *The Comic-Stripped American*. New York: Walker.

——— (1970). *Li'l Abner: A Study in American Satire*. New York: Twayne.

Berger, O. (1952). *My Victims: How to Caricature*. New York: Harper & Row.

Birdwhistell, R. L. (1970). *Kinesics and Context*. Philadelphia: Univ. of Pennsylvania Press.

Blackbeard, B. & M. Williams [eds.] (1977). *The Smithsonian Collection of Newspaper Comics*. New York: Harry Abrams.

Blair, P. (1949). *Animation*. Laguna Beach, CA: Walter Foster.

Blaisdell, T. C. & P. Selz (1976). *The American Presidency in Political Cartoons: 1776~1976*. Berkeley: University Art Museum.

Blakeslee, T. R. (1980). *The Right Brain*. Garden City, NY: Doubleday.

Block, H. (1980). *Herblock on All Fronts*. New York: American Library.

——— (1974). *Special Report*. New York: Norton.

——— (1972). *Herblock's State of the Union*. New York: Simon & Schuster.

——— (1968). *The Herblock Gallery*. New York: Simon & Schuster.

——— (1964) *Straight Herblock*. New York: Simon & Schuster.

——— (1958). *Herblock's Special for Today*. New York: Simon & Schuster.

——— (1955). *Herblock's Here and Now*. New York: Simon & Schuster.

——— (1952). *The Herblock Book*. Boston: Bacon Press.

Bogardus, E. S. (1945). "Sociology of the cartoon." *Sociology and Social Research 30*, 11: 139~147.

Bogart, L. (1963). "Comic strips and their adult readers," pp.232~246 in D. M. White & R. H. Abel (eds.) *The Funnies: and American Idiom*. New York: Macmillan.

Bower, R. T. (1973). *Television and the Public*. New York: Holt, Rinehart & Winston.

Boynton, S. (1980). *The Compleat Turkey*. Boston: Little, Brown.

Briggs, C. A. (1980) *The Selected Drawings of Clare Briggs. 6 Vols*. New York: William H. Wise.

Brilliant, A. (1979). *I May Not Be Totally Perfect, But Parts of Me Are Excellent*. Santa Babara, CA: Woodbrige Press.

Brinkman, D. (1968). "Do editorial cartoons and editorials change opinions?"

Journalism Q. 45: 724~726.

Brodbeck, A. J. & D. M. White (1957). "How to read Li'l Abner intelligently," in B. Rosenberg & D. M. White (eds.) *Mass Culture.* New York: Macmillan.

Brooks, C. [ed.] (1972). *Best Editorial Cartoons of 1972.* Gretna, CA: Pelican Publishing (An annual series since 1972.)

Brown, J. C. (1966). *Classroom Cartoons for All Occasions.* Belmont, CA: Pitman Learning.

Bruneau, T. J. (1980). "Chronemics and the verbal-nonverbal interface," pp.101~117 in Mary Rictchie Key (ed.) *The Relationship of Verbal and Nonverbal Communication.* The Hague: Mouton.

―――― (1977). "Chronemics: the study of time in human interaction (with a glossary of chronemics terminology)." *Communication, J. of Communication Association of the Pacific 6*: 1~30.

Bryant, J., J. Gula, & D. Zillmann (1980). "Humor in communication textbooks." *Communication Education 29*: 125~134.

Burgoon, J. K. & T. Saine (1978). *The Unspoken Dialogue.* Boston: Houghton Mifflin.

Choate, R. B. (1973). "The selling of the child." *Testimony Before the Committee on Commerce,* United States Senate, February 27.

―――― (1971). "The Eleventh Commandment: Thou shall not covet my child's purse." Statement before the Federal Trade Commission, November 10.

Christ-Janer, A. (1946). *Boardman Robinson.* Chicago: Univ. of Chicago Press.

Cobb, R. (1976). *Cobb Again.* Sydney, Australia: Wind and Woodley.

―――― (1975). *The Cobb Book.* Sydney, Australia: Wind and Woodley.

―――― (1970a). *My Fellow Americans.* Los Angeles. Los Angeles: Price/Stern/Sloan.

―――― (1970b). *Raw Sewage.* Los Angeles: Price/Stern/Sloan.

Conrad, P. (1979). *Pro and Conrad.* San Rafael, CA: Presidio Press.

―――― (1974). *The King & US.* Los Angeles: Clymer Publications.

Couperie, P. & M. C. Horn (1968). *A History of the Comic Strip.* New York: Crown Publishers.

Cousins, N. (1979). *Anatomy of and Illness.* New York: Norton.

―――― (1949). "The time trap." *Saturday Rev. of Literature 32* (December 24): 20.

Craven, T. (1943). *Cartoon Cavalcade.* New York: Simon & Schuster.

Crawford, H. H. (1978). *Crawford's Encyclopedia of Comic Books*. Middle Village, NY: Jonathan David.

Cuceloglu, D. M. (1970). "Perception of facial expression in three different cultures." *Ergonomics 13*: 93~100.

Curtis, G. (2006). *The Cave Painters: Probing the Mysteries of the World's First Artists*. New York: Knopf.

Daniels, L. (1971). *Comix: A History of Comic Books in America*. New York: Outerbridge & Dienstfrey.

Darling, J. N. (1954). *As Ding Saw Hoover*. Ames, IA: Iowa State Univ. Press.

Davenport, H. C. (1910). *The Country Boy: The Story of His Own Early Life*. New York: G. W. Dillingham.

——— (1898). *Cartoons by Homer Davenport*. New York: DeWitt Publishing.

Denney, R. (1963). "The revolt against naturalism in the funnies," pp.55~72 in D. M. White & R. H. Abel (eds.) *The Funnies: An American Idiom*. New York: Macmillan.

Donahue, D. & S. Goodrick [eds.] (1974). *The Apex Treasury of Underground Comics*. New York: Quick Fox.

Dorfman, A. & A. Mattelart (1975). *How To Read Donald Duck: Imperialist Ideology in the Disney Comic*. New York: International General.

Eco, U. (1976). *A Theory of Semiotics*. Bloomington: Univ. of Indiana Press.

Edwards, B. (1979). *Drawing on the Right Side of the Brain*. Los Angeles: J. P. Tarcher.

Eisner, W. (1978). *A Contract with God*. New York: Baronet Publishing.

——— (2007). *Life, in Pictures: Autobiographical Stories*. New York: W. W. Norton.

Ekman, P. & W. V. Friesen (1978). *Facial Action Coding System: A Technique for the Measurement of Facial Movement*. Palo Alto: Consulting Psychologists Press.

——— (1975). *Unmasking The Face: A Guide To Recognizing Emotions From Facial Cues*. Englewood Cliffs, NJ: Prentice-Hall.

Ekman, P., R. M. Liebert, W. V. Friesen, R. P. Harrison, C. Zlatchin, E. J. Malmstrom, & R. A. Baron (1972). "Facial expressions of emotion while watching televised violence as predictors of subsequent aggression," pp.22~58 in G. A. Comstock, E. A. Rubinstein, & J. P. Murray (eds.) *Television and social behavior: Vol. V*. Washington, DC: U. S. Government Printing Office.

Estren, M. J. (1974). *A History of Underground Comics.* San Francisco: Straight Arrow Books.

Feiffer, J. (1979). *Tantrum.* New York: Knopf.

——— (1974). *Feiffer on Nixon.* New York: Random House.

——— (1965). *The Great Comic Book Heroes.* New York: Dial Press.

Feininger, L. (1980). *The Kin-der-Kids.* New York: Dover.

Feshbach, S. (1963). "The effects of aggressive content in television programs upon the aggressive behavior of the audience," pp.83~97 in L. Arons & M. A. May (eds.) *Television and Human Behavior.* New York: Prentice-Hall.

Finch, C. (1973). *The Art of Walt Disney.* New York: Harry N. Abrams.

Fisher, E., M. Gerberg, & R. Wolin [eds.] (1979). *The Art in Cartooning.* New York: Scribner.

Fitzgerald, R. (1973). *Art and Politics.* Westport, CT: Greenwood Press.

Fitzpatrick, D. R. (1953). *As I Saw It.* New York: Simon & Schuster.

Flugel, J. C. (1954). "Humor and laughter," pp.709~734 in G. Lindzey (ed.) *Handbook of Social Psychology: Vol. 2.* Reading, MA: Addison-Wesley.

Fonseca, L. & B. Kearl (1960). *Comprehension of Pictorial Symbols: An Experiment in Rural Brazil.* Bullentin 30, Department of Agricultural Journalism, University of Wisconsin.

Foreign Policy Association (1975). *A Cartoon History of United States Foreign Policy, 1776~1976.* New York: William Morrow.

——— (1968). *A Cartoon History of United States Foreign Policy Since World War I.* New York: Random House.

Gallick, R. (1976). "The comic art of Lyonel Feininger, 1906." *J. of Popular Culture 10,* 3 (Winter): 664~676.

Gardner, H. (1973). *The Arts and Human Development.* New York: John Wiley.

———, V. Howard, & D. Perkins (1974). "Symbol systems: a philosophical, psychological, and educational investigation," pp.27~55 in D. Olson (ed.) *Media and Symbols.* Chicago: Univ. of Chicago Press.

Garrett, W. R. (1979). *The Early Political Caricature in America and the History of the United States.* Albuquerque: American Classical College Press.

Geipel, J. (1972). *The Cartoon: A Short History of Graphic Comedy and Satire.*

London: Newton Abbot, David & Charles.

Gerbner, G. (1975). "Symbolic functions of 'drug abuse': a mass communications approach." *Studies in Visual Communication 1*, 1: 27~34.

——— (1972). "Violence in television drama: trends and symbolic functions," pp.28-187 in G. A. Comstock & E. A. Rubinstein (eds.) *Television and Social Behavior: Vol. 1*. Washington, DC: U. S. Government Printing office.

——— & L. Gross (1979). "Editorial response: a reply to Newcomb's 'Humanistic critique.'" *Communication Research 6*: 223~230.

Gibson, J. J. (1971). "The information available in pictures." *Leonardo 4* (27).

——— (1950). *The Perception of the Visual World*. Boston: Houghton Mifflin.

Gilmore, D. H. (1971). *Sex in Comics: A History of the Eight Pagers* (Four volumes). San Diego: Greenleaf Classics.

Goldman, M. & M. Hagen (1979). "The forms of caricature: physiognomy and political bias." *Studies in Visual Communications 5*, 1: 30~37.

Gombrich, E. H. (1963). "The cartoonist's armoury." pp.135~137 in E. H. Gombrich, *Meditations on a Hobby Horse*. London: Phaidon Press.

——— (1961). *Art and Illusion: A Study in the Psychology of Pictorial Representation*. Princeton Univ. Press.

———, J. Hochenberg & M. Black [eds.] (1972). *Art, Perception and Reality*. Baltimore: Johns Hopkins Univ. Press.

Goodman, N. (1968). *Languages of Art*. New York: Bobbs-merrill.

Gravett, P. (2005). *Graphic Novels: Everything You Need To Know*. New York: Collins Design.

Greenberg, B. & S. Kahn (1970). "Blacks in Playboy cartoons." *Journalism Q. 47*: 557~560.

Greene, V. (1979). "Kisses!" *Cartoonist Profiles 41* (March): 42~47.

Guthrie, R. D. (2005). *The Nature of Paleolithic Art*. Chicago: The University of Chicago Press.

Hajdu, D. (2008). *The Ten-Cent Plague: The Great Comic-Book Scare and How It Changed America*. New York: Farrar, Straus and Giroux.

Halas, J. & R. Manvell (1970). *Art in Movement: New Direction in Animation*. New York: Hastings House.

―――― (1968). *The Technique of Film Animation*. New York: Hastings House.

―――― (1962). *Design in Motion: The Art and Technique of Animation*. New York: Hastings House.

Hall, E. T. (1959). *The Silent Language*. New York: Doubleday.

Harding, N. (1912). *The Political Campaign of 1912 in Cartoons*. Brooklyn, NY: The Brooklyn Eagle.

Harrison, R. P. (1974). *Beyond Words: An Introduction To Nonverbal Communication*. Englewood Cliffs, NJ: Prentice-Hall.

―――― (1964). "Pictic analysis: toward a vocabulary and syntax for the pictorial code; with research on facial expressions." Ph.D. dissertation, Michigan State University.

Harvey, R. C. (1979). "Comicopia." *The Rocket's Blast Comicollector 150* (December): 57~60.

―――― (1994). *The Art of the Funnies: An Aesthetic History*. Jackson: University Press of Mississippi.

―――― (1996). *The Art of the Comic Book: An Aesthetic History*. Jackson: University Press of Mississippi.

――――, Richard V. West, Brian Walker (1999). *Children of the Yellow Kid: The Evolution of the American Comic Strip*. Seattle: University of Washington Press.

Heath, R. (1975). *Animation in Twelve Hard Lessons*. West Islip, NY: Robert P. Heath Productions, INC.

Heider, F. (1958). *The Psychology of Interpersonal Relations*. New York: John Wiley.

Heisher, M. L. (1976). *The Encyclopedia of Comic Book Heroes*. New York: Collier Wiley.

Henry, J. M. [ed.] (1962). *Ding's Half Century*. New York: Duell, Sloan and Pearce.

Herdeg, W. & D. Pascal (1972). *The Art of the Comic Strip*. Zurich: Graphic Press.

Herman, J. (1979). "Life is the big joke for this cartoonist." *San Francisco Chronicle* (December 15): 13.

Hess, S. & M. Kaplan (1975). *The Ungentlemanly Art: A History of American Political Cartoons*. New York: Macmillan.

Hewison, W. (1977). *The Cartoon Connection: The Art of Pictorial Humor as Seen by William Hewison*. North Pomfret, VT: Hamish Hamilton.

Hill, A. (1978). "The Carter campaign in retrospect: decoding the cartoons." *Semiotica* *23*: 307~332.

Hoff, S. (1976). *Editorial and Political Cartooning*. New York: Stravon Educational Press.

Horn, M. [ed.] (1980). *The World Encyclopedia of Cartoons*. New York: Chelsea House.

——— (1978). *Comics of the American West*. Chicago: Follet.

——— (1977). *Women in Comics*. New York: Chelsea House.

——— [ed.] (1976). *The World Encyclopedia of Comics*. New York: Chelsea House.

Hoult, T. F. (1949). "Comic books and juvenile delinquency." *Sociology and Social Research 33*: 279~284.

Jacobs, M. (1980). *Jumping Up and Down on the Roof, Throwing Bags of Water on People: Cartoons and Interview from Six of America's Favorite Cartoonists*. New York: Doubleday.

Johnson, I. S. (1937). "Cartoons." *Public Opinion Q. 1*: 21~44.

Kadis, A. L. & C. Winick (1937). "The cartoon as theraputic catalyst," pp.106~123 in H. H. Mosak (ed.) *Alfred Adler: His Influence in Psychology Today*. Park Ridge, NJ: Noyes Press.

Keller, M. (1968). *The Art and Politics of Thomas Nast*. New York: Oxford Univ. Press.

Ketchum, A. (1959). *Uncle Sam: The Man and the Legend*. New York: Hill and Wang.

Kirby, R. (1931). *Highlight: A Cartoon History of the Nineteen Twenties*. New York: William Farquhar Payson.

Kolaja, J. (1953). "American magazine cartoons and social control." *Journalism Q. 30*: 71~74.

Krauss, R. (1980). "Blondie." *Cartoonist Profiles 47* (September): 24~25.

Kunzle, D. (1973). *The Early Comic Strip*. Berkeley: Univ. of California Press.

Landin, L. (1955). *Blackboard Matinee: A Handbook of Blackboard Cartooning, Games and Ideas for Teachers*. Saratoga, CA: Author.

Langer, S. (1942). *Philosophy in a New Key*. Cambridge: Harvard Univ. Press.

Lazarsfeld, P. (1942). "Remarks on administrative and critical research." *Studies in Philosophy and Social Sciences 9*: 2~16.

Lee, S. (1974). *The Origins of Marvel Comics*. New York: Simon & Schuster.

Lenburg, J. (1980). *The Encyclopedia of Animated Cartoon Series: 1909~1979*.

Westport, CT: Arlington House.

Lendt, D. C. (1979). *Ding: The Life of Jay Norwood Darling*. Ames, IA: Iowa State Univ. Press.

LeRoy, M. C. (1968). "Editorial cartoons fail to reach many readers." *Journalism Q.* 45: 533~535.

Levinson, R. M. (1975). "From Olive Oyl to Sweet Polly Purebread: sex role stereotypes and televised cartoons." *J. of Popular Culture* 9 (Winter).

Levitan, E. L. (1977). *Electronic Imaging Techniques*. New York: Litton.

Long, S. (1970). *Hey! Hey! LBJ!* Minneapolis: Ken Sorenson.

Low, D. (1960). *The Fearful Fifties*. New York: Simon & Schuster.

——— (1957). *Low's Autobiography*. New York: Simon & Schuster.

——— (1953). *Low's Cartoon History, 1945~1953*. New York: Simon & Schuter.

——— (1946). *Years of Wrath: A Cartoon History, 1931~1945*. New York: Simon & Schuster.

——— & R. E. Williams (1977). "Cartoon." *Encyclopedia Americana* 5: 728~743.

Lupoff, R. & D. Thompson [eds.] (1970). *All in Color for a Dime*. New Rochelle, NY: Arlington House.

Lurie, R. R. (1980). *Lurie's World, 1970~1980*. Honolulu: Univ. of Hawaii. Press.

——— (1975). *Pardon Me, Mr. President!* New York: Quadrangle.

——— (1973). *Nixon Rated Cartoons*. New York: Quadrangle.

MacDonald, A. & V. MacDonald (1976). "Sold American: the metamorphosis of Captain America." *J. of Popular Culture* 10, 1 (Summer): 249~258.

MacNelly, J. (1972). *MacNelly, the Pulitzer Prize Winning Cartoonist*. Richmond, VA: Westover.

Maeder, J. (1980). "Doonesbury." *Cartoonist Profiles* 46 (June): 36~37.

Maltin, L. (1980). *Of Mice and Magic: A History of American Animated Cartoons*. New York: McGraw-Hill.

——— (1973). *The Disney Films*. New York: Crown Publishers.

Markow, J. (1967). *Cartoonist's and Gag Writer's Handbook*. Cincinnati: Writer's Digest.

Mauldin, B. (1973). *A Sort of a Saga*. New York: Norton.

——— (1971). *The Brass Ring: A Sort of a Memoir*. New York: Norton.

———— (1968). *Some Day, My Boy, This Will All Be Yours*. New York: Norton.

———— (1965). *I've Decided I Want My Seat Back*. New York: Harper & Row.

———— (1961). *What's Got Your Back Up?* New York: Harper & Row.

———— (1947). *Back Home*. New York: William Sloan.

———— (1945). *Up Front*. New York: Holt, Rinehart & Winston.

Maurice, A. B. & F. T. Cooper (1904). *The History of the Nineteenth Century in Caricature*. New York: Dodd, Mead. (Reprinted 1970. Totowa, NJ: Cooper Square.)

Mayer, M. (1972). *About Television*. New York: Harper & Row.

McCloud, Scott. (2006). *Making Comics: Storytelling Secrets of Comics, Manga and Graphic Novels*. New York: HarperCollins Publishers.

McCutcheon, J. T. (1950). *Drawn from Memory*. Indianapolis: Bobbs-Merrill.

McGeachy, D. P., III (1973). *The Gospel According To Andy Capp*. Richmond, VA: John Knox.

McLuhan, M. (1972). "The Comics," pp.89~94 in E. M. White (ed.) *The Pop Culture Tradition*. New York: Norton.

Melody, W. (1973). *Children's Television: The Economics of Exploitation*. New Haven: Yale Univ. Press.

Meyer, K., J. Seidler, T. Curry, & A. Aveni (1980). "Women in July Fourth cartoons: a 100-year look." *J. of Communication 30*, 1 (Winter): 21~30.

Michaelis, D. (2007). *Schulz and Peanuts: A Biography*. New York: HarperCollins Publishers.

Milenkovitch, M. M. (1966). *The View from Red Square: A Critique of Cartoons from Pravda and Investia, 1947~1964*. New York: Hobbs, Dorman.

Miller, F. (1986). *Batman: The Dark Knight Returns*. New York: DC Comics.

Mondello, S. (1976). "Spider-man: Superhero in the liberal tradition." *J. of Popular Culture 10*. 1 (Summer): 232~238.

Morris, C. (1955). *Signs, Language and Behavior*. New York: George Braziller.

Murrell, W. (1938). *A History of American Graphic Humor. 2 vols*. New York: Macmillan.

National Cartoonists Society (1980). *Album*. (For information: Marge Devine, NCS Scribe, 9 Ebony Court, Brooklyn, N. Y. 11229.)

Nelson, R. P. (1978). *Comic Art and Caricature*. Chicago: Contemporary Books.

——— (1975). *Cartooning*. Chicago: Contemporary Books.

Nelson, W. [ed.] (1949). *Out of the Crocodile's Mouth: Russian Cartoons About the United States from "Krokodil," Moscow's Humor Magazine*. Washington, DC: Public Affairs Press.

Nevins, A. & F. Weitenkampf (1944). *A Century of Political Cartoons*. New York: Scribner.

New York State Joint Legislative Committee (1955). *Report of the Committee to Study the Publication of Comics* (Legislative Document No. 37 of 1955). Albany, NY: Williams Press.

The New Yorker (1980). *Album of Drawings, 1925~1975*. New York: Viking.

——— (1965). *Album, 1955~1965*. New York: Harper & Row.

——— (1955). *Album, 1950~1955*. New York: Harper & Row.

——— (1951). *Twenty-Fifth Anniversary Album*. New York: Harper & Row.

NewComb, H. (1978). "Assessing the Violence Profile of Gerbner and Gross: A humanistic critique and suggestions." *Communication Research 5*: 264~282.

Newspaper Comics Council (1974) *Comics in the Classroom*. New York: Author.

Newsweek (1980). "The finer art of politics." (October 13): 74~85.

Nir, Y. (1977). "U. S. involement in the Middle East conflict in Soviet caricatures." *Journalism Q. 54*: 697~702.

North, J. (1956). *Robert Minor: Artist and Crusader*. New York: International Publishers.

O'Brian, R. (1977). *The Golden Age of Comic Books: 1937~1945*. New York: Random House.

Oliphant, P. (1980). *Oliphant!* Mission, KS: Andrews & McMeel.

——— (1978). *An Informal Gathering*. New York: Simon & Schuster.

——— (1973). *Four More Years*. New York: Simon & Schuster.

——— (1969). *The Oliphant Book*. New York: Simon & Schuster.

Olson, D. [ed.] (1974). *Media and Symbols*. Chicago: Univ. of Chicago Press.

O'Neill, D., M. O'Neill, & H. O'Neill, Jr. (1974). *The Big Yellow Drawing Book*. Nevada City, CA: Hugh O'Neill & Associates.

Pallenik, M. J. (1977). "A gunman in town! Children interpret a comic book." *Studies* in *Visual Communication* 2, 1: 1~23.

Perry, G. & A. Aldridge (1971). *The Penquin Book of Comics*. New York: Viking.

Politzer, H. (1963). "From Little Nemo to Li'l Abner," pp.39~54 in D. M. White & R. H. Abel (eds.) *The Funnies: An American Idiom*. New York: Macmillan.

Rajski, R. B. [ed.] (1967). *A Nation Grieved: The Kennedy Assassination in Editorial Cartoons*. Rutland, VT: Charles E. Tuttle.

Real, M. R. (1977). *Mass-Mediated Culture*. Englewood Cliffs, NJ: Prentice-Hall.

Reitberger, R. & W. Fuchs (1972). *Comics: Anatomy of a Mass Medium*. Boston: Little, Brown.

Reynolds, J. (1972). "The 'Love comic's' view of romance," pp.185~192 in E. M. White (ed.) *The Pop Culture Tradition*. New York: Norton.

Richardson, J. A. (1977). *The Complete Book of Cartooning*. Englewood Cliffs, NJ: Prentice-Hall.

Rip-Off-Press (1973). *The Best of The Rip-Off-Press*. San Francisco: Rip-Off-Press.

Robinson, B. (1915). *Cartoons on the War*. New York: Elsevier North-Holland.

Robinson, J. (1980). *The Nineteen Seventies: Best Editorial Cartoons of the Decade*. New York: McGraw-Hill.

────── (1974). *The Comics*. New York: G. P. Putnam.

Rogers, E. M. (1980). "The Empirical and critical schools of communication research." Communication Research Institute, Stanford University. (unpublished)

Rose, A. M. (1963). "Mental health attitudes of youth as influenced by a comic strip," pp.247~260 in D. M. White & R. H. Abel (eds.) *The Funnies: An American Idiom*. New York: Macmillan.

Rosenberg, B. & D. M. White [eds.] (1957). *Mass Culture*. New York: Macmillan.

Rosenblum, B. (1978). *Photographers At Work: A Sociology of Photographic Styles*. New York: Holmes & Meier.

Rosenblum, S. & C. Antin (1968). *LBJ Lampooned*. New York: Cobble Hill Press.

Rothman, R. A. & D. W. Olmstead (1966). "Chicago Tribune cartoons during and after the McCormick era." *Journalism Q.* 43: 67~72.

Ryan, T. A. & C. B. Schwartz (1956). "Speed of perception as a function of mode of representation." *Amer. J. of Psychology* 69: 60~69.

Sadecky, P. (1971). *Octobriana and the Russian Underground*. New York: Harper &

Row.

Saenger, G. (1955). "Male and female relations in the American comic strip." *Public Opinion Q. 19 3*: 195~295.

Salomon, G. (1979a). *Interaction of Media, Cognition and Learning*. San Francisco: Jossey-Bass.

——— (1979b). "Shape, not only content: how media symbols partake in the development of abilities," pp.53~82 in E. Wartella (ed.) *Children Communicating*. Beverly Hills: Sage.

Samuels, M. & N. Samuels (1975). *Seeing with the Mind's Eye: The History, Techniques and Uses of Visualization*. New York: Random House.

Sanders, B. (1978). *The Sanders Book*. Milwaukee: The Milwaukee Journal.

——— (1974). *Run for the Oval Room, They Can't Corner Us There*. Milwaukee: Alpha Press.

Sarson, E. [ed.] (1971). *Action for Children's Television: The First National Symposium on the Effects of Television Programming and Advertising on Children*. Chicago: Avon Books.

Satrapi, M. (2003). *Persepolis: The Story of a Childhood*. New York: Pantheon Press.

——— (2004). *Persepolis 2: The Story of a Return*. New York: Pantheon Press.

——— (2005). *Embroideries*. New York: Pantheon Press.

——— (2006). *Chicken With Plums*. New York: Pantheon Press.

Schickel, R. (1968). *The Disney Version: The Life, Times, Art and Commerce of Walt Disney*. New York: Simon & Schuster.

Schramm, W. (1955). *The Process and Effects of Mass Communication*. Urbana: Univ. of Illinois Press.

Sebeok, T. A. (1979). *The Sign and Its Masters*. Austin: Univ. of Texas Press.

——— (1976). *Contributions to a Doctrine of Signs*. Bloomington: Univ. of Indiana Press.

Shaffer, L. F. (1930). *Children's Interpretations of Cartoons*. New York: Columbia University (Now reprinted, New York: AMS Press).

Sheldon, F. H. (1975). "Drawing power." *Amer. Education 11* (March).

Sheridan, M. (1973). *Classic Comics and Their Creators*. Arcadia, CA: Post-Era (Reprint from 1942).

Shikes, R. E. (1969). *The Indignant Eye*. Boston: Beacon.

Short, R. L. (1969). *Parables of Peanuts*. New York: Harper & Row.

——— (1965). *The Gospel According to Peanuts*. Atlanta, GA: John Knox.

Singer, J. L. (1978). "The powers and limitations of television," in P. Tannenbaum (ed.) *The Entertainment Function of Television*. Hillsdale, NJ: Eribaum.

——— [ed.] (1973). *The Child's World of Make-Believe*. New York: Academic.

——— & D. G. Singer (1976). "Can TV stimulate imaginative play?" *J. of Communication 26*, 3: 74~80.

Spiegelman, M., C. Terwilliger & F. Fearing (1953). "The content of comics: goals and means to goals of comic strip characters." *J. of Social Psychology 37*: 189~203.

——— (1986). *Maus I: My Father Bleeds History*. New York: Pantheon Press.

——— (1992). *Maus II: And Here My Troubles Began*. New York: Pantheon Press.

——— (1996). *The Complete Maus: A Survivor's Tale*. New York: Pantheon Press.

Spitz, R. A. & K. M. Wolf (1946). "The smiling response: A contribution to the ontogenesis of social relations." *Genetic Psychology Monographs 34*: 57~125.

Starch, D. (1956). "How to use comic strip ads successfully." *Advertising Agency 49*: 66~69.

Steiner, G. A. (1963). *The People Look At Television*. New York: Knopf.

Steranko, J. (1970). *The Steranko History of Comics*. Reading, PA: Supergraphics (Now reprinted, New York: Crown).

Stevens, J. D. (1976). "Reflections in a dark mirror: comic strips in Black newspapers." *Journal of Popular Culture 10*, 1 (Summer): 239~244.

Streicher, L. H. (1967). "Elements of a theory of caricature." *Comparative Studies in Society and History 9* (July): 421~445.

Tannenbaum, P. (1972). "Studies in Film-and television-mediated arousal and aggression: a progress report," pp.309~350 in G. A. Comstock, E. A. Rubinstein, & J. P. Murray (eds.) *Television and Social Behavior*. Vol V. Washington, DC: U. S. Government Printing Office.

Taylor, G. (1980). *The Absurd World of Charles Bragg*. New York: Harry Abrams.

Trudeau, G. B. (1975). *The Doonesbury Chronicles*. New York: Holt, Rinehart & Winston.

Von Hoffman, N. & G. B. Trudeau (1973). *The Fireside Watergate*. New York: Sheed

& Ward.

Walker, M. (1978). "Comicana." *Cartoonist Profiles 40* (December): 74~76.

——— (1975). *Backstage at the Strips*. New York: A & W Visual Library.

Wartella, E. [ed.] (1979). *Children Communicating*. Beverly Hills: Sage.

Waugh, C. (1947). *The Comics*. New York: Macmillan.

Wertham, F. (1973). *The World of Fanzines: A Special Form of Communication*. Carbondale, IL: Southern Illinois Univ. Press.

——— (1954). *Seduction of the Innocent*. New York: Holt, Rinehart & Winston.

Westin, A. F. [ed.] (1979). *Getting Angry Six Times a Week*. Boston: Bacon Press.

Wheeler, M. E. & S. K. Reed (1975). "Response to before and after Watergate caricature." *Journalism Q. 52*: 134~136.

White, D. M. (1964). *From Dogpatch to Slobbovia: The World of Li'l Abner*. Boston: Bacon Press.

White, D. M. & R. H. Abel [ed.] (1963). *The Funnies: An American Idiom*. New York: Macmillan.

Wilkinson, E. [tr.] (1973). *The People's Comic Book Garden City*. NY: Doubleday.

Winick, C. (1973). *Children's Television Commercials: A Content Analysis*. New York: NAB and Praeger Press.

Winick, M. P. & C. Winick (1979). *The Television Experience: What Children See*. Beverly Hills: Sage.

Wolf, K. M. & M. Fiske (1949). "The children talk about comics," pp.3~50 in P. Lazarsfeld & F. Stanton (eds.) *Communication Research 1948~1949*. New York: Harper & Row.

Wolk, D. (2008). *Reading Comics: How Graphic Novels Work and What They Mean*. Cambridge: Da Capo Press.Worth, S. & J. Adair (1972). *Through Navajo Eyes*. Bloomington: Indiana Univ. Press.

Young, A. (1939). *Art Young: His Life and Times*. New York: Sheridan House.

——— (1936). *Best of Art Young*. New York: Vanguard Press.

——— (1928). *On My Way*. New York: Horce Liveright.

Zuckerman, D. M., D. G. Singer & J. L. Singer (1980). "Television viewing, children's reading, and related classroom behavior." *J. of Communication 30* 1: 166~174.

국내 출간 만화 관련 참고 문헌*

국내 문헌

강형구·탁진영 (2006). "시사 만화에 나타난 대통령 후보자의 시각적 이미지에 관한 연구." 한국언론학회. <한국언론학보> 50-3호.

고상미 (2007). <만화 <아스테릭스>를 활용한 효과적인 프랑스어교육 사례 연구>. 숙명여자대 교육대학원 석사 학위 논문.

곽경신·김낙호 (2007). ≪샌디에이고 코믹콘을 말하다≫. 부천만화정보센터.

곽대원 외 (1996). ≪한국만화의 모험가들≫. 열화당.

권경민 (2007). ≪기호학적 만화론≫. 심포지움.

권미해 (2006). <만화적 표현 기법을 통한 공간 표현력 지도 방안 연구>. 대구교육대학교 교육대학원 석사 학위 논문.

김기홍 (2005). ≪만화로 보는 미국≫. 살림.

김다혜 (2005). <로이 리히텐슈타인의 작품에 나타난 만화적 표현에 관한 연구>. 호남대학교 대학원 석사 학위 논문.

* 많은 만화 관련 문헌이 국내에서 간행되어 있지만 역주에 거론된 문헌을 중심으로 정리한 것임을 밝혀 둔다. 만화에 관한 외국 문헌에 대해서는 www.comicsreporter.com/index.php/lists/lists_and_links/87을, 만화가를 비롯한 외국의 만화 관련 인물 및 기관에 대한 자료는 www.comicsreporter.com/index.php/lists/lists_and_links/4732을 참고하기 바란다.

김동진 (2005). <현대 회화에 나타난 만화적 표현(Cartooning)에 관한 연구>. 공주대학교 대학원 석사 학위 논문.

김동희 (2006). <음악적 표현 능력의 향상을 위한 애니메이션 <첼로 켜는 고슈>의 분석 연구>. 단국대학교 교육대학원 석사 학위 논문.

김명혜 (1988). "패스티쉬: 디즈니 장편 애니메이션의 문화 팽창 전략." <언론과 사회> 20호.

김명희 (2003). <TV 애니메이션에 나타난 성역할 연구>. 원광대학교 행정대학원 석사 학위 논문.

김상범 (2004). ≪만화책도 책이다!≫. 초록배매직스.

김성묘 (2006). ≪만화 절대 지존 그들을 만나다≫. 다인미디어.

김성환 (1978). ≪고바우와 함께 산 반생: 만화가의 자전적 인생론≫. 열화당

김성훈 (2005). ≪만화 속 백수 이야기≫. 살림.

────── (2007). ≪한국 만화 비평의 선구자들≫. 부천만화정보센터.

────── · 박소현 (2005). ≪북한 만화의 이해≫. 살림.

김영근 (2007). <시각적 은유가 사용된 만화 표현 요소의 인지적 효과에 관한 연구>. 상명대학교 예술·디자인대학원 석사 학위 논문.

김영훈 (2007). <만화, 애니메이션 교과를 통한 미술 교육 활용 방안에 대한 연구>. 한양대학교 교육대학원 석사 학위 논문.

김용락·김미림 (1999). ≪서사 만화 개론≫. 범우사.

김용석 (2000). ≪미녀와 야수 그리고 인간≫. 푸른숲.

김은경 (1998). <일본 만화가 학교 폭력에 미치는 영향에 관한 연구>. 숭실대학교 대학원 석사 학위 논문.

김을호 (2006). <한국 신문 네 칸 만화 언어 텍스트의 수사적 표현 양상 연구>. 상명대학교 예술디자인대학원 석사 학위 논문.

김종옥 (2007). ≪한국 만화사 구술 채록 연구 3 박기정≫. 부천만화정보센터.

김종주 (2007). <영상 매체의 학원 폭력물이 청소년의 폭력성에 미치는 영향: 서울시 남녀 고등학교 1학년 학생을 대상으로>. 국민대학교 교육대학원 석사 학위 논문.

김진수 (2006). ≪한국 시사 만화의 이해≫. 커뮤니케이션북스.

김창남 (1987). "만화에 대한 일반적 고찰." 이희재 외. ≪만화와 시대 1≫. 공동체.

────── (1995). "월트 디즈니의 애니메이션: 그 신화와 진실." <아침햇살> 여름호.

김태익·장덕성 (1998). ≪애니메이션 ABC≫. 학문사.

김현진 (2006). <독일어 학습을 위한 만화 자료 활용 방안 연구>. 이화여자대학교 교육대학원 석사 학위 논문.

김혜진 외 (1986). "TV 만화 내용 분석과 성역할 학습에 관한 연구." <婦學> 19호. 연세대학교 가정대학교.

김호근 (1986). ≪스타인버그: 카툰의 새로운 세계≫. 열화당.

김훤환 (2006). <카툰의 시각적 '무의미'에 관하여: 유머를 중심으로>. 공주대학교 영상예술대학원 석사 학위 논문.

나예리 등 (2006). ≪만화가가 말하는 만화가≫. 부키.

남인용 (2000). "소비자로서의 어린이와 광고 효과." <광고학보> 2-1호.

두고보자 (2004). ≪만화 세계 정복≫. 길찾기.

만화벗 그림터 편 (1998). ≪순정 만화 가이드≫. 큰방.

만화평론가협회 (1995). ≪우리 만화 가까이 보기≫. 눈빛.

만화평론가협회 (1998). ≪호호에서 아하까지≫('날자! 우리 만화'로 개제). 교보문고.

박경이 (2004). ≪만화, 학교에 오다≫. 우리교육.

박기준 (1991). ≪만화 기법 1(만화 스토리 작법)≫. 우람

박무직 (2003). ≪박모 씨 이야기: 나는 만화인이다≫. 시공사.

───(2001). ≪만화 공작소: 만화 기법의 기초와 테크닉≫. 바다출판사.

박문석 (1998). "애니메이션의 새 조류." <월간 윈> 6월호.

박미경 (2008). <만화를 활용한 일본어 교육 방안에 대한 연구>. 중앙대학교 교육대학원 석사 학위 논문.

박보름 (2005). <코믹스의 칸 나누기 기법을 활용한 학습 지도 방안 연구>. 국민대학교 교육대학원 석사 학위 논문.

박석환 (1999). ≪만화 시비 탕탕탕≫. 초록배매직스.

───(2001). ≪잘 가라 종이 만화≫. 시공사.

───(2005). ≪코믹스 만화의 세계≫. 살림지식총서.

───(2006). <만화 콘텐츠의 서사 구조와 이데올로기 연구: 만화 <천국의 신화>를 중심으로>. 성균관대학교 언론정보대학원 석사 학위 논문.

박성식 (2006). <만화 콘텐츠의 산업적 활용 사례 분석과 저작권 비즈니스 모델 구축에 대한 연구>. 상명대학교 예술디자인 대학원 석사 학위 논문.

박인하 (1997). ≪만화를 위한 책≫. 교보문고.

───(2000). ≪누가 캔디를 모함했나≫. 살림.

───(2002). ≪길창덕: 꺼벙이로 웃다, 순악질 여사로 살다≫. 하늘아래.

───(2004). ≪장르 만화의 세계≫. 살림.

───(2005). ≪골방에서 만난 천국≫. 인물과 사상사.

────── 외 (1991). ≪아니메가 보고 싶다≫. 교보문고.
박재동 (1994). ≪만화 내 사랑≫. 지인.
────── 외 (1995). ≪한국 만화의 선구자들≫. 열화당.
박정배 (1999). ≪아니메를 읽는 7가지 방법≫. 미컴.
박종성 (2000). ≪한국 성인 만화의 정치학≫. 인간사랑.
박지연 (2000). <TV 만화 속의 성역할에 관한 연구>. 성균관대학교 언론정보대학원 석사 학위 논문.
박진희 (2006). <회화에 나타난 만화 이미지에 관한 연구>. 동국대학교 교육대학원 석사 학위 논문.
박창석 (2003). ≪캐리커처의 역사≫. 살림출판사.
────── (2007). ≪미술 속 만화 만화 속 미술≫. 다빈치.
────── (2008). ≪만화가 사랑한 미술: 미술과 만화의 유쾌한 만남≫. 아트북스.
박태견 (1997). ≪재패니메이션이 세상을 지배하는 이유≫. 길벗.
박행순 (2005). <중국어 교육에서 보조 자료로서의 만화 활용에 관한 연구>. 한국외국어대학교 교육대학원 석사 학위 논문.
박혜상 (2005). <만평과 신문의 정치적 성향 연구: 조선일보와 한겨레신문을 중심으로>. 이화여자대 정책과학대학원 석사 학위 논문.
박홍규 (2000). ≪오노레 도미에: 만화의 아버지가 그린 근대의 풍경≫. 소나무.
────── (2002). ≪야만의 시대를 그린 화가, 고야≫. 소나무.
박홍수 (1988). "어린이 TV 광고의 역기능과 시청 시간대에 관한 연구." <광고연구> 창간호.
방송위원회 (1999). <방송 문화 지표 연구 종합 보고서>.
배정아 (2006). <출판 만화 콘텐츠의 'OSMU' 활성화 방안 연구: 한국과 일본의 사례 비교를 중심으로>. 중앙대학교 신문방송대학원 석사 학위 논문.
백정숙 (2007). ≪한국 만화사 구술 채록 연구 4 장은주≫. 부천만화정보센터.
────── (2005). <웹툰의 장르적 특성과 의미 소구 양식에 대한 연구: 새로운 만화 현상에 대한 사회적 의미를 중심으로>. 성균관대학교 언론정보대학원 석사 학위 논문.
백준기 (2001). ≪만화 미학 탐문≫. 다섯수레.
부천만화정보센터 (2001). ≪서구 만화 가이드북≫.
────── (2002). ≪일본 만화 가이드북≫.
────── (2003). ≪한국 만화 가이드북: 동인지편≫.
────── (2004). ≪한국 만화 가이드북: 만화 잡지편≫.
────── (2005a). ≪한국 만화 가이드북: 학습 만화편≫.

──── (2005b). ≪삼팔선 블루스에서 성웅 이순신까지: 코주부 김용환의 재발견≫. 현실문화연구.
──── (2006). <2005 만화산업통계연감>.
서유선 (2007). <초등학교 영어교육에서의 애니메이션을 이용한 듣기 지도 방안 연구>. 원광대학교 교육대학원 석사 학위 논문.
설지형 (2006). <만화를 활용한 교과 연계형 수업의 교육적 효과: 중학교 국어·과학 연계 수업을 통한 사례 연구>. 상명대학교 예술디자인대학원 석사 학위 논문.
성완경 (2003). ≪세계만화탐사≫. 생각의나무.
손기영 (2005). <인터넷 기반 캐릭터의 라이선싱 비즈니스 영향 요인과 문화 콘텐츠 정책 상호성에 관한 연구: 국내 웹애니메이션, 웹툰, 온라인 게임의 초기 대표적 성공 캐릭터 사례분석을 중심으로>. 경희대학교 경영대학원 석사 학위 논문.
손상익 (1996). ≪만화로 여는 세상≫. 고려원 미디어 만화비평서.
──── (1996/1999). ≪한국 만화 통사 (상) 선사 시대~1945년≫ 프레스빌/시공사.
──── (1999). ≪한국 만화 통사 (하)≫. 시공사.
──── (2000). ≪망가 vs 만화≫. 초록배매직스.
──── (2005a). ≪한국 만화사 산책≫. 살림.
──── (2005b). <한국 신문 시사 만화사 연구: 풍자성과 사회 비판적 역할을 중심으로>. 중앙대학교 대학원 박사 학위 논문.
────·한국만화문화연구원 편 (2002). ≪한국 만화 인명 사전≫. 시공사.
신명직 (2003). ≪모던뽀이, 경성을 거닐다: 만문 만화로 보는 근대의 얼굴≫. 현실문화연구.
심수민 (2007). <초등학생용 역사 학습 만화의 교육 효과 분석>. 울산대학교 교육대학원 석사 학위 논문.
심현우 (1999). ≪만화가 창의력이다≫. 동인.
안수철 (2008). ≪만화 연출, 나도 할 수 있다≫. 노마드북스.
안홍철 (2005). <만화에서의 칸의 활용에 의한 표현 유형 연구: 단편 만화 <일상에서의 탈출>을 중심으로>. 세종대학교 공연예술대학원 석사 학위 논문.
양기옥 (2005). <전통 회화를 활용한 만화적 표현에 관한 연구>. 고려대학교 교육대학원 석사 학위 논문.
양영희 (1992). <유치원 아동의 VTR 시청과 공격성 간의 관계: 애니메이션을 중심으로>. 연세대학교 교육대학원 석사 학위 논문
오규원 (1981). ≪한국 만화의 현실≫. 열화당.
오민희 (2006). <중학교 국사 수업에서 학습 만화 이용>. 서강대학교 교육대학원 석사 학위

논문.

오은하 (1999). ≪오은하의 만화토피아≫. 한겨레신문사.

오주연 (2006). <애니메이션 팬덤의 특성과 문화 실천에 관한 연구: 수용의 갈등과 저항적 즐거움을 중심으로>. 연세대학교 영상대학원 석사 학위 논문.

오흥원 (2006). <만화를 활용한 영어 읽기 능력 향상 방안: 초등학교 6학년 학습자를 중심으로>. 중앙대학교 대학원 석사 학위 논문.

위기철 (1987). "대중적 양식으로서의 만화." 이희재 외. ≪만화와 시대 1≫. 공동체.

유선영·박용규 (2000). ≪한국 시사 만화≫. 한국언론재단.

유재석 (1996). ≪애니메이션 기획에서 제작까지≫. 영진출판사.

윤선희 (1998). "디즈니 애니메이션에 나타난 영상 산업의 탈영토화와 탈코드화." 한국언론학회. <한국언론학보> 43-2호.

윤영옥 (1995). ≪한국 신문 만화사 1909~1995≫. 열화당.

윤희중 (1991). "TV 광고가 어린이 및 청소년에게 미치는 영향에 관한 연구." <광고연구> 10호.

이기석 (2007). <창의력 향상을 위한 만화 지도 방법 연구: 중등 미술 교육 과정을 중심으로>. 한남대학교 대학원 석사 학위 논문.

이기춘·박수경 (1990). "아동 소비자와 광고." <광고연구> 8호.

이대연 (2005). <만화에서의 몽타주 이론: 애니코믹스 <센과 치히로의 행방불명>을 중심으로>. 서강대학교 언론대학원 석사 학위 논문.

이동진 (2003). ≪청소년 폭력 집단에 관한 연구≫. 한국형사정책연구원.

이동훈 (1999). ≪유럽 만화를 보러갔다≫. 교보문고.

이두호 (2006). ≪무식하면 용감하다≫. 행복한만화가게.

이명석 (1999). ≪이명석의 유쾌한 일본 만화 편력기≫. 홍디자인.

────── (2002). ≪만화, 쾌락의 급소 찾기≫. 시지락.

이수진 (2004). ≪만화 기호학≫. 씨엔씨레볼루션.

이원복 (1991). ≪세계의 만화 만화의 세계≫. 미진사.

────── 외 (2000). ≪만화 프로테크닉≫. 다섯수레

이윤하 (2005). <고등학교 일본어 교육을 위한 일본 만화의 활용 방안 연구>. 단국대학교 교육대학원 석사 학위 논문.

이은정 (2005). <웹툰의 구조 분석과 콘텐츠 연구>. 공주대학교 영상예술대학원 석사 학위 논문.

이재진 (2001). "저널리즘 구성 요소로서의 카툰의 정치적 기능과 표현의 한계: 한·미 간의

비교를 중심으로." 한국언론학회. ≪한국언론학보≫ 45-4호.
이재철 (2004). ≪만화 그리고 저작권≫. 세창미디어.
이재현 (1987). "민중 만화론." 이희재 외. ≪만화와 시대 1≫. 공동체.
────── (1991). ≪만화 세상을 향하여≫. 푸른미디어.
이정은 (2006). <만화를 활용한 중국어 지도 방안 연구>. 상명대학교 교육대학원 석사 학위 논문.
이주향 (2000). ≪나는 만화에서 철학을 본다≫. 명진출판.
이지선 (2006). <만화를 활용한 논리와 비판적 사고 교육>. 한국외국어대학교 교육대학원 석사 학위 논문.
이해창 (1982). ≪한국 시사 만화사≫. 일지사.
이현석 (2007). ≪만화 왕국 일본의 알려지지 않은 진실≫. 부천만화정보센터.
이현주 (2004). <신문 만화의 정치적 현실 구성에 관한 연구: 한 컷 만평의 대통령 묘사에 관한 내용 분석을 중심으로>. 한국외국어대학교 대학원 석사 학위 논문.
이형래 (1998). <청소년 비행의 원인과 그 예방 대책에 관한 연구: 대중 매체의 폭력성, 음란성, 요인 노출을 중심으로>. 명지대학교 교육대학원 석사 학위 논문.
이혜갑 (1991). "우리나라 어린이 텔레비전 광고의 문제." <방송연구> 33호.
이희정 (2007). <어린이 영어 만화 교재 분석 및 활용 방안>. 연세대학교 교육대학원 석사 학위 논문.
임경희 (2005). <시각 예술 텍스트에서 간프레임(inter-frame)의 의미 생성에 관한 연구>. 고려대학교 대학원 석사 학위 논문.
임재환 (2006). <카툰의 풍자성과 해학성 표현 연구: 카투닝의 수사법과 표현 기법을 중심으로>. 공주대학교 대학원 석사 학위 논문.
임청산 (2004). ≪만화 영상 예술사≫. 대훈닷컴.
장상용 (2004). ≪한국 대표 만화가 18명의 감동적인 이야기 1, 2≫. 크림슨.
장승태 (2003). ≪카툰의 이론과 실제≫. 드림박스.
장용군 (2005). <디지털 만화와 모바일 애니메이션의 제작 방법 연구>. 공주대학교 대학원 석사 학위 논문.
장재욱 (1998). <전달 매체로서 만화(Cartoon)가 갖는 인지의 용이성에 대한 연구: 특성과 활용 방안을 중심으로>. 조선대학교 대학원 석사 학위 논문.
전재혁 (2005). ≪만화 애니메이션 캐릭터 영상 기호론≫. 만남.
전현지 (2005). <순정 만화의 장르적 특성에 관한 연구>. 세종대학교 대학원 석사 학위 논문.
정만수 (1999). "광고와 어린이." 이명천 외. ≪글로벌 시대의 광고와 사회≫. 한울.

정보영 (2005). <한국 여성 만화의 발전과 제 고찰>. 공주대학교 대학원 석사 학위 논문.

정준영 (1994). ≪만화 보기와 만화 읽기≫. 한나래.

정하미 (2005). ≪눈동자의 빛으로 일본 만화를 본다≫. 지식산업사.

정현숙 (2004). ≪일본 만화의 사회학≫. 문학과지성사.

정혜윤 (2006). <출판 만화에 나타나는 '글자'에 관한 연구>. 상명대학교 예술디자인대학원 석사 학위 논문.

조문선 (2005). <인상주의 회화와 프레데릭 백 애니메이션의 비교 연구>. 공주대학교 대학원 석사 학위 논문.

조영숙 (2005). <만화 텍스트를 활용한 추론 능력 신장 방안 연구>. 춘천교육대학교 교육대학원 석사 학위 논문.

조은영 (2005). <러시아 애니메이션 수업 연구: 기초 러시아어 학습 교재 고등학교 활용 방안>. 한국외국어대학교 교육대학원 석사 학위 논문.

조정래 외 (2007). ≪세계 만화, 그 정체성과 다양성을 뒤집어보다≫. 비전코리아.

조항리 (2001). ≪카툰의 세계≫. 초록배매직스.

주경철 (2000). "디즈니 애니메이션의 문화사." 문화사학회. <역사와 문화> 2호.

주영길 (1988). <폭력성 비디오 시청이 아동의 공격성에 미치는 영향>. 전남대학교 교육대학원 석사 학위 논문.

주재국 (2004). ≪만화방 주인의 이바구 별곡≫. 서울문화사.

채승연 (2007). <환경 교육 만화의 내용 분석 및 활용 방안>. 한국교원대학교 교육대학원 석사 학위 논문.

천정환·김건우·이정숙 (2005). ≪혁명과 웃음 — 김승옥의 시사 만화 <파고다 영감>을 통해본 4·19 혁명의 가을≫. 앨피.

최석진 (2002). ≪여기에선 저 일본이 신기루처럼 보인다≫. 열음사.

최석태 (2007). ≪한국 만화사 구술 채록 연구 1 신동헌≫. 부천만화정보센터.

최열 (1987). "만화의 형식과 그 주변." 이희재 외. ≪만화와 시대 1≫. 공동체.

――― (1995). ≪한국 만화의 역사≫. 열화당.

최재영 (2007). <지리 교육에서 만화의 도입과 만화의 유형에 따른 학습자 선호도 및 학습 효과>. 서울대학교 대학원 석사 학위 논문.

코믹플러스·한국만화문화연구원 (2002). ≪만화가이드 2002≫. 시공사.

하종원 (1987). "한국 신문 만화의 시사적 성격." 이희재 외. ≪만화와 시대 1≫. 공동체.

――― (2001). "온라인 만화 산업의 현황과 전망." SICAF 2001 세미나 만화출판 활성화를 위한 만화인 토론회, 2001. 8. 14.

한국간행물윤리위원회 (1997). ≪청소년의 유해 간행물 접촉 실태와 비행과의 관련성≫.
한국만화문화연구원 (2004). ≪허영만표 만화와 환호하는 군중들≫. 김영사.
한국문화콘텐츠진흥원 (2007). *Manhwa, Another Discovery in Asian Comics*. 커뮤니케이션북스.
한상일・한정선 (2006). ≪일본, 만화로 제국을 그리다≫. 일조각.
한상정 (2007). ≪앙굴렘 국제만화페스티벌을 탐하다≫. 부천만화정보센터.
한아린 (2006). <웹툰 캐릭터의 미디어믹스 전략에 관한 연구>. 홍익대학교 대학원 석사 학위 논문.
한영주 (2001). ≪다시 보는 우리 만화 1950~1969≫. 글논그림밭.
── (2007). ≪한국 만화사 구술 채록 연구 2 정한기≫. 부천만화정보센터.
한재규 (2001). ≪한국 만화 원형사≫. 이다미디어.
한창완 (1998). ≪한국 만화 애니메이션 산업론≫. 글논그림밭.
함성호 (2002). ≪만화당 인생≫. 마음산책.
허지영 (2005). <출판 만화에 나타나는 말 칸의 유형과 역할에 대한 연구: 단편 영화 <What are you doing now, Alice?>를 중심으로>. 세종대학교 공연예술대학원 석사 학위 논문.
황민호 (1997). ≪고바우에서 둘리까지≫. 서조.
황선길 (1996). ≪애니메이션의 이해≫. 디자인하우스.
황의웅 (2001). ≪주먹대장은 살아 있다≫. 시공사.
── (1997). ≪미야자키 하야오의 세계≫. 예술.
── (1998). ≪아니메를 이끄는 7인의 사무라이≫. 시공사.
황지우 (1993). "권력에 대한 '웃음' ─ 박재동 만화 아이콘 분석." 현실문화연구 (편). ≪문화 연구, 어떻게 할 것인가≫. 현실문화연구.
황현정 (2007). <한자 교육에서 만화의 역할>. 단국대학교 교육대학원 석사 학위 논문.

외국 문헌

宮原浩二郞・荻野昌弘 (미야하라 고지로・오기노 마사히로, 2001). ≪マンガの社会学≫. 안병곤・강기철 옮김 (2004). ≪만화 사회학≫. 해와달.
吉弘幸介 (요시히로 코스케, 1993). ≪マンガの現代史≫. 김보선 옮김 (1998). ≪일본 만화 현대사≫. 우용출판사.

人城宜武 (오시로 요시타케, 1987). ≪漫画の文化記号論≫. 김이랑 옮김 (1996). ≪만화의 문화 기호론≫. 눈빛.

大塚英志・ササキバラ・ゴウ (오오쯔카 에이지・사사키바라 고, 2001). ≪教養としてのまんが・アニメ≫. 최윤희 옮김 (2004). ≪망가・아니메≫. 열음사.

四方田犬彦 (요모타 이누히코, 1994). ≪漫画原論≫. 김이랑 옮김 (2000). ≪만화원론≫. 시공사.

石川潤 (이시카와 쥰, 1995). ≪漫画の時間≫. 서현아 옮김 (1997). ≪만화의 시간≫. 글논그림밭.

手塚治虫 (데즈카 오사무, 1969). ≪ぼくはマンガ家≫. 김미영 옮김 (2002). ≪만화가의 길≫. 황금가지.

——— (데즈카 오사무, 1977). ≪マンガの描き方≫. 최영미 옮김 (1998). ≪만화 그리기 ABC≫. 아름드리미디어.

切通理作 (키리도시 리시쿠, 2001). ≪宮崎駿の世界≫. 남도현 옮김 (2002). ≪미야자키 하야오론≫. 열음사.

鳥海尽三 (토미우리 진조, 1987). ≪アニメ・シナリオ入門≫. 조미라・고재운 옮김 (1999). ≪애니메이션 시나리오 작법≫. 모색.

清水勲 (시미즈 이사오, 1991). ≪漫画の歴史≫. 김광석 옮김 (2001). ≪일본 만화의 역사≫. 신한미디어.

夏目房之介 (나츠메 후사노스케, 2001). ≪マンガ世界戦略 カモネギ化するかマンガ産業≫. 박관형 외 옮김 (2002). ≪망가 세계 전략≫. 시공사.

齋藤次郎 (사이토 지로, 1989). ≪手塚治虫がねがったこと≫. 손상익 옮김 (1996). ≪아톰의 철학: 데즈카 오사무의 만화 세계≫. 개마고원.

Bindman, David (1997). *Hogarth and His Times: Serious Comedy.* 장승원 옮김 (1998). ≪윌리엄 호가스: 18세기 영국의 풍자 화가≫. 시공사.

Capodagli, Bill & Lynn Jackson (1998, 2006). *The Disney Way.* 이호재・이정 옮김 (2000). ≪디즈니 꿈의 경영≫. 21세기북스.

Connellan, Tom (1997). *Inside the Magic Kingdom: Seven Keys to Disney's Success.* 오세영 옮김 (2001). ≪디즈니월드 성공에 감춰진 7가지 비밀≫. 영언문화사.

Dorfman, Ariel & Armand Matterart (1971). *Para Leer al Pato Donald?(How To Read Donald Duck).* 김성오 옮김 (2003). ≪도널드 덕 어떻게 읽을 것인가: 디즈니 만화로

가장한 미 제국주의의 야만≫. 새물결.

Eisner, Will (1985). *Comics & Sequential Art*. 이재형 옮김 (2000). ≪그림을 잘 엮으면 만화가 된다≫. 현실문화연구.

Eliot, Marc (1993). *Walt Disney: Hollywood's Dark Prince*. 원재길 옮김 (1993). ≪월트 디즈니: 할리우드의 디즈니 신화≫. 우리문학사.

Fjellman, Stephen M. (1992). *Vinyl Leaves: Walt Disney World And America*. 박석희 옮김 (1994). ≪디즈니와 놀이 문화의 혁명≫. 일신사.

Giroux, Henry A. (1999). *The Mouse that Roared: Disney and the End of Innocence*. 성기완 옮김 (2001). ≪디즈니 순수함과 거짓말≫. 아침이슬.

Grover, Ron (1991). *The Disney Touch: How a Daring Management Team Revived an Entertainment Empire*. 김재광 옮김 (1995). ≪월트 디즈니사와 미래형 경영≫. 김영사.

Halas, John & Roger Manvell (1959). *Technique of Film Animation*. 유성웅 옮김 (1996). ≪애니메이션의 이론과 실기≫. 애니콤.

Hart, Christopher (1997). *How to Draw Animation: Learn the Art of Animation from Character Design to Storyboards and Layouts*. 홍윤주 옮김 (1999). ≪출발 애니메이션: 기초부터 완성까지≫. 고려문화사.

Knigge, Andreas C. (2004). *50 Klassiker Comics: Von Lyonel Feininger bis Art Spiegelman*. 김원익 옮김 (2005). ≪클라시커 50만화≫. 해냄.

Koenig, David (1997, 2001). *Mouse Under Glass: Secrets of Disney Animation & Theme Parks*. 서민수 옮김 (1999). ≪애니메이션의 천재 디즈니의 비밀≫. 현대미디어.

Lacassin, Francis (1982). *Pour un neuvième art : la band dessinée*. 심상용 옮김 (1998). ≪제9의 예술 만화≫. 하늘연못.

Lee, Stan & John Buscema (1984). *How to Draw Comics the Marvel Way*. ≪극화작법≫. 큰방 (1998).

McCloud, Scott (1993). *Understading Comics: The Invisible Art*. 김낙호 옮김 (1995). ≪만화의 이해≫. 아름드리.

──── (2000). *Reinventing Comics: How Imagination and Technology are Revolutionizing an Art Form*. 김낙호 옮김 (2001). ≪만화의 미래≫. 시공사.

Moliterni, Claude & Philippe Mellot (1996). *Chronologie de la bande dessinée*. 신혜정 옮김 (2003). ≪연대기로 보는 세계 만화의 역사≫. 다섯수레.

Radbruch, Gustav (1947). *Karikaturen der Justiz*. 최종고 옮김 (1994). ≪도미에의 사법

풍자화≫. 열화당.

Sabin, Roger (1996). *Comics, Comix & Graphic Novels: A History Of Comic Art*. 김한영 옮김 (2002). ≪만화의 역사≫. 글논그림밭(글숲그림나무).

Schodt, Frederik L. (1996). *Dreamland Japan: Writings on Modern Manga*. 박성식・김장호 옮김 (1999). ≪이것이 일본 만화다≫. 다섯수레.

Schuiten, François & Benoît Peeters (1996). *L'aventure des Images: De la bande dessinee au multimedia*. 이수진 옮김 (2003). ≪이미지, 모험을 떠나다: 만화에서 멀티미디어까지≫. 현실문화연구.

Smoodin, Eric (1993). *Animating Culture: Hollywood Cartoons from the Sound Era*. 노광우 옮김 (1998). ≪할리우드 애니메이션: 고전 유성 영화 시대 애니메이션의 문화 연구≫. 열화당.

Taylor, Richard (1996). *Encyclopedia of Animation Techniques*. 한창완 옮김 (1999). ≪애니메이션 제작 기법의 모든 것≫. 한울.

찾아보기

인명

가이즈와이트, 캐시 Guisewite, Cathy　61, 119, 163~164
거브너, G. Gerbner, G.　225
고야 Goya　127~128
굴드, 체스터 Gould, C.　61, 153~154
그레이, 해롤드 Gray, Harold　40, 59, 61, 152~153
그린, 비비안 Green, V.　58, 190
길모어, D. H. Gilmore, D. H.　238

내스트, 토머스 Nast, Thomas　21, 23, 129, 131
네빈스, 앨런 Nevins, Allan　37
넬슨, 로이 폴 Nelsom, Roy Paul　11, 34
넬슨, 윌리엄 Nelson, William　37
노이만, 알프레드 E. Neuman, Alfred E.　262
뉴콤, H. Newcomb, H　226

대니얼스, L. Daniels, L.　44
더닝, 조지 Dunning, George　184
덕스, 루돌프 Dirks, Rudolph　146, 148
덤, 에드위너 프랜시스 Dumm, Edwina Frances　65

데이븐포트, 호머 Davenport, Homer   129
데이비스, 짐 Davis, Jim   162
데즈카 오사무 手塚治虫   34, 184
데커, 리처드 Decker, Richard   196
도르프만, 아리엘 Dorfman, Ariel   26, 239
도미에, 오노레 Daumier, Honoré   127, 131
디즈니, 월트 Disney, Walt   58, 70, 171~174, 178, 240

라이트버거, R. Reitberger, R.   44
라자스펠트, 폴 Lazarsfeld, Paul   92
랜츠, 월트 Lantz, Walt   178
레이먼드, 짐 Raymond, Jim   68, 155
랜버그, J. Lenburg, J.   47
로, 데이비드 Low, David   37, 74, 136, 138
로빈슨, 보드만 Robinson, Boardman   131
로젠버그, B. Rosenberg, B.   40
로젠블럼, 바바라 Rosenblum, Babara   60
로즈, A. M. Rose, A. M.   213
로즈, 칼 Rose, Carl   139
리, 스탠 Lee, Stan   44, 69, 160
리처드슨, 존 애킨스 Richardson, John Adkins   11, 34
링크스, 마티 Links, Marty   188

마코프, 잭 Markow, Jack   76~77
마테라르, 아르망 Matterart, Armand   24, 239
마틴, 헨리 Martin, Henry   57
말틴, 레너드 Maltin, Leonard   48, 186, 192
매케이, 윈저 McCay, Winsor   115, 149, 169~170
매코믹, 커널 로버트 McCcrmick, Colonel Robert   134
맥넬리, 제프 MacNelly, Jeff   62, 115, 132~133, 218
맥래런, 노먼 McLaren, Norman   179
맥마누스, 조지 McManus, George   149

메이어, K. Meyer, K.　205
메이어, M. Mayer, M.　181
몰딘, 빌 Mauldin, Bill　131~132, 219
무어, 조너선 Moore, Jonathan　218

바버라, 조 Barbera, Joe　177
바이텐캄프, 프랑크 Weitenkampf, Frank　37
바커스, 프랜시스 얼 Barcus, Francis Earle　11, 211~212
박시, 랠프 Bakshi, Ralph　184
반두라, A. Bandura, A.　225
버거, 아서 아사 Berger, Arthur Asa　11, 27, 46, 65, 76, 114, 161, 213, 238
베르트함, 프레데릭 Wertham, Frederic　24~25, 42~43, 159, 251
베리, 짐 Berry, Jim　133
베커, 스티븐 Becker, Stephen　38~39
벡, C. C. Beck, C. C.　159
보가트, L. Bogart, L.　222
보인튼, 샌드라 Boynton, Sandra　189
부스, 조지 Booth, George　115
부시, 빌헬름 Busch, Wilhelm　149
브라운, 딕 Browne, Dick　154~155
브라이언트, J. Bryant, J.　234~236
브래그, 찰스 Bragg, Charles　30, 115, 173
브룩스, 찰스 Brooks, Charles　47
브릭스, 클레어 Briggs, Clare　152
브릴리언트, 애슐리 Brilliant, Ashleigh　190
블랙비어드, 빌 Blackbeard, Bill　11, 43, 47, 153, 240
블랙튼, J. S. Blackton, J. S.　168~169
블레어, 프레스턴 Blair, Preston　167

살로몬, 가브리엘 Salomon, Gavriel　26, 210, 231
샌저, G. Saenger, G.　211
설리번, 팻 Sullivan, Pat　171, 175

세가, E. C. Segar, E. C.   153, 176

손더스, 앨런 Saunders, Allen   40, 69, 73

슈람, W. Schramm, W.   88

슈바르츠, R. Schwarz, R.   207

슐츠, 찰스 Schulz, Charles   12, 61, 65, 67, 114, 119, 154, 183, 188, 213, 252~253

스테란코, 제임스 Steranko, James   44

스티븐스, 존 Stevens, John   238

스피겔만, 아트 Spiegelman, Art   247

스피겔만, M. Spiegelman, M.   210

싱어, J. L. Singer, J. L.   232

아리올라, 거스 Arriola, Gus   165

아벨, R. H. Abel, R. H.   41

아웃콜트, 리처드 Outcault, Richard   145~147, 149, 252

알포트, 고든 Allport, Gordon   98~101, 205

애덤스, 찰스 Addams, Charles   115, 140, 142

애버리, 텍스 Avery, Tex   177

앨드리지, A. Aldridge, A.   43, 124

에델맨, 하인츠 Edelman, Heinz   184

에스트렌, 마크 Estren, Mark   44

영, 딘 Young, Dean   68, 83, 154

영, 칙 Young, Chic   68, 153~155, 253

예이츠, 빌 Yates, Bill   73

오닐, 댄 O'Neill, Dan   34, 173, 208

오퍼, 프레데릭 버 Opper, Frederick Burr   146

올리판트, 팻 Oliphant, Pat   132

울프, K. M. Wolf, K. M.   221

워, 쿨튼 Waugh, Coulton   37

워커, 모트 Walker, Mort   12, 45, 55, 65, 72~73, 85, 110, 154~155, 189, 209

워크, 톰 Walk, Tom   82

웨스틴, 앨런 Westin, Alan   216

위닉, 찰스 Winick, Charles   229

윌리엄스, 마틴 Williams, Martin   47
윌슨, 가한 Wilson, Gahan   115
윌슨, 톰 Wilson, Tom   108

존스톤, 린 Johnston, Lynn   164
주커만, D. M. Zuckerman, D. M.   232

칼룬, 리처드 Calhoun, Richard   115, 117
캐너데이, 존 Canaday, John   240
캐니프, 밀튼 Caniff, Milton   12, 65, 89, 153
캐플란, 밀튼 Kaplan, Milton   215
캡, 알 Capp, Al   12, 40~41, 45, 61, 153
커즌스, 노먼 Cousins, Norman   220
케첨, 행크 Ketcham, Hank   67~68
코브, 론 Cobb, Ron   133
콘래드, 폴 Conrad, Paul   132, 217
콜, 에밀 Cohl, Emile   169
쿠페리, P. Couperie, P.   43
쿤즈레, 데이비드 Kunzle, David   44, 148~149, 239
크네르, H. H. Knerr, H. H.   148
크럼, 로버트 Crumb, Robert   46, 57, 161, 184, 189, 252
크레이븐, 토머스 Craven, Thomas   36
크레인, 로이 Crane, Roy   61, 153, 158
크레팍스, 구이도 Crepax, Guido   236
킨, 찰스 Keene, Charles   138, 142

탄넨바움, P. Tannenbaum, P.   225
터너, 레슬리 Turner, Leslie   61
터버, 제임스 Thurber, James   77, 140~142
테리, 폴 Terry, Paul   171, 175, 177
퇴퍼, 로돌프 Töpffer, Rodolphe   149
튀드, 윌리엄 M. William, Tweed M.   21, 23

트뤼도, 게리 Trudeau, Garry   12, 55

파스칼, 데이비드 Pascal, David   12, 43
파이닝거, 라이오넬 Feininger, Lyonel   46, 149~151
파이퍼, 줄스 Feiffer, Jules   12, 42, 57, 166, 189, 218
파치, 버질 Partch, Virgil   196
패터슨, 캡틴 조셉 Patterson, Captain Joseph   59, 134, 152, 156
퍼킨스, 데이비드 Perkins, David   22, 97
페리, G. Perry, G.   43, 124
페시바흐, S. Feshbach, S.   224
포스터, 헬 Foster, Hal   54~55, 153~154
포스트먼, 레오 Postman, Leo   98~101, 205
포크, 리 Falk, Lee   69
폰즈, 프란시스코 로렌소 Pons, Francisco Laurenzo   22
푹스 W. Fuchs, W.   44
퓰리처, 조셉 Pulitzer, Joseph   59, 88, 144~146, 156
프랭클린, 벤저민 Franklin, Benjamin   20, 128~129
프렐링, 프리츠 Freleng, Friz   91
플레셔, 맥스 Fleischer, Max   171, 175~176, 228
플루겔, J. C. Flugel, J. C.   224
피셔, 버드 Fisher, Bud   78, 151~152
피스크, M. Fiske, M.   221

하비, R. C. Harvey, R. C.   112~113, 246, 253~254
한나, 빌 Hanna, Bill   177, 182~183, 191, 195
허드, 주드 Hurd, Jud   60
허블록 Herblock   12, 115, 128, 131~132, 216~217
허스트, 윌리엄 랜돌프 Hearst, William Randolph   59, 134, 144, 146, 148, 150, 152, 156
허시필드, 해리 Hershfield, Harry   147
헤더그, 월터 Hederg, Walter   44
헤스, 스티븐 Hess, Stephen   215
호가드, 윌리엄 Hogarth, William   126~127, 149

호프, 시드 Hoff, Syd   215

혼, M. C. Horn, M. C.   43

혼, 모리스 Horn, Maurice   11, 28, 45, 83, 161, 236

홀, 조이스 C. Hall, Joyce C.   187

화이트, 데이비드 매닝 White, David Manning   11, 40~41, 46

홀트, T. F. Hoult, T. F.   221

휴이슨, 윌리엄 Hewison, William   76

히드, 밥 Heath, Bob   167

작품명

<가필드 Garfield>   162

<개구쟁이 데니스 Dennis The Menace>   67~68, 72

<걸리버 여행기 Gulliver's Travels>   176

<고르도 Gordo>   164, 235

<고양이 펠릭스 Felix The Cat>   171

<고양이 프리츠 Fritz The Cat>   184, 236

<공룡 거티 Gertie the Dinosaur>   170

<공포의 하가 Hagar The Horrible>   55, 154~155

<교통 지옥 Heavy Traffic>   185

<그레이브 주식회사 Graves, Inc.>   164

<기상 나팔 Reveille>   216

<기원전 B. C.>   82

<꼬마 고아 애니 Lettle Orphan Annie>   41, 61, 152~153

<꼬마 네모 Little Nemo>   115, 149, 169

<노란 꼬마 The Yellow Kid>   46, 144~146, 148, 251~253, 262

<대장과 맨디 The Captain and Mandy>   164

<대피 덕 Daffy Duck>   178

<덤보 Dumbo>   174

<데스퍼레이트 데스몬드 Desperate Desmond>   147

〈도널드 덕 Donald Duck〉　　115
〈동물 농장 Animal Farm〉　　179
〈둔스베리 Doonsebury〉　　29, 47, 55, 61, 82~83, 88, 114, 133, 156, 234, 237
〈딕 트레이시 Dick Tracy〉　　29, 61, 150, 153, 158
〈딱따구리 Woody Woodpecker〉　　178

〈라팽 LaFaim〉　　185
〈레이크스 프로그레스 The Rake's Progress〉　　149
〈렉스 모간 M. D. Rex Morgan M. D.〉　　29
〈로널드 레이건의 뇌를 통한 환상 여행 a fantastic voyage through the brain of Ronald Reagan〉　　157
〈릴 애니 패니 Li'l Annie Fanny〉　　236
〈릴 애브너 L'il Abner〉　　40~41, 45~46, 61, 83, 153

〈마술사 맨드레이크 Mandrake the Magician〉　　69
〈마이티 마우스 Mighty Mouse〉　　177
〈막스와 모리츠 Max und Moritz〉　　149
〈만화 O양의 이야기 The Illustrated Story of O〉　　236
〈만화 에마뉘엘 부인 The Illustrated Emmanuelle〉　　236
〈머트와 제프 Mutt & Jeff〉　　46, 78, 152, 170
〈메리 워드 Mary Worth〉　　29, 41, 69, 73
〈모디스티 블레즈 Modesty Blaise〉　　237
〈미스터 내추럴 Mr. Natural〉　　46
〈미스터 마구 Mr. Magoo〉　　178
〈미스터 비고트 Mr. Bigott〉　　216
〈미키 마우스 클럽 The Mickey Mouse Club〉　　181
〈미키 마우스 Micky Mouse〉　　115

〈바니 구글 Barney Google〉　　89, 153
〈바바렐라 Barbarella〉　　46, 237
〈밤비 Bambi〉　　174
〈배트맨 Batman〉　　42, 46, 159, 197, 221

〈백설 공주와 일곱 난쟁이 Snow White & Seven Dwarfs〉　29, 172

〈버그 씨, 도시로 가다 Mr Bug Goes to Town〉　176

〈버스터 브라운 Buster Brown〉　147

〈벅 로저스 Buck Rogers〉　46, 158

〈벅스 버니 Bugs Bunny〉　29, 178, 227~228, 233

〈베리의 세계 Berry's World〉　133

〈베티 붑 Betty Boop〉　175, 228

〈보너즈 아크 Boner's Ark〉　155

〈불윙클 Bullwinkle〉　183

〈브렌다 스타 Brenda Starr〉　82

〈브릭 브래드포드 Brick Bradford〉　158

〈블랙 홀 The Black Hole〉　174

〈블론디 Blondie〉　29, 41, 55, 68, 83, 153~155, 164, 238, 253

〈비니와 세실 Beany and Cecil〉　183

〈비틀 베일리 Beetle Bailey〉　45, 55, 65, 72, 154, 155, 189

〈빨래 대야 Wash Tubbs〉　61, 153, 158

〈뽀빠이 Popeye〉　153, 176

〈세서미 스트리트 Sesame Street〉　26, 232

〈속기사 샐리 스눅스 Sallie Snooks, Stenographer〉　237

〈슈 Shoe〉　62, 133

〈슈퍼맨 Superman〉　42, 46, 158, 197, 221

〈스타워즈 Star Wars〉　174

〈스티브 로퍼 Steve Roper〉　41, 69, 73

〈스티브 캐니언 Steve Canyon〉　29, 31, 65, 153

〈스파이더맨 Spider Man〉　31, 160, 197

〈스플릿츠빌 Splitsville〉　211

〈스피릿 The Spirit〉　41

〈신과의 계약 A Contract with God〉　166

〈실버 서퍼 The Silver Surfer〉　160

〈심술쟁이 완다 Wicked Wanda〉　236

＜아버지 양육하기 Bringing Up Father＞　149, 170

＜앤디 캡 Andy Capp＞　81

＜앨리 웁 Alley Oop＞　89, 153

＜어떤 레어비트 광狂의 꿈 Dreams of a Rarebit Fiend＞　169

＜얼간이들 The Gump＞　152

＜에미 루 Emmy Lou＞　188

＜에어 파이어리츠판 미키 마우스 Micky Mouse Meets The Air Pirates＞　173

＜A. 파이커 클라크 A. Piker Clerk＞　152

＜8개의 무전기 Eight-Pagers＞　238

＜요기 베어 Yogi Bear＞　183, 191

＜용감한 왕자 Prince Valiant＞　31, 55, 153

＜우스꽝스러운 얼굴의 익살 단계 Humorous Phases of Funny Faces＞　169

＜원더 우먼 Wonder Woman＞　42

＜위 윌리 윙키의 세계 Wee Willie Winkie's World＞　149, 151

＜유령 The Phantom＞　69, 153

＜장차 어떠한 운명이 닥치더라도 For Better or For Worse＞　164, 237

＜정글의 조지 George of the Jungle＞　183

＜제럴드 맥보잉 보잉 Gerald McBoing Boing＞　178

＜조 팔루카 Joe Palooka＞　61

＜좋은 소식 / 나쁜 소식 Good News/Bad News＞　57

＜증기선 윌리 Steamboat Willie＞　172

＜지지 Ziggy＞　108, 189

＜천일야화 千夜一夜物語＞　184

＜카첸얌머 키즈 Katzenjamer Kids＞　46, 148～150, 170

＜캐시 Cathy＞　61, 163

＜캡틴 마블 Captain Marvel＞　42, 159

＜캡틴 아메리카 Captain America＞　42, 159

＜캡틴과 키즈 The Captain and The Kids＞　148

＜크레이지 캣 Krazy Kat＞　46, 153, 170

<키시즈 Kisses> 190~191

<킨-더-키즈 Kin-der-Kids> 149~151

<타잔 Tarzan> 153, 158

<테리와 해적들 Terry and The Pirates> 65

<톰 테리픽 Tom Terrific> 183

<톰과 제리 Tom & Jerry> 29, 177, 182

<판타지아 Fantasia> 174, 184

<포고 Pogo> 41, 46, 55, 83, 115, 153

<포키 피그 Porky Pig> 178

<푸른 산호초 Blue Lagoon> 174

<프레드 바세트 Fred Bassett> 81

<플래시 고든 Flash Gordon> 46, 153

<플린트스톤즈 The Flintstones> 183, 191

<피너츠 Peanuts> 29, 47, 61, 65, 67~68, 79, 83, 87, 114, 154~155, 183, 188, 191, 213, 234, 237

<피노키오 Pinocchio> 174

<핑크 팬더 Pink Panther> 91, 184

<하이와 로이 Hi and Lois> 156, 164

<하프 히치 Harf Hich> 68

<허클베리 하운드 Huckleberry Hound> 183, 192

<헐크 The Hulk> 160

<헤클과 제클 Heckle and Jeckle> 177

<현대식 결혼 Marrige á la mode> 149

<황색 잠수함 Yellow Submarine> 184

용어

가벼운 유머 light humor 83

감정의 요소 106, 262

강압적인 판매 *hard sell*　193

게슈탈트 *gestalt*　143

경제 모델　54

공포 만화　239

광고 만화　60

국제적 현상　37

그래픽 소설 *graphic novel*　29, 166, 223, 247~251

기습 종결 *surprise ending*　77

도상적 기호 *iconic sign*　96

도화적 해독 능력 *graphic literacy*　209

동화 *assimilation*　30, 35, 100~102, 104, 118, 192

러시안 베어 Russian Bear　119

루벤상 Ruben Award　89

리미티드 애니메이션 limited animation　178

마블 코믹스 Marvel Comics　45

만화가 단체　62

만화 감상　92

만화 관련 상　88

만화 그리기　208

만화 논평　218

만화 백과 사전류　48

만화 비평가　83

만화 사회학　206

만화 어록 *the lexicon of comicana*　110

만화 유형　28

만화 캐릭터의 요소　108

만화 커뮤니케이션 모델　83

만화와 교육　233

만화와 범죄　220

만화와 인지　231
만화와 정치　214
만화와 종교　239
만화와 폭력　223
만화의 분류　27
만화책　24
말풍선　111
모험 연재 만화　158
문제를 갖고 있는 초능력 주인공 superhero with a problem　160
미국 만화잡지주식회사협회 윤리 규정　222
미국의 유머 잡지　136

범죄 학교　220
복합 미디어 산업　79
불신에 대한 자발적인 정지 상태 willing suspension of disbelief　98
비언어적 부호 연구　35
비판적 연구 critical research　92

3차원 세계의 요소　109
상업용 만화　187
생각 구름　111
선택의 분수　88
성적 역할　204
세련된 유머 sophisticated humor　82
소문 연구　100
솝 오페라　29
스토리 작가　52
스튜디오 카드 studio card　188
신문 만화 독자층의 분류　82
신인동형동성설　111

아동과 만화 광고　228

애니메이션　167

앨리상 Alley Award　89

얼굴의 요소　103, 262

엉클 샘 Uncle Sam　119

MGM사　177

여성 시사 만화가　63

역전환 reverse switch　77

연재 만화　37

연재 만화 작가　150

오스카상 Oscar Award　88

UPA 제작사　178

워너 브러더스　178

유니버설　178

유머 만화　135

은근한 표현 understatement　77

20세기 초의 신문 시사 만화가　131

20세기 초의 잡지 시사 만화가　132

이야기 만화　144

이야기 삽화　165

2차 대전 전후의 시사 만화가　132

인식 유머 recognition humor　76

일간 연재 만화　151

자서 그림 문학 autobiographics　166

적극적인 죄 error of commission　203

정치 만화　126

존 불 John Bull　119

지하 코믹스 comix　29, 81, 133, 144, 160~161, 173, 189, 223, 238, 252

직업 여성 관련 만화　164

착취의 경제학 the economics of exploitation　229

1940년대의 유머　141

1930년대의 유머　140
1920년대의 유머　138
1970년대 시사 만화가　132
1970년대 피처물 애니메이션　185
1000클럽　155
1880년대의 유머　138
첨예화 sharpening　100
초기 애니메이션 작가　171
축하 엽서　187

카툰 cartoon　27
캐나다 국립영화위원회　179
캐리커처　97
커뮤니케이터의 목표　85

태만 죄 error of omission　203
텔레비전폭력에관한전국연대 the National Coalition on Television Violence　226
튀드 도당 Tweed Ring　21, 130

팬진 Fanzine　42
평탄화 leveling　100
폭력 지수 violence index　227
폭력 학교 school for violence　223
피드백 feedback　85

행동선 action lines　110
행정적 연구 administrative research　92
황색 저널리즘 yellow journalism　144
흑인 관련 만화　165